戦国史研究叢書19

常陸大掾氏と中世後期の東国

中 根 正 人 著

岩田書院

目　次

序　章　中世後期常陸諸氏研究の現状と本書の構成 ―― 9
はじめに　9
一　当該期の常陸国に関する研究状況　9
二　常陸大掾氏一族に関する研究状況　18
三　本書の目的と構成　22

第一部　十四〜十五世紀の常陸大掾氏

第一章　中世前期常陸大掾氏の代替わりと系図 ―― 35
はじめに　35
一　「大掾経幹申状案」の再検討　36
二　時幹と浄永　41
おわりに　43

第二章　大掾浄永発給文書に関する一考察―観応の擾乱期の常陸―　49
はじめに　49
一　青柳庄合戦と浄永・詮国　50
二　石川氏の内紛と佐竹・大掾氏　52
三　観応の擾乱と常陸　56
おわりに　58
第三章　南北朝～室町前期の常陸大掾氏　63
はじめに　63
一　常陸国内における南北朝内乱　64
二　鎌倉府と常陸大掾氏一族　68
三　満幹の勢力回復運動　72
おわりに　79
第四章　室町中期の常陸大掾氏　91
はじめに　91
一　永享～嘉吉年間の大掾氏　92

二　享徳の乱における大掾氏の動向　96
三　享徳の乱の終結と常陸　107
おわりに　109
補論一　「平憲国」再考……119

第二部　十六世紀の常陸大掾氏とその周辺

第一章　戦国初期の常陸南部―小田氏の動向を中心として―　133
はじめに　133
一　小田政治の登場と「永正の乱」　134
二　大永～天文初期の小田氏　140
三　小田氏の勢力拡大とその失敗　144
おわりに　148
補論二　戦国初期の大掾氏―大掾忠幹の発給文書から―……159
第二章　戦国期常陸大掾氏の位置づけ　167
はじめに　167
一　先行研究と史料の検討　167

二　史料からみた大掾氏の立ち位置　171
おわりに　181
第三章　大掾清幹発給文書の検討—花押形の変遷を中心に—　191
はじめに　191
一　発給文書の概要　192
二　花押形の変遷と年次比定　196
おわりに　206
第四章　「南方三十三館」謀殺事件考　213
はじめに　213
一　「南方三十三館」の実像　214
二　謀殺の経過　219
おわりに　229
補論三　嶋清興書状にみる天正十八年の大掾氏と豊臣政権……239
第三部　中世後期の常陸の諸勢力

第一章　室町期の常陸小栗氏――249
はじめに　249
一　小栗氏の系譜関係と応永年間の小栗氏　250
二　「京都扶持衆」小栗満重と「小栗の乱」　254
三　永享の乱、結城合戦と小栗助重　260
四　結城合戦後の小栗氏　265
五　享徳の乱における小栗城攻防戦　267
おわりに　269
第二章　古河公方御連枝足利基頼の動向――281
はじめに　281
一　足利基頼の出自　282
二　文書にみられる使者と花押形　283
三　文書の内容と年次比定　286
四　基頼の動向　298
おわりに　301

第三章　十六世紀前半の常陸真壁氏 311
はじめに 311
一　真壁久幹・治幹父子と「永正の乱」 312
二　古河公方・小弓公方の争いと真壁家幹 318
三　後北条氏の勢力拡大と真壁氏 321
四　天文後半〜永禄初めの真壁氏―家幹の隠居― 323
おわりに 328
終　章　中世後期の常陸大掾氏と常陸国 337
一　本書の概要 337
二　大掾氏の動向 342
三　常陸地域の政治的位置 345
おわりに 349
初出一覧 353
あとがき 355
索　引 巻末

凡例

本書で多用する刊本所載の文書史料については、以下の略号をもって記す。
なお、引用に当たっては翻刻や比定を適宜改めている。

『南関○』……佐藤和彦・山田邦明・伊東和彦・角田朋彦・清水亮編『南北朝遺文　関東編』第一巻～第七巻（東京堂出版、二〇〇七～二〇一七）
『戦古○』……佐藤博信編『戦国遺文　古河公方編』（東京堂出版、二〇〇六）
『戦北○』……杉山博・下山治久編『戦国遺文　後北条氏編』第一巻～第六巻、補遺編（東京堂出版、一九八九～一九九五）
『戦武○』……柴辻俊六・黒田基樹・丸島和洋編『戦国遺文　武田氏編』第一巻～第五巻（東京堂出版、二〇〇二～二〇〇六）
『戦房○』……黒田基樹・佐藤博信・盛本昌広・滝川恒昭編『戦国遺文　房総編』第一巻～第四巻、補遺編（東京堂出版、二〇一〇～二〇一六）
『記録』……神崎彰利監修、下山治久編『記録御用書本古文書』上巻（東京堂出版、二〇〇〇）
『茨県○』……『茨城県史料　中世編』Ⅰ～Ⅵ（茨城県、一九七〇～一九九六）
『栃木○』……『栃木県史　史料編　中世』一～五（栃木県、一九七三～一九七九）
『埼玉○』……『新編埼玉県史　資料編』五～八（埼玉県、一九八〇～一九八六）
『神県○』……『神奈川県史　資料編　中世』二・三（上・下）（神奈川県、一九七三～一九七九）
『鹿島○』……『茨城県立歴史館史料叢書十一・十二　鹿島神宮文書』Ⅰ・Ⅱ（茨城県立歴史館、二〇〇九～二〇一〇）
『牛久○』……『牛久市史料　中世編』Ⅰ・Ⅱ（牛久市、二〇〇〇～二〇〇二）

『龍ヶ崎』……『龍ヶ崎市史　中世史料編』（龍ヶ崎市、一九九三）
『関城』……『関城町史　史料編Ⅲ』（関城町、一九八五）
『真壁◯』……『真壁町史料　中世編』Ⅰ～Ⅳ（真壁町、一九八三～二〇〇五）
『鉾田』……『鉾田町史　中世資料編』（鉾田町、一九九九）
『二宮』……『二宮町史　史料編Ⅰ　考古・古代中世』（二宮町、二〇〇六）
『白河』……『白河市史　五　資料編二　古代・中世』（白河市、一九九一）
『千秋佐竹』…『千秋文庫所蔵佐竹古文書』（新田英治監修、千秋文庫、一九九三）
『義政◯』……木下聡編『足利義政発給文書集』（1）・（2）（戦国史研究会、二〇一五～二〇一六）
『扇谷』……黒田基樹編「扇谷上杉氏関連史料集」（同編著『扇谷上杉氏』戎光祥出版、二〇一一）
『満済◯』……『続群書類従　補遺一　満済准后日記』上・下（続群書類従完成会、一九五八）
『看聞◯』……『図書寮叢刊　看聞日記』一～七（明治書院、二〇〇二～二〇一四）
『安得虎子』…『茨城県立歴史館史料叢書二十　安得虎子―古文書・古記録編―』（茨城県立歴史館、二〇一七）
『群系◯』……『群書系図部集』第一～第七（続群書類従完成会、一九七三）

序章　中世後期常陸諸氏研究の現状と本書の構成

はじめに

本書の目的は、南北朝～戦国・織豊期における東国、特に常陸国における政治情勢について、中世を通じて常陸において活動していた常陸大掾氏及びその周辺の勢力を題材として検討し、当該期の実態とその背景を考えていくことにある。ここでは、当該期の東国、常陸国について、研究の現状を確認するとともに、本書の構成についてまとめることとする。

一　当該期の常陸国に関する研究状況

当該期の東国の政治史については、近年、各地の自治体史の刊行がある程度まとまったことで、史料に関する情報収集が容易になったこと、また研究の多様化によって研究者が増えたことで、着実に論考が増えており、それらの成果をまとめる形での通史的な叙述のものも増えつつある。(1) しかし一方で、史料的制約の問題もあり、その研究蓄積には著しい偏りもあり、これまでほとんど研究がなされず、その全様のみえない勢力・地域も数多く見受けられる。特に常陸国については、『茨城県史料』の編纂事業が中途にして打ち切られたこともあり、中世編は県内及び北海道から埼玉県域までの刊行で終了しており、刊行された地域以外の場所に残る史料や新出史料についての情報収集は困難な状況にある。県内市町村における新しい自治体史の編纂や、研究者による史料紹介などにより、史料情報そのものは少しずつ増えているものの、既に自治体史の編纂が終了している地域や、史料編を刊行していない地域も県内には多く、地域ごとの史料情報量に大きな差が生じていることも事実である。

さて、当該期の常陸国に関する研究は、自治体史の刊行に際しての検討に拠るところが大きい。一九六〇年代の『水戸市史』(2)における今枝愛真氏・藤木久志氏の検討を皮切りとし、茨城県内各地で自治体史編纂が活発に行われはじめ、特に一九七〇年代後半から一九九〇年代前半の時期に多くの自治体史が刊行された(3)。近年でも、『龍ヶ崎市史』や『牛久市史』などの刊行に伴い、新たな視点が見出されつつある(4)。しかし一方で、自治体史刊行後の研究の深化という点では、全体として低調な状況にあるといえる。

専論としては、特に戦国期の佐竹氏に関しての研究が主軸となってこれまで進められてきており、まずはその状況についてみていく。佐竹氏に関する研究は、一九六〇年代に、佐竹氏の戦国大名化について、南北朝期の守護補任からの権力形成を論じ、室町から戦国初期の一族間の内紛を克服することでそれを確立したことを指摘した福島正義氏(5)、戦国期の佐竹氏が、一族間の内紛を外部勢力の助力を得て克服した後も、一族や有力国人の動きに翻弄され領国内を安定させられずにあったこと、その状況を克服した佐竹氏が、豊臣期に水戸城下の建設や豊臣政権からの軍役負担への対応、知行制の改革といった権力構造の変革を行い、豊臣大名化を遂げたことを指摘した藤木久志氏(6)などの研究を出発点とし、また江原忠昭氏による佐竹氏の通史的叙述(7)がなされたのもこの時期であった。

そして一九七〇～八〇年代に入り、市村高男氏が、「洞」の実態について、佐竹氏を事例として考察を行うことにより、戦国期の佐竹氏研究は大きく進展した。市村氏は、「洞」の文言がその使用者たちの結合原理を示すものであり、彼らは地縁結合的な擬制的族縁集団という性格を持つものであるとした上で、関東諸氏の検討から、前述のような勢力と後北条氏とは、権力的に異質なものであるとした上で、後北条氏などを「地域的統一権力」と、「洞」を単位とする一族や家臣・国衆との結合関係にある佐竹氏などの中小大名を「地域的領主(地域権力)」と呼び、二つの権力構造を規定した(8)。

これと並行して、『那珂町史』や『新修日立市史』などの自治体史刊行に伴う調査が進められ、また奥野中彦氏は、佐竹氏の南奥進出を素材とし、佐竹氏の軍団組織が、有力国人層を取り込みつつ、その過程で地区、城領ごとに人衆体制を編成し、佐竹氏の指揮系統に置く形でなされたと考えられること、有力国人層の取込の過程で起請文を取り交わす中で、「上意」という当主の命に従うことで当主の権威性を高め、同時に有力国人層との連契を強めようとしたことから、佐竹家臣団の一族・譜代・外様・牢人などの複雑な構成体を「上意」という形で統一の命令下に置くことにより、佐竹氏「公儀」による領国支配体制が支えられていたことなどを指摘している(9)。

更に一九九〇年代以降、新出史料の紹介や論考が数多く発表され(10)、佐竹氏研究は更に前進することとなるが、その中心に在ったのが佐々木倫朗氏と今泉徹氏の二人であった。

佐々木氏は、佐竹氏権力の形成過程を検討する中で、戦国期の佐竹氏が、古河公方権力から自立し、周辺の自立した在地領主層との間で双務的契約によって結ばれた連合勢力の盟主的な立場から戦国期権力へとなっていったとし、中世的権威を利用して「公儀化」した上杉氏や後北条氏と対照的とする。その上で、佐竹氏を研究上の「戦国大名」概念を適応しうる存在としながらも、連合勢力下の諸氏に対し明確な優越性を確立できず、自らの下に統合しきれなかった佐竹氏は、血縁論理を出発点とする擬制的族縁集団による結合の外縁部に連合勢力を位置づけ、軍事行動を通

して徐々に影響力を強めて取り込んでいく段階にあった勢力としている。(11)

今泉氏は、一族の佐竹北家・南家の所領支配や佐竹氏の家格制を検討し、佐竹洞中の中央部に所領の多くが位置する状況にあった北家は、その立地のために所領拡大を図れず、一方で宗家から家臣が順次付与される形で人的強化がなされ、同時に軍役は厳しく課される状況にあり、藩屏としての立場を宗家から期待されていたとし、たびたび断絶の危機を迎えていた南家は、独立した基盤を持ちえず、宗家の保護・統制下にあったと指摘する。また佐竹氏の家格制については、佐竹氏の「家中」に含まれないが、分国レベルの「洞中」に属する館や国人に対し、鎌倉府体制以来の家格を適用する一方で、従属性の高まった国人に対しては「家中」に準じた存在として取込を図っていたことを指摘するとともに、このような佐竹氏の国人への対応は、後北条氏の国衆への対応と同じ性格を有しており、佐竹氏のような家格制度は東国大名にみられる普遍的な現象であると述べている。(12)

佐々木・今泉両氏の他にも、近年の佐竹氏研究は多様な視点から進められている。

木下聡氏は、佐竹氏を素材として、武家官途(受領を含む)を名乗ることの意味や家中統制の実態について検討し、佐竹氏が伊予守・右馬頭・常陸介・右京大夫を家の官途とし、特に細川京兆家のみが名乗りうる右京大夫の官途を、鎌倉・古河公方家による任官により名乗っていたが、義篤期以降古河公方権力からの脱却のため、京都から正式な任官を受け、別の官途を名乗ることとなったこと、家臣に対しては、家の官途など特定の官途を名乗らせず、家格や階層による、官途を通じた家中統制がなされていたとし、その際に官途状が有効な機能を果たしていたことを指摘した上で、戦国期の武家官途が、幕府の任官規定を基調に、家の由緒や政治情勢、地域の礼的秩序に対応した枠組みによって運用され、官途による家中統制に実際に利用されていたとする。(13)

山縣創明氏は、戦国期における佐竹氏と中央権力の関わりについて検討し、天文年間(一五三二〜五五)に常陸へ移ってきた美濃佐竹氏の基親と正宗寺によって中央権力との関係構築が担われていたが、美濃佐竹氏のコネクションは幕府の衰退・滅亡によって存在意義が失われ、それ以降は佐竹三家に役割がシフトしたこと、正宗寺と岡本氏を中心として、関東及び南奥の寺院ネットワークを介し、佐竹氏と中央権力との外交が展開されたことを指摘し、信長・秀吉との関係や飛鳥井氏を介した京都の情勢把握を通じ、佐竹氏の中央に対する意識の高さが醸成されていったと述べている。また独自のコネクションによって佐竹義篤の「右馬権頭」の正式任官を実現させたことで、古河公方の影響力を払拭し、戦国期権力として自立したとする。(14)

市川悠人氏は、天正年間(一五七三～九二)の対後北条氏を目的とした軍事同盟「東方之衆」における佐竹氏と周辺諸氏の関係を検討し、「東方之衆」の在り方が、個々の領主を「平等」とする理念に基づく一揆結合に近いものであるとし、その中で佐竹氏が一揆の代表者として頭角を現し、「戦国大名」へと変化を遂げていったと述べている。(15)

森木悠介氏は、佐竹義重から義宣への代替わりについて検討し、義重から義宣への家督譲渡に伴い、それまで限定的であった義宣の権限が一気に拡大したこと、隠居後の義重が佐竹氏の家政に直接関わらず、あくまで相談役的な立場にあった一方、佐竹氏の存亡や子の将来に関わる場面において外交活動を行う形で義宣を支えたことを指摘した上で、義重から義宣への家督譲渡が、当主となった義宣の絶対的優位の下、双方が干渉しないよう配慮した形でなされたとし、その背景には、権限の明確化により、父子間の争いを防ぐ意味合いがあったのではないかと述べている。(16)

また、戦国期以前の佐竹氏についても、佐藤博信氏・日暮冬樹氏・山縣氏・藤井達也氏らによって検討が進められている。

佐藤氏は、十五世紀中頃に勃発した佐竹義俊と実定兄弟の内紛の実像を解明し、従来里見義頼の発給とされた文書が、実際には佐竹義俊の初名義頼段階のものであること、永享の乱後の佐竹氏が、義人と義頼父子の「二頭政治」体制であったこと、弟実定が山内上杉氏から戻ったことで、家中の親上杉氏勢力の代弁者とされ、反佐竹宗家の諸氏と結びついたことで一大勢力と化し、兄弟争いが勃発したことを指摘している。(17)

日暮氏は、南北朝期から戦国初期にかけての佐竹氏の権力確立の過程を検討し、佐竹氏と山入氏の内紛の中で、一族の結集と新たな被官の発掘により佐竹宗家は権力を強めたこと、その強硬な政策に対する反乱を引き起こしたものの、最終的には佐竹義舜が山入氏を滅ぼしたことにより、佐竹宗家と有力被官の間の位置づけを明確にし、佐竹氏の権力基盤を整えたとしている。(18)

山縣氏は、佐竹氏と山入氏の争いである「佐竹の乱」の最終盤の局面において、当初圧倒的な劣勢にあった佐竹義舜が、当時大きな勢力を持っていた岩城氏の支援を全面に押し出す形で和睦を成立させ、乱を有利に展開させた一方で、その後の佐竹氏に対し岩城氏が大きな影響力を持つこととなり、その後勃発する「部垂の乱」の平定により、岩城氏の影響を克服し、佐竹氏が自立する画期となったと述べている。(19)

藤井氏は、天文年間の佐竹義篤と周辺勢力の関係を検討し、佐竹氏と南奥の岩城氏の関係が、岩城成隆の戦死とそれに伴う家中内紛により佐竹氏優位で推移し、両者の和睦が成立することで佐竹義篤が領内の内紛を克服し、権力の確立と対外進出の基盤を整え、子義昭の活動の萌芽となったことを指摘している。(20)

ここまで、佐竹氏の研究動向をみてきた。(21)続いて、佐竹氏以外の常陸の諸勢力に関する研究をみていくこととするが、常陸大掾氏及びその一族については次節で確認する。

佐竹氏傘下の有力国衆であった江戸氏の研究については、『水戸市史』において、藤木久志氏により、南北朝〜戦国期の江戸氏の発展と支配の実態を検討した叙述がなされたが、(22)この成果が半世紀を経た今もなお不動の地位にあるといっても過言ではない。また、戦国期の江戸氏の発展と衰退について検討した柴辻俊六氏は、天文二十年の佐竹氏との和睦後の関係は、江戸氏の従属ではなく同盟関係であったとみられること、その後の戦乱の中で勢力拡大を図る一方、佐竹氏と共に関東各地を転戦することにより消耗を繰り返すと同時に、佐竹氏との関係もかつての「一家同位」から後退したこと、天正末年には、神生の乱で家中が二分される深刻な状況となり、小田原合戦に参陣しなかったことで、佐竹氏の攻撃を受けて滅亡したと述べている。(23) 十五世紀段階の江戸・小野崎三家と佐竹氏との関係について考察した泉田邦彦氏は、彼らが佐竹義憲の養子入りに反発する旧来の佐竹一族に対抗するために抜擢されたことに始まり、これをきっかけとして戦国期に続く拠点の確立と勢力基盤を整えたこと、「佐竹の乱」の中で独自の「領」を形成し、佐竹氏からの相対的自立を遂げ、対する佐竹氏は「一家同位」の家格を与え、家中の外縁部に改めて位置づけ直したこと、十六世紀以降の彼らは自ら独自の所領支配や外交を展開し、佐竹「洞」に属しつつ、自立した国衆として歩んでいたことを指摘する。(24)

同じく佐竹傘下の小野崎氏については、『十王町史』や『東海村史』などの自治体史における検討、前述の泉田論文のほか、(25) 惣領家である山尾小野崎氏へ入った佐竹氏からの養子義政(佐竹義篤の子)の事績について検討した笹岡明氏、(26) 庶流の石神小野崎氏・額田小野崎氏に関する通史的検討や戦国期の佐竹氏との関係について考察した高橋裕文氏の論考がある。(27) また中部の小鶴庄に拠点を置く小田氏一族の宍戸氏については、『岩間町史』や『友部町史』などの自治体史での検討のほか、(28) 鎌倉府奉公衆としての活動に焦点を当てて検討した風間洋氏の論考が挙げられ、室町期の宍戸氏一族が、鎌倉府の中枢において積極的な活動を展開し、同時に常陸国内にも勢力を拡大した一方で、本貫地である宍戸庄に他の奉公衆が進出し、一円支配が妨げられる状況にあったこと、永享の乱により鎌倉府体制が崩壊した後の宍戸氏は、古河公方の下へ属さず、宍戸を拠点とする在地領主となったことを述べている。(29)

南部の小田氏については、南北朝期の小田氏の乱(小田孝朝の乱)に関する論考が多くある一方で、(30) 室町～戦国期の小田氏については、『筑波町史』や『牛久市史』などの自治体史における検討のほか、(31)市村高男氏が一族の湊小田氏について、鎌倉府の在国奉公衆として湊城を拠点とし、享徳の乱では足利成氏に従っていたが湊城を失陥し、一族宍戸、真家氏の下に逃れたこと、またその拠点であった那珂湊について、戦国期には江戸氏の居城水戸の外港とされ、那珂川の水運と太平洋を介した常陸北部や奥州の海運を繋ぐ結節点となる要地であったと述べている。(32)また黒田基樹氏は、小田氏治の発給文書から戦国期小田氏に関する基礎的検討を進め、文書の年次比定や花押形の変遷、居城の移り変わりを明らかにしている。(33)

やはり南部の土岐原氏(土岐氏)・岡見氏・菅谷氏などの諸氏については、平田満男氏が、室町~戦国期の土岐原氏の山内上杉氏との関係性や、戦国前期の同氏の動静について検討し、山内上杉氏の代官として常陸信太庄へ入部した土岐原氏が、南常陸における山内上杉氏の支配体制の先鋒を担い、後にはその要となっていったこと、古河公方の成立以後も山内上杉氏被官として活動しつつ、南常陸へ一つの勢力を形成しようとしたこと、(34)十六世紀に入り、美濃土岐氏から治頼が入嗣し、土岐へと改称した土岐原氏が、小田成治・政治父子と対立したこと、この対立と古河公方家の内紛や関東情勢とが連動する形で、大永三年(一五二三)の屋代要害を巡る土岐氏と小田氏の合戦が繰り広げられたと述べている。(35)

また戦国期の三氏の動静と後北条氏との関係を検討した市村高男氏は、十六世紀前半の段階で、土岐氏が常陸南部において大きな勢力を有し、山内上杉氏の没落により自立化をほぼ達成したこと、時を同じくして岡見氏も小田氏の指揮下に属しつつも、土岐氏と結んで勢力を広げたこと、小田氏治の小田城失陥と佐竹氏の台頭に対し、小田氏の下にあった岡見氏・菅谷氏が小田方勢力を糾合して抵抗し、彼らと結んだ土岐氏とともに、関東統一を目指した後北条氏の支援を受け、佐竹・多賀谷氏と対峙したと述べ、後北条氏の常陸・下野方面への進出とともに、彼らは後北条氏への従属性を強め、後北条氏の分国内へと編成され、支城主と目されるようになったことを指摘した上で、彼らの行動は後北条氏の軍事的侵攻の結果ではなく、常陸南部の固有の歴史的・政治的条件の中で選択されたものであり、分国に編入されながらも、彼らは独自の領域支配を展開する権限を認められていたとしている。(36)

その他、天文・天正年間に水戸地方を舞台として、朝廷や天台・真言宗勢力をも巻き込んで繰り広げられた「絹衣相論」についての研究が多くみられ、近年は特に織田政権や朝廷といった京都側の視点での研究や史料紹介が活発に進められており、堀新氏・坂本正仁氏・神田裕理氏・金子拓氏らの論考が挙げられる。(37) しかし一方で、それら京都側の研究成果を、常陸地域の視点における研究に活かしきれているとは言い難いのが現状といえる。(38)

以上、佐竹氏及び常陸諸氏に関する研究についてみてきた。佐竹氏研究がたくさんの視点から幅広く研究が進められてきた一方で、それ以外の常陸諸氏に関する研究については、佐竹氏と比してその進展具合は低調といわざるを得ないのが現状である。これには、佐竹氏以外の諸氏に関して史料的制約が大きいことが理由として挙げられ、また先にも述べた通り、自治体史刊行後の研究の深化が余り進んでいない点も挙げられる。

また、佐竹氏の権力編成については、近隣の大名・国衆層を取り込んだとする見方と、彼らとの軍事同盟の代表者的な地位にあったとする見方とがあり、定まった見解は出されていないが、その実態解明には、佐竹氏以外の勢力の視点からの検討が不可欠であろう。この点、検討がなされずにいる史料は決して少なくなく、常陸の諸勢力を個別具体的に検討することを通じて、中世東国史に新たな視点を見出せる可能性は十分にあり、またそれらを取りまとめることで、当該期の常陸や東国について考えていく必要性があるだろう。

二　常陸大掾氏一族に関する研究状況

続いて、本書で中心的に取り上げる、常陸大掾氏及びその一族に関する研究を概観する。大掾氏に関する研究は数多くみられ、その研究内容についても多岐に渡るが、本節では特に鎌倉末期以降戦国期に至る時期の論考についてみていくこととする(39)。

大掾氏に関する通史的論考としては、『石岡市史』の志田諄一氏・池田公一氏による執筆の他、糸賀茂男氏・江原忠昭氏・岩田敏男氏のものなどがある(40)。そして専論としては、まず、南北朝期から室町前期にかけての大掾氏と幕府及び鎌倉府との関係について検討した松本一夫氏と清水亮氏の論考が挙げられる。松本氏は、鎌倉府体制における大掾氏について、観応の擾乱後、常陸平氏勢力圏の所務遵行・棟別銭徴収権を大掾氏に任せるようになるが、氏満期以後、鎌倉府奉公衆や守護佐竹氏に代替され、大掾氏は衰退したと指摘する(41)。清水氏は、特に足利持氏期の大掾氏の立場と持氏の常陸支配について検討し、上杉禅秀の乱以前の大掾氏は、常陸平氏勢力範囲での地域権力化を志向していたが、常陸平氏内部の抗争と鎌倉府の大掾氏圧迫策により没落、その後の常陸南部は、足利持氏による常陸平氏庶流の直属化によって統治が進められたと述べている(42)。

また、大掾氏の被官であり、在庁官人でもあった税所氏について、大掾氏との関係を論じた小森正明氏は、税所氏が、在庁官人の中核として税所を司り、国衙の諸機能を担う地位に在り、彼らが国衙機能を継承していたと考えられること、その背景には国衙と府中を掌握していた大掾氏が守護ではなく、また彼らによって守護勢力が府中に進出できず、結果として府中と守護所が異なる地域でそれぞれの機能を担っていたためとみられること、大掾氏は税所氏を一族に取り込み、元々の百済姓税所氏から平姓税所氏が成立し、彼らの持っていた国衙の機能が、税所氏の下で室町期に至るまで常陸において残存していたとみることも可能であると指摘し、税所氏の持っていた機能と「国衙文書」伝来の意義は高く評価されるべきと述べている(43)。下総千葉氏と大掾氏の人的関係について論じた和氣俊行氏は、大掾・千葉一族間相互の人的交流が、中世後期においても、「常総の内海」世界を通じて密接に行われていたことを明らかにしている(44)。

その他、中世都市論の中で、大掾氏の本拠である常陸府中について検討した市村高男氏は、大掾氏時代の府中は、空堀の内側の総構えの中に町場があり、そこから伸びる街道沿いに人家が並んでいたという状況であったこと、府中の城下町化が進められたのは十六世紀の初頭辺りであること、府中という前代以来の都市を再編しながら形成されたことで、大掾氏の権力の規模に不相応なくらいの大きく充実した都市が形成されたことを指摘している(45)。また常陸府中については、茨城大学中世史研究会による常陸府中地域の現状調査報告も貴重な成果として挙げられよう(46)。

以上、南北朝期から戦国・織豊期にかけての大掾氏に関する研究状況をみてきた。鎌倉期以前の研究状況と比するとその数は決して多いとはいえず、特に室町中期以降の情勢については、史料的制約も大きく、断片的な検討に留まっているといえる。この点について糸賀氏は、「例えば戦国期といわれる一六世紀の府中・大掾氏についての史料的整備は甚だ未熟である(47)」と、一九九七年時点の研究の現状を述べているが、その状況は現在に至っても大きく変わってはいない。とはいえ、詳細な検討が行われていない史料も多く残っており、それらの史料と当時の政治状況からの検討を通し、大掾氏の実像を浮かび上がらせることは十分可能と思われる。

続いて、大掾氏以外の常陸平氏一族についてみていくこととする。大きなものとしては、「真壁文書」「真壁長岡古宇田文書」などの翻刻や、真壁城跡の国史跡化と一連の発掘調査の進展に伴い、その実態解明が進められている真壁氏に関する研究が挙げられる。まず南北朝～室町前期について、「当家大系図」と南北朝期の同時代史料の照合により、本宗家が十四世紀半ばの当主高幹の代で途絶え、その後を庶流の小木曽真壁氏（美濃真壁氏）の広幹が継承したことを指摘した山田邦明氏(48)、「真壁光幹置文」の再検討により、庶流であった美濃真壁氏が本宗家の地位を奪う過程を、荘園公領制に立脚した領主制から、地域に立脚した国人領主制への展開と関連づけて論じ、光幹の置文が、本宗家の系統にありながら、内乱で勢力を失った真壁光幹と、美濃から本拠地への進出を図る真壁広幹の明暗を分けた勢力交代を意味するものであったことを指摘した海津一朗氏(49)、十四～十五世紀の真壁氏の政治動向を鎌倉府体制と関連づけて検討し、また永享の相論において家中が分裂し、その後勝者となった真壁朝幹の下で、新たな家臣団編成がなされたことを明らかにした小森正明氏(50)、当該期の真壁氏一族が、鎌倉府の圧力に対し、惣領家を中心にまとまった結合形態をもって対抗したこと、「京都扶持衆」化の前提が早くも十四世紀末段階で真壁氏にはあったこと、小栗の乱による没落後、真壁朝幹が鎌倉府の奉公衆となり真壁領へ復帰したのに対し、それに反発した一族・被官が、永享の相論において反朝幹派として活動したことを指摘した清水亮氏の論考(51)などが挙げられ、その系譜関係や真壁郡内の所領関係、永享の相論などについての検討が進んでいる。

続いて室町中期～戦国期については、室町期に当主となった庶流の朝幹が、真壁の中心地から北西の地にあった亀熊を拠点としていたことを指摘した齋藤慎一氏(52)、亀熊の朝幹が、当主の地位を確立し、その子久幹の頃に真壁の中心部へ進出して戦国期真壁氏の基礎を確立するとともに、一族や家臣を真壁城の周囲に配置していき、概ね天正年間頃に現在の基本街区を形成したことを指摘した市村高男氏(53)、真壁城周辺の中世的要素の整理から、同城以前に拠点施設があった可能性を指摘し、また十五世紀中頃から十七世紀における真壁城下町の形成過程と景観を再整理した寺﨑大貴氏(54)、真壁城跡の発掘調査の成果等に基づき、真壁城の曲輪構造とその変遷、真壁の城下町の構成を検討された宇留野主税氏(55)など、真壁城跡の調査成果に基づく論考が多く出されており、また文献の面からは、「当家大系図」などを基に、十五世紀末から十六世紀初めの真壁惣領家が、滅亡した庶子家の復活や新たな家の分立を通し、新たな形で一族を展開させていったことを指摘した山田邦明氏(56)、十五世紀後半の真壁氏の活動と代替わりについて検討した筆者(57)の論考があり、室町中～後期の実態解明が着実に進められているといえる(58)。しかし一方で、戦国期の真壁氏については、その史料の豊富さと対照的に検討が進んでいない状況にある。

次に、「烟田文書」の残る鹿島流烟田氏の研究が挙げられる。南北朝～室町初期の烟田氏の軍忠状・着到状を分析した猪尾和広氏は、南北朝内乱を通じて常陸大掾氏一族が「家督―惣領―庶子家」の形で軍事的に再編成されていくことを指摘している(59)。また烟田氏に関する史料である「烟田旧記」については、その翻刻を行った塙栄一氏(60)、内容の紹介と史料論的検討を行った平田満男氏の論考があり、平田氏は、記事の一端を紹介する中で、同書が政治的な事項だけでなく、農村の暮らしや、宗教・文化的な要素など、戦国期の諸相について豊富な情報を有する貴重な史料であることを指摘している(61)。その後、『鉾田町史』の編纂によって烟田氏研究は更に進展することとなり、中世後期についても、通史編において、角田朋彦氏・平野明夫氏・今泉徹氏・鍛代敏雄氏により、その動向や、古河公方・佐竹氏や江戸氏・鹿行諸氏との関係が述べられている(62)。

その他の諸氏についても、「芹沢文書」「鳥名木文書」の残る行方郡の芹澤氏(63)や鳥名木氏(64)、或いは信太庄の東条氏(65)についての論考や史料紹介がみられ、また近年では、香取海を中心とする「常総の内海」論の提唱に伴い、下総千葉氏一族と常陸大掾氏一族の関係の検討も進められている(66)。

以上、大掾氏以外の常陸平氏一族に関する研究史をみてきた。鹿島郡の烟田氏、真壁郡の真壁氏という史料の豊富に残る諸氏を中心として、着実に研究が進む一方で、史料的制約があるとはいえ、他の氏族との研究レベルには大きな差が表れている。特に鹿島・行方郡内にはここまでに挙げた氏族以外にも多数の勢力が在ったことは関連史料からも窺えるものの、史料的制約の大きさもあり、彼らについて具体的な検討を行うには至っていない。

また、近年黒田基樹氏によって提唱されている「国衆」論との切り結びについても考えるべき課題といえる。黒田氏の論を基に、大石泰史氏は、①郡規模の勢力を有する、②平時の領域は独立性が保たれ、大名の介入を受けない、③大名と起請文を交わし、証人を提出して契約を結ぶ、④大名が国衆の存立を認め、国衆は大名に軍事的な奉公を実践する、⑤大名と国衆の間は取次によって統制される、といった特徴を持つ勢力を「国衆」と定義している(67)。常陸国内の諸氏の検討は、多くが黒田氏による「国衆」論提唱以前の成果であり、その視点を踏まえて検討したものは少ないが、この点については、常陸の諸氏間の関係性をみていく中で、個々の勢力に関連する史料の収集と分析を積み重ねることにより、少しずつその内実をみていくことで、彼らの位置づけを検討していく必要があるだろう(68)。

三　本書の目的と構成

以上、南北朝~織豊期の常陸地域に関する研究史をみてきた。当該期の常陸地域に関する研究は、佐竹氏を中心に進展している一方で、他の勢力については史料的制約の大きさなどもあり、全体としては低調な状況にあるといえる。この状況は、中世東国史における他地域の研究と比して、常陸地域の研究が大幅に遅れていることにも繋がっていると思われるが(69)、その打開には、佐竹氏研究の進展だけでなく、他の諸勢力についての研究の進展と、佐竹氏及び他地域の研究の切結びが重要と考えられる。本書では、その一端を担うべく、当該期の常陸大掾氏と、その周辺勢力の政治的活動について検討することを通して、当該期の関東及び常陸地域の実態とその背景を考えるとともに、当該期の常陸国がどのような立ち位置にあったのかをみていくこととする。

本書は、筆者が二〇一三年から二〇一六年までに発表した論考七本と、補論を含む新稿七本、それにこの序章及び終章を加えた形で構成している。既発表の論考については、発表後に出された研究成果や自らの疑問を踏まえて再検討した結果、発表当時から見解を改めた部分も少なくないが、発表時点での自らの見解を大事にしたいと考えたことから、明確な誤植や部分的な誤りの修正、語句や註釈の統一などを行うに止め、論旨については一切手を加えないようにした。その上で、発表後に意見を改めた点については、補論として新稿の形で提示させて頂いたことをご了承願いたい。

構成は三部立てである。第一部・第二部では、常陸大掾氏及び常陸地域の政治動向について、概ね時代に沿って検討を行い、第三部については、前二部を検討する中で、周囲の勢力を考察した際に明らかにできた成果を提示する。そして終章において、当該期の常陸大掾氏及びその一族についてまとめを行うとともに、当該期の常陸国の地域性についても考えていくこととしたい。

註

（1）市村高男『東国の戦国合戦』（吉川弘文館、二〇〇九）、黒田基樹『関東戦国史 北条VS上杉55年戦争の真実』（角川ソフィア文庫、二〇一七、初刊は洋泉社、二〇一一）、山田邦明編『関東戦国全史 関東から始まった戦国150年戦争』（洋泉社、二〇一八）など。また吉川弘文館の企画『動乱の東国史』（全七巻、二〇一二〜二〇一三）は、中世の東国を題材とした企画である。

（2）『水戸市史 上巻』（水戸市、一九六三）。

（3）『茨城県史 中世編』（茨城県、一九八六）、『玉造町史』（玉造町、一九八五）、『筑波町史 上巻』（筑波町、一九八九）、『那珂町史 中世・近世編』（那珂町、一九九〇）、『新修日立市史 上巻』（日立市、一九九四）など。

（4）『龍ヶ崎市史 中世編』（龍ヶ崎市、一九九七）、『鉾田町史 通史編 上巻』（鉾田町、二〇〇〇）、『牛久市史 原始古代中世』（牛久市、二〇〇四）、『八郷町史』（八郷町、二〇〇五）など。

（5）福島正義「東国における戦国大名の確立過程」（『史潮』七一、一九六〇）、同『佐竹義重』（人物往来社、一九六六）。

（6）藤木久志「豊臣期大名論序説」（同『戦国大名の権力構造』Ⅳ―1、吉川弘文館、一九八七、初出は『歴史学研究』二八七、一九六四）、同「大名領国制論」（前掲書Ⅰ、初出は原秀三郎・峰岸純夫・佐々木潤之介・中村政則編『大系 日本国家史二 中世』東京大学出版会、一九七五）。

（7）江原忠昭『中世東国大名常陸国佐竹氏』（私家版、一九七〇）。

（8）市村高男『戦国期東国の都市と権力』（思文閣出版、一九九四）。

（9）奥野中彦「戦国大名佐竹氏の南奥進出過程―東国戦国大名と民衆―」（『民衆史研究』二四、一九八三）、同「戦国大名佐竹氏の領国形成と支配構造」（『米沢史学』一、一九八五）。

（10）ここでは佐竹氏の史料に関する論考を挙げる。佐々木倫朗・今泉徹「『佐竹之書札之次第・佐竹書札私』（秋田県公文書館蔵）」（『日本史学集録』二四、二〇〇一）、佐々木倫朗「東京大学史料編纂所蔵『佐竹義重等誓詞写』について」（『日本史学集録』二八、二〇〇五）、同「秋田県公文書館所蔵「古本佐竹系図」に関する一考察」（峰岸純夫・入間田宣夫・白根靖大編『中世武家系図の史料論 下巻』高志書院、二〇〇七）、同「史料紹介「佐竹文書 一」」（『鴨台史学』一〇、二〇一〇）、高橋裕文「国立公文書館所蔵「小場氏文書」の由来と紹介」（『常陸大宮の記録と記憶』三、二〇一七）など。

(11) 佐々木氏による研究成果は、佐々木倫朗『戦国期権力佐竹氏の研究』(思文閣出版、二〇一一)としてまとめられ、その後も、同「戦国期権力佐竹氏の家臣団に関する一考察―側近・奉行人層の分析を通じて―」(『大正大学大学院研究論集』三八、二〇一四)、同「佐竹義重・義宣代替り考」(小此木輝之先生古稀記念論文集刊行会編『歴史と文化』青史出版、二〇一六)などの論考が発表されている。
(12) 今泉徹「佐竹北家の所領支配」(『戦国史研究』三七、一九九九)、同「戦国大名佐竹氏の家格制」(『国史学』一七七、二〇〇二)、同「戦国期佐竹南家の存在形態」(佐藤博信編『中世東国の政治構造』岩田書院、二〇〇七)など。
(13) 木下聡「常陸佐竹氏における官途」(『戦国史研究』四八、二〇〇四)。
(14) 山縣創明「戦国期佐竹氏における中央権力との関わり」(『茨城県史研究』九三、二〇〇九)。
(15) 市川悠人「戦国期領主佐竹氏と「東方之衆」」(『立教史学』二、二〇一〇)。
(16) 森木悠介「戦国期佐竹氏の代替わりについて―義重から義宣への家督交代を中心に―」(『茨城県立歴史館報』四三、二〇一六)。
(17) 佐藤博信「十五世紀中葉の常陸佐竹氏の動向―特に義憲(義人)・義頼(義俊)・義治をめぐって―」(同『続中世東国の支配構造』第一部第三章、思文閣出版、一九九六、初出は『日本歴史』五五八、一九九四)。
(18) 日暮冬樹「常陸佐竹氏の権力確立過程」(『国史学』一六三、一九九七)。
(19) 山縣創明「戦国大名佐竹氏の成立と「佐竹の乱」」(『茨城大学中世史研究』四、二〇〇七)。
(20) 藤井達也「天文期における佐竹義篤の動向―岩城氏・白川氏・那須氏との関係を中心に―」(『茨城史林』四二、二〇一八)。
(21) 近年では、高橋修編『佐竹一族の中世』(高志書院、二〇一七)が刊行され、佐竹氏研究の現状と課題がより明らかにされているといえる。

(22) 藤木久志「常陸の江戸氏」(萩原龍夫編『江戸氏の研究』名著出版、一九七七、初出は註(2)『水戸市史』第八章)。
(23) 柴辻俊六「常陸江戸氏の発展と滅亡」(『歴史手帖』一〇―三、一九八二)。
(24) 泉田邦彦「佐竹氏と江戸氏・小野崎氏」(註(21)高橋編著)。
(25)『十王町史 通史編』第二章(関周一・芳賀友博・志田諄一・笹岡明・橘松壽執筆、十王町史編さん調査会、二〇一一)、『東海村史 通史編』(志田諄一・堤禎子執筆、東海村史編さん委員会、一九九二)、註(24)泉田論文。
(26) 笹岡明「戦国期在地領主の伝承と実像」(吉成英文編『常陸の社会と文化』ぺりかん社、二〇〇七)、同「佐竹乙寿丸と山尾小野崎氏―入嗣の経緯を中心に―」(『茨城史林』三七、二〇一三)など。
(27) 高橋裕文「中世領主と石神氏」(東海村歴史資料館検討委員会編『常陸国石神城とその時代』第三部、二〇〇〇)、同「戦国期の額田小野崎氏と額田城合戦」(『常総の歴史』四五、二〇一二)など。
(28)『友部町史』第三編(糸賀茂男・大槻寿雄・小谷清治・関周一・今井雅晴執筆、一九九〇)、『岩間町史』第二章(糸賀茂男・関周一・阿部能久・佐々木倫朗・藤井尚夫・大関武執筆、二〇〇二)。
(29) 風間洋「関東奉公衆宍戸氏について」(『鎌倉』八九、一九九九)。
(30) 渡邊世祐『関東中心足利時代之研究』(新人物往来社、一九九五、初刊は雄山閣、一九二六)、吉田一徳「小田五郎藤綱・小山若犬丸隆政の生涯と史蹟難台山城址についての考察」(同『常陸南北朝史研究』第十一篇、水戸二高史学会、一九五三)、佐藤博信「東国における室町前期の内乱について―小山義政・若犬丸の乱、小田氏の乱、田村氏の乱―」(註(17)佐藤著書第一部第一章、初出は『鷲城・祇園城跡の世界』鷲城・祇園城跡の保存を考える会、一九九一)、市村高男「小田孝朝の乱と鎌倉府体制」(『牛久市史研究』八、一九九九)、小国浩寿「鎌倉府北関東支配の展開」(同『鎌倉府体制と東国』第Ⅱ部第二章、吉川弘文館、二〇〇一）、石橋一展「室町前期の東国における内乱の再検討—小山氏、小田氏の乱と鎌倉府—」（松本一夫編著『下野小山氏』戎光祥出版、二〇一二、初出は『千葉史学』四七、二〇〇五）、松本一夫「石橋一展「室町前期の東国における内乱の再検討—小山氏、小田氏の乱と鎌倉府—」を読む」（前掲松本編著、初出は佐藤博信編『中世東国史の総合的研究』千葉大学大学院人文社会科学研究科、二〇一一）、杉山一弥「小田孝朝の乱にみる常陸男体山と室町幕府」（『國學院雑誌』一一二—一〇、二〇一一）など。

(31) 註（3）『筑波町史』、註（4）『牛久市史』に同じ。

(32) 市村高男「中世港湾都市那珂湊と権力の動向」（『茨城県史研究』八七、二〇〇三）。

(33) 黒田基樹「常陸小田氏治の基礎的研究—発給文書の検討を中心として—」（『国史学』一六六、一九九八）。

(34) 平田満男「土岐原氏と南常陸の国人層の動向」（黒田基樹編著『山内上杉氏』戎光祥出版、二〇一四、初出は東国史研究会編『関東中心戦国史論集』名著出版、一九八〇）。

(35) 平田満男「戦国期における南常陸の動向—土岐原氏を中心として—」（『歴史手帖』一〇—三、一九八二）。

(36) 市村高男「戦国期常陸南部における地域権力と北条氏—土岐・岡見・菅谷氏の消長—」（註（8）市村著書第二編第四章、初出は『地方史研究』二三一、一九九一）。

(37) 堀新「織田信長と絹衣相論—関連史料の整理と検討—」（同『戦国期王権論』第Ⅱ部第一章、校倉書房、二〇一一、初出は『共立女子大学文芸学部紀要』五一、二〇〇五）、坂本正仁「天正時の絹衣相論をめぐる根来寺と江戸氏領真言寺院」（『地方史研究』三三四、二〇〇八）、神田裕理「絹衣相論とその裁決」（同『戦国・織豊期の朝廷と公家社会』校倉書房、二〇一一）、金子拓「天正二年～五年の絹衣相論の再検討」（同『織田信長権力論』第三部第一章、吉川弘文館、二〇一五）。

(38) 常陸地域の視点での絹衣相論については、野内正美「江戸氏の発展と絹衣相論」(『那珂町史の研究』七、一九八七)、鈴木芳道「戦国期常陸国江戸氏領絹衣相論に窺う都鄙間権威・権力・秩序構造」(『鷹陵史学』二五、一九九九)などが挙げられる。

(39) 平安~鎌倉期までの論考については、主なものをここに掲げる。国衙との関わりについて、国府の復元から検討した義江彰夫「中世前期の国府―常陸国府を中心に―」(『国立歴史民俗博物館研究報告』八、一九八五)、鹿島神宮との関係を七月大祭の大使役から検討した水谷類「鹿島大使役と常陸大掾氏」(同『中世の神社と祭り』第一章、岩田書院、二〇一〇、初出は『茨城県史研究』四二、一九七九)、地域支配として那珂川北岸の開発についてみた志田諄一「常陸平氏の那珂川北岸経営」(高橋修編著『常陸平氏』戎光祥出版、二〇一五、初出は『茨城県史研究』三七、一九七七)、常陸平氏の所領形成の在り方として、地域の有力住人に呼び込まれ、その基盤を継承する形で行われたことを指摘した高橋修「「常陸平氏」再考」(同編『実像の中世武士団―北関東のもののふたち―』高志書院、二〇一〇)、同「東国の郷・村住人と在地領主―吉田社領の常陸平氏―」(高橋慎一朗編『列島の鎌倉時代―地域を動かす武士と寺社―』高志書院、二〇一一)などがあり、また、平安期の常陸平氏成立やその系譜関係、勢力基盤について検討された糸賀茂男氏の論考は、『常陸中世武士団の史的考察』(岩田書院、二〇一六)としてまとめられた。

更に、近年高橋氏は、編著として前記『常陸平氏』を刊行され、その総論において、常陸平氏成立史に関する研究の現状をまとめている。同書は、常陸平氏に関する重要な論文を再録した論集である。

(40) 『石岡市史 下巻』第Ⅲ編(志田諄一・池田公一執筆、一九八五)、糸賀茂男「中世国府の盛衰と大掾氏」(石岡市文化財関係資料編纂会編『常府石岡の歴史―ひたちのみやこ千三百年の物語―』石岡市教育委員会、一九九七)、江原忠昭「常陸大掾氏の一族(その一~十二)」(『郷土文化』三二、三三、三五~四三、一九九一~二〇〇二)、岩田敏男「常陸大掾氏の興亡」(『郷土文化』三五～三八、一九九四～九七)など。
(41) 松本一夫「常陸国における守護及び旧族領主の存在形態」(同『東国守護の歴史的特質』第三編第一章、岩田書院、二〇〇一、初出は『国史学』一四〇、一九九〇)。
(42) 清水亮「南北朝・室町期の常陸平氏と鎌倉府体制」(註(39)高橋修編著、初出は『日本歴史』六三七、二〇〇一)。
(43) 小森正明「中世における常陸国衙の一断面―税所氏の基礎的考察を中心として―」(註(39)高橋修編著、初出は『書陵部紀要』四〇、一九八八)。
(44) 和氣俊行「常陸大掾氏と下総千葉氏の人的関係―室町中期を中心に―」(『地方史研究』三三六、二〇〇八)。
(45) 市村高男「戦国～近世初期の府中について―常陸府中の城下町化を中心として―」(『国史学』一四三、一九九一)。
(46) 有賀和成・小佐野浅子・高橋修・皆川昌三「常陸府中現況調査概報Ⅰ―中世都市のフィールドワーク―」(『茨城大学中世史研究』一、二〇〇四)、有賀和成・石橋一展・小佐野浅子・酒井吐夢・高橋修・皆川昌三「常陸府中現況調査概報Ⅱ―中世都市のフィールドワーク―」(『茨城大学中世史研究』二、二〇〇五)、「特集　常陸府中の景観変遷―現況調査概報Ⅲにかえて―」(『茨城大学中世史研究』三、二〇〇六)。
(47) 註(40)糸賀論文、一七九頁。
(48) 山田邦明「常陸真壁氏の系図に関する一考察」(同『鎌倉府と地域社会』第Ⅲ部第一章、同成社、二〇一四、初出は中世東国史研究会編『中世東国史の研究』東京大学出版会、一九八八)。
(49) 海津一朗「南北朝内乱と美濃真壁氏の本宗家放逐―「観応三年真壁光幹相博状(置文)」の再検討―」(清水亮編著『常陸真壁氏』戎光祥出版、二〇一六、初出は『生活と文化』四、一九九〇)。
(50) 小森正明「中世後期東国における国人領主の一考察―常陸国真壁氏を中心として―」(『茨城県史研究』六二、一九八九）。

（51）清水亮「南北朝・室町期常陸国真壁氏の惣領と一族」（註（49）清水編著、初出は『地方史研究』二七七、一九九九）。また清水氏は、前記編著『常陸真壁氏』（註（49）を参照）の総論において、常陸真壁氏に関する研究史整理と研究の現状をまとめている。

（52）齋藤慎一「常陸国真壁氏と亀熊郷」（同『中世東国の領域と城館』第一部第一章、吉川弘文館、二〇〇二、初出は網野善彦・石井進編『中世の風景を読む 二』新人物往来社、一九九四）。

（53）市村高男「戦国期城下町論」（石井進監修・真壁町編『真壁氏と真壁城 中世武家の拠点』河出書房新社、一九九六）。

（54）寺崎大貴「中世真壁城下町の復元」（『真壁の町並み―伝統的建造物保存対策調査報告書―』桜川市教育委員会、二〇〇六）。

（55）宇留野主税「戦国期真壁城と城下町の形成」（註（49）清水編著、初出は『茨城県史研究』九二、二〇〇八）。

（56）山田邦明「真壁氏の家臣団について」（註（48）山田著書第Ⅲ部付論、初出は『茨城県史料付録』三三、一九九四）。

（57）拙稿「室町～戦国初期常陸真壁氏の基礎的考察」（戦国史研究会編『戦国期政治史論集 東国編』岩田書院、二〇一七）。

（58）真壁氏及び真壁城に関する研究については、真壁城跡の国史跡指定を記念したシンポジウムの成果論集である、石井進監修・真壁町編『真壁氏と真壁城 中世武家の拠点』（註（53）を参照）も貴重な成果である。

（59）猪尾和広「常陸国に見る中世武士団の一側面―烟田氏を素材として―」（『茨城県史研究』五七、一九八六）。

（60）塙栄一「注「烟田旧記」」（『鉾田の文化』八、一九八四）。

（61）平田満男「戦国期小領主の記録」（『戦国史研究』一〇、一九八五）、同「戦国期小領主の周辺―「烟田旧記」を中心に

――」（『戦国史研究』一五、一九八八）。
(62)『鉾田町史 通史編 上巻』第二編第二章～第五章（角田朋彦・平野明夫・今泉徹・鍛代敏雄執筆、註（4）参照）、角田朋彦「平一揆に関する一考察―鎌倉府との関係を中心に―」（『駒沢大学史学論集』二四、一九九四）、今泉徹「戦国期常陸南部における在地領主の動向」（註（39）高橋修編著、初出は『鉾田町史研究 七瀬』七、一九九七）、平野明夫「烟田氏と古河公方」（『鉾田町史研究 七瀬』八、一九九八）など。
(63)芹澤雄二『芹澤家の歴史』（私家版、一九七二）、烟田幹衛「東常陸における在地勢力の動向―芹澤氏の対外施策をめぐって―」（『茨城史学』三四、一九九九）。
(64)内山俊身「鳥名木文書に見る室町期東国の政治状況―永享の乱・結城合戦時の霞ヶ浦周辺と足利万寿王丸の鎌倉公方復権運動について―」（『茨城県立歴史館報』三一、二〇〇四）。
(65)内山俊身「応永期における常陸東条氏の動向―旧東町福田徳林寺の虚空蔵菩薩坐像底部銘の発見から―」（『茨城県立歴史館報』三三、二〇〇六）。
(66)茨城県立歴史館編『中世東国の内海世界』（高志書院、二〇〇七）、同編『中世常陸・両総地域の様相―発見された井田文書―』（茨城県立歴史館、二〇一〇）。
(67)黒田基樹『増補改訂 戦国大名と外様国衆』（戎光祥出版、二〇一四、初刊は文献出版、一九九七）、同「戦国大名と国衆」（同『戦国大名 政策・統治・戦争』平凡社新書、二〇一四、一六八～一九六頁）、大石泰史編『全国国衆ガイド』（星海社新書、二〇一五、一一頁）。
(68)この点について、二〇一七年七月、戦国史研究会主催のシンポジウム「戦国期における大名と国衆」において報告の機会を頂き、真壁氏と佐竹氏の関係について報告を行った。拙稿「戦国期の東関東―真壁氏と佐竹氏の関係を中心に

―」（戦国史研究会編『戦国時代の大名と国衆』戎光祥出版、二〇一八）を参照。

（69）石橋一展氏は、「中世東国史という研究分野で考えたとき、常陸の中世文書の未翻刻状態を解決し、各武士の基礎研究を丁寧に行っていくことが研究上の最重要課題である、と言っても過言ではない」と述べている（石橋一展「新刊紹介 高橋修編著『中世関東武士の研究 第一六巻　常陸平氏』」『千葉史学』六七、二〇一五）。

第一部　十四〜十五世紀の常陸大掾氏

第一章　中世前期常陸大掾氏の代替わりと系図

はじめに

　中世を通じて、常陸府中を中心に活動していた常陸大掾氏（以下、大掾氏）については、まず通史的検討として、『石岡市史』を始め、糸賀茂男氏・江原忠昭氏・岩田敏男氏の論考がある。(1)また大掾氏当主の代替わりについては、太田亮氏による『姓氏家系大辞典』(2)の記述や、中島実氏・青柳清治氏・近藤安太郎氏・石川豊氏・木村信吉氏等による、現存する大掾氏系図に基づく検討があるが、(3)これらの系図の多くは近世に作成されたものとみられ、代替わりについての疑問点も見受けられる。一方で宮田俊彦氏は、「金沢文庫文書」所収の「大掾経幹申状案」(4)を検討された中で系譜の復元を行っているが、(5)鎌倉後期の史料であることからそれ以降についての検討はなされていない。

　これらの先行研究を踏まえた上で、本章では、系図と文献史料の付き合わせを通し、鎌倉～南北朝前期の大掾氏当主の代替わりとその活動時期を確定させていきたい。

一　「大掾経幹申状案」の再検討

「大掾経幹申状案」は、既に多くの研究者によって検討の俎上に載せられている史料であるが、(6)ここでは宮田氏による系図の復元をベースとし、大掾氏の代替わりについて再検討を行う。

まずは全文を掲げる。

〔史料1〕（金沢文庫文書）

常陸大丞次郎平経幹謹言上

欲下早高祖父常陸大丞資幹墓所、不レ可レ及二他人競望一条、二位家并代々御下知明鏡上者、且依二代々相承理運一、且任二真則以下先傍例一、預二御計一、継二多年無足侘傺身命一、致二重代奉公忠一、弥仰中道徳行貴旨上、舎弟時幹被二収公一所領常州佐谷郷内給主分闕所事、

右、当郷者、云二給主分一、云二地頭職一、常陸大丞代々兼帯相伝所職也、而常陸介知重言二上国司（大納言家帥）御方一、掠二給当職一之間、資幹令レ言二上子細一之日、於二彼給主職一、大丞之外者於二他人一者、不レ可二競望一之由、二位家御代、資幹預二不易御下知一畢、彼御下知状舎弟時幹所レ帯也、被二召出一之処、無二其隠一歟、将又前司入道殿御代、当職同以二他人一不レ可二相綺一之由、被二仰下一畢、彼御下知状等、同人所レ帯也、而時幹□□被二召置一闕所□□云二理運一、云二傍例一、顕然也、其故者、亡父常陸新大丞光幹先二立于父孝幹法師（法名妙観）一、未レ分死去之間、経幹依レ為二生得嫡子一、光幹他界以後者、為二祖父妙観計一、以二経幹一居二置于大丞職一之上、如二舎弟兼幹（時幹舎兄）所レ帯祖父妙観譲状一者、心不忠用仁志天、御公事等令二闕如一者、可レ為二経幹計一云々、此上為二 公家・

関東御代官㆒、鹿嶋神役以下致㆓其忠㆒事、光幹息男之中、経幹一人也、依㆑之、云㆓奉公㆒、云㆓忠孝㆒、顕然也、仍居㆓
于大丞職㆒之条、勿論之上者、於㆓彼跡㆒者、尤至㆓于嫡子分㆒者、経幹不㆑可㆑有㆓相違㆒之処、妙観死去以後、時幹
〈于時長寿〉為㆓末子之身㆒、奉㆑掠㆑上、称㆑預㆓御下知㆒、以㆓外祖父工藤次郎左衛門入道理覚権威㆒、一円管領之間、御前庭
中刻、去正応年中、為㆓嶋田民部大夫行兼〈今者出家〉奉行㆒、申㆒㆑立越訴㆒、為㆓但馬外記大夫政有当奉行㆒、相論最中也、
陸奥守殿越訴御頭前後両度之間、時幹依㆑無㆓其理㆒、令㆑遁㆒㆑避問答㆒、違背及㆓度々㆒畢、駿河守殿、□□□殿御頭之
時、子細同⎾
⎿者、於㆑今者、擬㆑及㆓餓死㆒之条、併仰㆓明察㆒、於㆑達㆓　上聞㆒者、争無㆓御憐愍㆒哉、凡如㆓有例㆒者、縦雖㆑為㆓
不忠之族㆒、以㆓別儀㆒、無足之輩等預㆓御計㆒条、繁多之間、不㆑遑㆓于注進㆒、随□近例者、当国大窪郷給主当社禰宜
真則夭亡以後、依㆑為㆓無主地㆒、為㆓闕所㆒之処、彼餘流之外、不㆑可㆓知行㆒之間、充㆒㆑給真則後家并彼親類㆒畢、厳
政之法、不㆑可㆑有㆓用捨㆒上者、尤仰㆘無㆓変貴㆒旨㆖者也、況経幹依㆓父祖之命㆒、為㆓公家・関東御代官㆒、先々致㆓其
忠㆒之条、一門他門令㆓存知㆒之上者、世以無㆓其隠㆒、何況、彼所者、専為㆓光幹遺領内㆒之上、高祖父資幹墓所也、
不㆑可㆑有㆓他人競望㆒条、一位家并代々御下知明鏡之上、経幹又嫡々相承、不㆑可㆑及㆓御不□㆒上者、且依㆓代々御
下知㆒、且任㆓理運㆒、充㆒㆑給于彼闕所分㆒、為㆑致㆓重代奉公忠勤㆒、恐々言上如㆑件、

徳治二年五月　日

この史料は、大掾経幹が徳治二年（一三〇七）に提出したものの案文である。欠紙の部分が多いが、内容としては、弟時幹が持っていながら、現在は闕所地となっている佐谷郷（現かすみがうら市上佐谷・中佐谷・下佐谷）の給主職について、自らの所有の正当性を語ったものである。そしてここには、鎌倉期に活動した大掾氏当主の名をいくつも確認することができる。

経幹は自らの父を「常陸新大丞光幹」とし、彼がその父孝幹（妙観）に先んじて没したため、嫡子であった自分が祖父の後見を受けて家督を継いだと述べる。ここから、孝幹（妙観）―光幹（新大掾）―経幹（次郎）の流れがあったことがわかり、また経幹には兼幹、そして相論を争う時幹という二人の弟が居たことが確認できる。そして係争地である佐谷郷については、「高祖父資幹」の墓所があることを述べており、経幹から数えて四代前の人物が資幹、即ち建久四年（一一九三）の政変で没落した多気義幹の旧領の一部を受け、その後常陸大掾職に就き、更に府中の地頭に任じられた馬場資幹その人であったことがわかる。

ここまでで、資幹―〇―孝幹―光幹―経幹ら兄弟という流れが復元できる。なお、〇に入る人物としては、次の史料に名がみえる朝幹が該当する。

〔史料2〕（常陸総社宮文書）

常陸大掾朝幹申状折紙遣レ之、件大掾職者、始祖相承之上、父資幹帯二故大将殿御下文一、令レ相二伝于朝幹一歟、而知重国司令二競望一之条、事若実者、新儀之企、頗無二其謂一、且停二止非分之望一、且○可下令レ申二子細一給上之状、依二鎌倉殿仰一執達如レ件、

安貞元年十二月廿六日　武蔵守御判

相模守御判

常陸前司殿[7]

史料2は安貞元年（一二二七）に出された御教書の案文である。小田知重との相論の中で大掾朝幹が出した申状には、大掾職は始祖相承であり、父資幹は源頼朝の下文を持っており、それが朝幹に相伝されていると記されていたとあり、この相論が大掾職を巡るものであったことがわかる。[8]資幹はこのごく近い時期に没したとみられ、小田知重は

資幹から朝幹への代替わりを、大掾職奪取による国衙在庁掌握の好機と捉え、相論を起こしたものと思われる。そしてその方法については、史料1では「国司帥大納言家」とあり、常陸国司であった二条定輔を頼みとしたものであったとみられる。結果としてこの相論は史料2の裁定通り朝幹の勝利に終わったとみられ、小田氏の国衙在庁掌握は失敗に終わり、逆に大掾氏が国衙在庁を基盤として勢力を伸ばしていくこととなる。

さて、史料1に話を戻すが、この史料には大掾氏の系譜復元を考える上で注目すべき点がある。一つは、光幹が父妙観に先んじて病死し、経幹が妙観の後見を得て家督を継いだこと、もう一つは、妙観が亡くなった後、外祖父工藤理覚(高光)[9]の権威を利用して家督を奪った末弟の時幹が、その当時は幼名である長寿と名乗っていたこと[10]である。

近世に宮本元球が著した『常陸誌料』に所収されている「平氏譜」[11]には、妙観は正応二年(一二八九)四月六日に六十八歳で没したと記されている。この典拠について元球は「系図」と記すのみであり、またやはり近世に小宮山楓軒が著した『常陸三家譜』に所収されている「常陸大掾氏譜」[12]にも同様の記述がみえるが、根拠は明らかではない。しかし、史料1において、正応年間に訴訟が始まったという記述があることを考えるならば、妙観の死去、そして長寿、というよりも長寿に近い大掾氏家臣及び工藤理覚らによる経幹からの家督奪取の出来事は、まさにこの時期に起こったとみられ、元球の依拠した「系図」の記述は概ね事実を伝えていると考えられる。即ち妙観の生年は、系図の年齢から逆算して貞応元年(一二二二)となる。そしてここから、推定ではあるが光幹の誕生は一二四〇年代半ば〜五〇年代前半であり、また経幹ら三兄弟の生年も大体一二七〇年代以降と考えることができる[13]。特に時幹が正応年間当時まだ幼名長寿であったことを踏まえるならば、彼の誕生は一二八〇年代前半とみて間違いなく、また経幹が一次的にとはいえ家督を継いでいたことを考えれば、光幹の没年は一二八〇年代中頃であったと思われる。

経幹と時幹の一連の相論については、この史料以外に残っておらず、経過については不明といわざるを得ないが、正応以来二十年余に亙って断続的に続いたこの訴訟は、結果的に時幹が勝ったとみられる。それは元応元年（一三一九）十月に出された「常陸国在庁・供僧等訴状断簡」(14)に、「大掾時幹」と、国衙在庁の構成員の一人として判を据えていることからも、訴訟後も彼が大掾氏当主として活動していたことは明らかである。一方の経幹の足跡は確かな史料が無く不明である。申状によれば、経幹は「於㆑今者、擬㆑及㆓餓死㆒之条」と自らの生活が相当困窮している状況にあったことを述べているが、これについて次のような史料がある。

〔史料3〕（常陸総社宮文書）

□陸国総社敷地知行人数并田畠坪付事

合

□家御分

一所并田三町　「三丁まろ」御領主南越兵庫大夫入道殿

一所并田壹段「三」　三川前司

□家武家兼帯人々

在庁

一所并田柒段（塚本）　大掾時幹

三所并田小　大掾次郎経幹

一所　馬場左衛門次郎

一所并田五段　大掾孝幹女子(15)

史料3は、既に時幹が元服していることから、十四世紀初頭のものとみられる、常陸総社敷地田畠坪付注文の断簡である。文中「在庁」以下に記載のある四人は、時幹・経幹は言を待たず、孝幹女子は彼らにとって叔母に当たる人物である。「馬場左衛門次郎」については、時幹らの高祖父資幹が名乗っていた馬場名字を名乗っていることから、やはり大掾氏一族であろう。これ以外に彼に関する史料はないが、記載順として時幹・経幹に続き、当主である時幹の叔母の前に記載される人物の候補としては、申状に見える「兼幹」(16)か、系図上でのみ確認できる人物ではあるが、光幹の従兄弟に当たる「胤幹」(17)が挙げられようか。

この史料3において、経幹は「三所并田小」を総社の敷地内に有していたことがわかる。額面通りにこの所領を有していれば、一定の収入を得られる環境に経幹があったとも思われるが、申状の文言を事実とすれば、これらの所領も弟時幹に押領されていた可能性もあるだろう。

以上、大掾経幹の申状案を基に、鎌倉期の大掾氏当主の家督の変遷についてみてきた。続いて、時幹の時代から鎌倉幕府滅亡を経て南北朝期へ入る時期の系図の復元と代替わりについて考えていくこととする。

二　時幹と浄永

時幹は兄との訴訟後も大掾氏当主として、少なくとも元応元年(一三一九)まで活動がみられるが(18)、没年については不明である。系図によっては、建武二年(一三三五)の中先代の乱における相模川合戦で討死したとするものもあるが(19)、前後の活動を考えると、天正本『太平記』の相模川合戦において、北条時行方として応戦した「常陸大掾」は、その後南北朝期を通して活動がみられる浄永であろう(20)。また、時幹は工藤理覚の女を母とし、御内人工藤氏の権力を背景に家督を手にすることとなったが、ここから考えると、時幹は得宗家との関わりも深い人物であったと思われる。しかし、元亨三年(一三二三)の「北条貞時十三年忌供養記」[21]にその名をみることができず、これ以前に没していた可能性もある。時幹の後は系図によれば盛幹が相続したとされるが、彼は一次史料に全く現れず、南北朝期には系図上で盛幹の子とされる浄永が登場する。

ここで筆者は大掾氏の系図に一つの疑問を抱いた。時幹―盛幹―浄永―詮国と親子で代が続いているのは、現在確認できる大掾氏系図の多くに共通するところである。しかし浄永の活動は、少なくとも建武年間(一三三四～三八)、所伝を加えると元徳年間(一三二九～三二)からみることができる[22]。

またその子詮国は、足利義詮の「詮」の字を受けたとみられ、義詮が元服したとみられる康永元年(一三四二)十二月から、上洛する貞和五年(一三四九)九月までの間に元服したと考えられ[23]、逆算すると一三三〇年代前半の生まれと推定できる。この詮国誕生の時点で、浄永は少なくとも二十代になっていたと思われ、誕生の下限は延慶年間(一三〇八～一一)と考えられる。

ここで問題となるのが、「祖父」時幹と「孫」浄永の年齢差である。どちらの年齢も推定ではあるが、先述の通り一二八〇年代前半の誕生とみられる時幹は、延慶年間当時二十代後半と思われ、その彼に孫があったとは到底考えられない。ここから筆者は、時幹と浄永の関係を、祖父と孫ではなく親子であったと考える[24]。これについて、常陸平氏吉田流石川氏の系図である「常陸国吉田郡恒富主石川系図」[25]にみえる浄永(系図上は「高幹」)の項に「盛幹弟」と記載があり、系図作成の段階で浄永に関する何かしらの所伝が石川氏にあった可能性が高いといえる。問題はその間にある盛幹の存在であるが、確たることはいえないものの、浄永の兄に当たり、一三二〇年代に若くして亡くなった人物であると思われる[26]。そして彼の死後家督を継いだ浄永は、鎌倉幕府滅亡、そして南北朝内乱の中で、大掾氏の中心人物として子の詮国とともに活躍することとなったのである。

おわりに

ここまでの検討を踏まえ、鎌倉期から南北朝初期にかけての大掾氏当主の代替わりは「鎌倉～南北朝期常陸大掾氏系図」のように考えられ、各当主の活動時期は、左記の通りとなる。

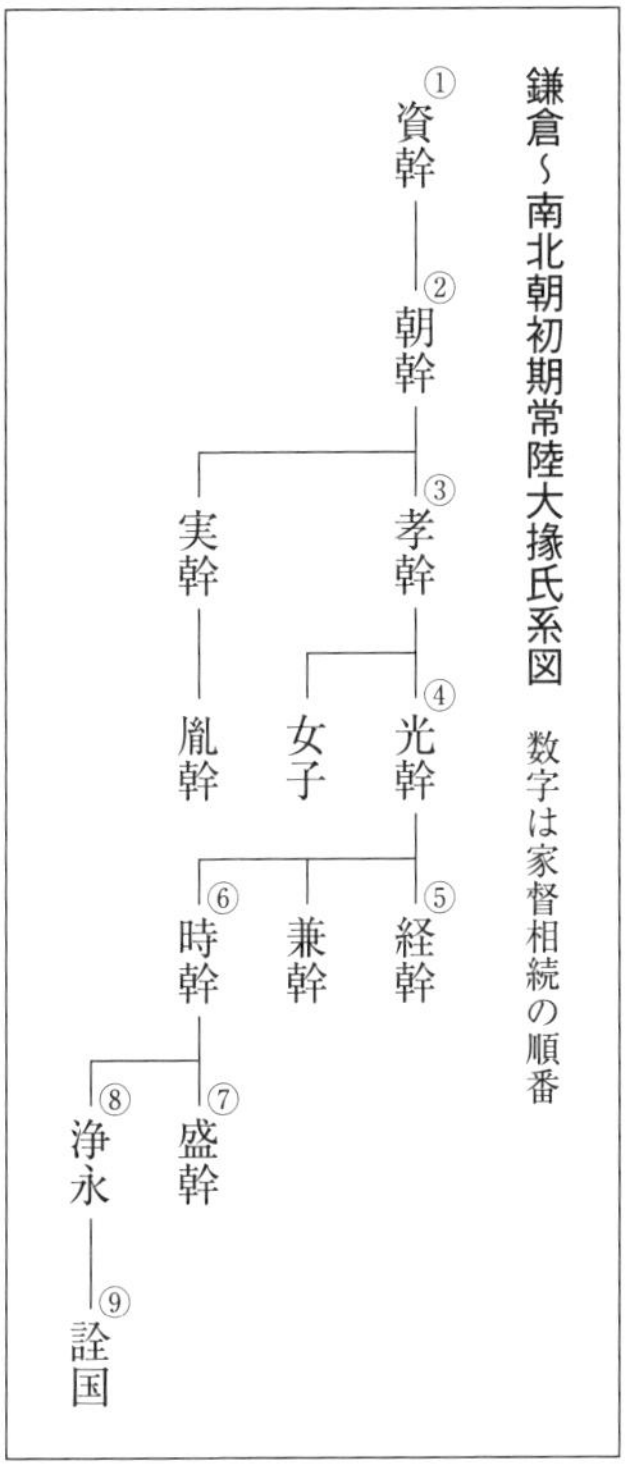

鎌倉～南北朝初期常陸大掾氏系図　数字は家督相続の順番

①資幹　史料上では建久年間（一一九〇～九九）頃から活動がみられる。没年は安貞元年（一二二七）以前。
②朝幹　誕生は遅くとも正治年間（一一九九～一二〇一）以前、家督相続は父の死に伴う。
③孝幹　貞応元年（一二二二）誕生、正応二年（一二八九）没。出家して妙観を号す。
④光幹　一二四〇年代後半～五〇年代前半に誕生、一二八〇年代前半に死去。
⑤経幹　光幹長男。一二七〇年代の誕生とみられ、父の死後、祖父妙観の後見を受けて家督を相続。

⑥時幹　光幹三男。一二八〇年代前半の誕生、幼名長寿の段階で兄から家督を奪う。没年は元応元年（一三一九）以降、元亨三年（一三二三）以前か。

⑦盛幹　時幹長男。一次史料上確認できないが、一三〇〇年代前半の誕生、元徳年間（一三二九〜三二）頃までに死去か。

⑧浄永　時幹次男。誕生は一三〇〇年代後半、元徳年間頃から永徳二年（一三八二）まで活動がみられる。

⑨詮国　浄永長男。元徳〜建武年間（一三二九〜三八）頃の誕生、元服は貞和年間（一三四五〜五〇）頃。至徳三年（一三八六）三月没。

この検討は多分に推測を伴うものであるが、今後更なる史料の収集と検討を通じ、不明な点の多い大掾氏の実態とその背景を探っていくことができればと考える。

註

（1）『石岡市史 下巻』第Ⅲ編（志田諄一・池田公一執筆、一九八五）、糸賀茂男「中世国府の盛衰と大掾氏」（石岡市文化財関係資料編纂会編『常府石岡の歴史―ひたちのみやこ千三百年の物語―』石岡市教育委員会、一九九七）、江原忠昭「常陸大掾氏の一族（その一〜十一）」（『郷土文化』三一、三三、三五〜四三、一九九一〜二〇〇二）、岩田敏男「常陸大掾氏の興亡」（『郷土文化』三五〜三八、一九九四〜九七）。

（2）太田亮編『姓氏家系大辞典 第二巻』（姓氏家系大辞典刊行会、一九三四、三三三五〜三三四〇頁）。

（3）中島実「常陸大掾氏略系」（『石岡市史編纂史料』五、一九五九）、青柳清治「馬場大掾氏系図」（同『常総名族系譜集成 上巻』私家版、一九六六）、近藤安太郎「中世の武士団（2）東海道 常陸」（同『系図研究の基礎知識 第一巻』第二章

第四節、近藤出版社、一九八九）、石川豊「大掾氏主流」（同『中世常総名家譜　上』暁印出版、一九九一）、木村信吉「常陸大掾馬場氏」（飯田昌夫編『木村信吉遺稿集・常陸大掾多気氏と支族家臣たち』野生芸術社、二〇〇三）。

（4）「金沢文庫文書」大掾経幹申状案（『鎌倉遺文　第三〇巻』第二二九七七号）。

（5）宮田俊彦「『常陸大掾平経幹申状』に就いて」（『金沢文庫研究』九八、一九六四）。

（6）註（1）糸賀論文、註（5）宮田論文、水谷類「鹿島社大使役と常陸大掾氏」（同『中世の神社と祭り』第一章、岩田書院、二〇一〇、初出は『茨城県史研究』四二、一九七九）、大澤泉「鎌倉期常陸国における国衙機構の変遷と在庁官人」（高橋修編著『常陸平氏』戎光祥出版、二〇一五、初出は『茨城県史研究』九一、二〇〇七）などを参照。

（7）「常陸総社宮文書」鎌倉将軍家御教書案（『茨県Ⅰ』第二号）。

（8）この相論や平安末～鎌倉初期の大掾氏と小田氏（八田氏）については、高橋修「「常陸守護」八田氏再考―地域間交流と領主的秩序の形成―」（地方史研究協議会編『茨城の歴史的環境と地域形成』雄山閣、二〇〇九）、同「「常陸平氏」再考」（註（6）高橋編著、初出は同編『実像の中世武士団―東国のもののふたち―』高志書院、二〇一〇）を参照。

（9）工藤氏については、今野慶信「得宗被官工藤氏の基礎的考察」（『鎌倉』一〇七、二〇〇九）を参照。

（10）鎌倉～戦国末期における大掾氏の人物で、幼名の情報が存在するのは、室町期の満幹、戦国末期の清幹、そしてこの時幹の三人である。そして時幹は「長寿」、満幹は「永寿」と、いずれも「寿」の一字を持っていることから、大掾氏の幼名は「～寿」を名乗るのが通例であったとみられる。残る清幹については、今のところ系図上でのみ「松久丸」とされている（後掲註（11）参照）が、想像を膨らませるならば、この「久」は「寿」であり、清幹の幼名は「松寿」であったのではないだろうか。

（11）「平氏譜」（東京大学史料編纂所所蔵謄写本『常陸誌料　一』）。

(12)「常陸大掾氏譜」(東京大学史料編纂所所蔵謄写本『常陸三家譜 二』)。
(13)ここまでの推定は、当該人物に大体二十五歳で長男が誕生すると仮定して検討したものである。
(14)「常陸総社宮文書」常陸国在庁・供僧等訴状断簡(『茨県Ⅰ』第四一号)。
(15)「常陸総社宮文書」常陸総社敷地田畠坪付注文断簡(『茨県Ⅰ』第二三号)。
(16)ただし、兼幹とする場合、兄経幹も「次郎」を名乗っており、同一の仮名を名乗るのかという点で疑問が残る。
(17)胤幹は系図上で実幹の子とされる(註(11)参照)。その実幹は妙観の弟で佐谷氏を称したとされ、佐谷郷に所領があったと推定できる。これについては、「鹿島大使役記」(『安得虎子 六』所収、『安得虎子』一八八〜一九一頁)の正元元年(一二五九、同書では「正元三年」とあるが、正嘉三年が正元元年であることから誤写とみられる)の項に「国府佐谷右衛門尉」とあり、活動時期を考えると実幹を指すと思われる。
(18)註(14)に同じ。
(19)註(12)に同じ。
(20)『太平記』巻十三「眉間尺釬鏌剣の事」(『新編日本古典文学全集 五五』一二六〜一四二頁)、なお、一般的に浄永の実名は高幹とされるが、その名を記した一次史料は管見の限り確認できていないのが現状である。彼の出家は建武年間に南朝方から北朝方に転じた時とみられる(「山本吉蔵氏所蔵税所文書」税所虎鬼丸軍忠状『茨県Ⅰ』第一三号)が、本章では浄永で統一する。
(21)「円覚寺文書」北条貞時十三年忌供養記(『神県二』第一三六四号)。
(22)曽根田隆光『興国山清涼寺史』(開山五百年記念事業実行委員会、二〇〇一)によれば、現在は石岡市国府にある清涼寺は、元徳二年(一三三〇)に「大掾十郎高幹」を開基として、現在の石岡市若松に建てられた寺院であるという。

（23）　義詮の元服時期については、佐藤博信「足利義詮の花押」（同『中世東国の支配構造』第四部第一章、思文閣出版、一九八九、初出は『月刊百科』二三二、一九八二）を、上洛については植田真平「鎌倉公方基氏の成立」（黒田基樹編『足利基氏とその時代』戎光祥出版、二〇一三）を参照。

（24）　盛幹と浄永を兄弟とする考えについては、既に中島実氏が同様の見解を系図として提示している。註（3）中島論文を参照。

（25）　「常陸国吉田郷恒富主石川系図」（静嘉堂文庫所蔵『石川文書』）。

（26）　盛幹について系図以外でその名をみることができるのは、「常陸国平姓大掾家過去帳」（「常陸茨城郡府中平城往古記事並諸記録」『石岡の地誌』第二九号）の「清諦院殿真海大居士　死亡年月欠ク　常陸大掾式部太夫吉田太郎平盛幹」という記述のみである。この過去帳は平国香から戦国期の清幹、景幹までの法名と没年を記したものであるが、世代間の抜けが多く、また一次史料と符合しない記載も多い。

第二章　大掾浄永発給文書に関する一考察

―観応の擾乱期の常陸―

はじめに

南北朝期前半の常陸大掾氏（以下、大掾氏）については、通史的には『石岡市史』や糸賀茂男氏の論考があり(1)、また当該期に関する松本一夫氏の検討がある(2)。松本氏は、南北朝内乱に際して一貫して北朝方に属し、常陸守護に任じられた佐竹氏とは対照的に、大掾氏の内乱初期の動向は定まっておらず、佐竹氏と対立することもあったが、観応の擾乱後は明確に北朝方に属し、国衙を握りながら常陸中南部に大きな勢力を有していたと述べている。

しかしながら、当該期の大掾氏関連史料は無年号で年次比定が難しい史料が多く、依然として不明な点が多く残っている。本章では、南北朝期に活躍した大掾浄永の発給した書状の年次比定を通して、観応の擾乱期の大掾氏の立ち位置を考えていくこととする。

浄永は盛幹の子とされ、実名を高幹といったと、現存する大掾氏系図はほぼ一様に述べている。しかし、管見の限り高幹の名が記された一次史料は確認できない。また、浄永の活動開始時期は、史料的には建武年間（一三三四～三八）、所伝を加えると元徳年間（一三二九～三二）であり、概ね誕生は延慶年間（一三〇八～一一）以前と考えられる。しかし、系図上祖父とされる時幹が弘安年間（一二七八～八八）頃の誕生とみられることから、両者の関係を祖父と孫と考えるのは年齢的に無理があると思われ、浄永は時幹の息子であったと推定される。恐らく兄と見られる盛幹の没後、家督を継いだのであろう。(3) その後永徳二年（一三八二）まで史料上で確認でき、(4) 遅くとも至徳年間（一三八四～八七）までに没したとみられる。

一　青柳庄合戦と浄永・詮国

まずは史料を提示する。

〔史料1〕（彰考館所蔵石川氏文書）

さたけ（佐竹）勢よせきたり候時、あをやきのしやう（青柳庄）にて、ミのしまのなかつかさ（箕島中務）の子息十郎太郎さいせん（最前）にうちしに（討死）候、他にことなる（異）事にて候、向後このむねを心へさせ給候へく候也、謹言、

六月十五日　　浄永（花押影）

大せう殿(5)

〔史料2〕（彰考館所蔵吉田薬王院文書）

合戦之間御祈禱巻数一枝給候畢、精誠之条目出度存候、恐々謹言、

六月廿九日　　浄永（花押影）

吉田別当御房御返事(6)

史料1は浄永が「大せう殿（大掾殿）」に対し、佐竹氏と大掾氏が青柳庄（現水戸市青柳）で合戦を繰り広げた際に、箕島中務の子十郎太郎が戦死したことを伝えたものである。また史料2は、浄永が水戸の吉田薬王院別当に宛て、合

戦に際し祈禱の巻数を送ってくれたことに対する感謝を伝えたものである。

史料1については、年次の検討が既になされており、『水戸市史』では、系図類を根拠に、興国元年（暦応三年〔一三四〇〕）に起こった北朝方の佐竹氏と南朝方の大掾氏の合戦とする。[7] 松本氏もこの史料を引用し、大掾氏がこの頃南朝方にあったことを述べているが、一方で年次について、『茨城県史料 中世編Ⅱ』が「ミのしまのなかつかさの子息十郎太郎」を石川成幹の子幹行と比定していることが妥当であるならば、彼は貞和五年（一三四九）頃までは確実に生存しており、史料1の年次が更に下る可能性を指摘している。[8]

史料2については、これまで年次比定がなされていない文書である。史料1・2とも現存するのは写本のみのため、筆致や花押形での比較は難しく、また内容からも年次を特定し得ないが、史料1と2の日付が比較的近いこと、共に合戦と関連があることから、同一年の史料である可能性が高いと思われる。

現在のところ、確たる証拠はないものの、筆者は史料1にみえる青柳庄での合戦を観応元年（一三五〇）のことではないかと考えている。[9] 以下、この比定について検討していく。

まず、史料1の宛所の「大せう殿」は、発給者浄永の子詮国と比定できる。彼の生年は不明だが、詮国の「詮」の字は足利義詮の一字と考えられ、[10] 少なくとも義詮の元服以後、鎌倉を離れ上洛するまでの間に詮国は元服し、活動を始めたとみられる。[11] また、次の史料には、浄永と詮国が同時期に揃って活動していたことがうかがえる。

〔史料3〕（彰考館所蔵吉田薬王院文書）

以二御代官一承候事、先驚入候、新大掾方へ状を遣候、自然事も候者、先可レ止二狼藉一之由申下候、兼又染物三給
候了、連々如レ此御志難レ謝申候、委細御使申候了、諸事期二後信一候、恐々謹言、

十二月廿四日　　沙弥浄永（花押影）

謹上　吉田別当御房御返事[12]

史料3は、吉田薬王院の別当に対する返答として浄永が発給した文書であり、年次は未詳である。この文中には「新大掾方」とあり、これは詮国を指すと考えられる。「新大掾」の呼称は、徳治二年（一三〇七）五月日付の大掾経幹申状案において、経幹が父光幹を同様に表現している[13]。光幹が父（経幹にとっては祖父）の孝幹（妙観）に先んじて没していたことを考えると、「新大掾」は、親と同時期に活動していた子に用いられた可能性が高く、浄永・詮国と孝幹・光幹は似たような活動状況にあったとみられる。ここから、父浄永と並行して詮国が活動していたことがわかるとともに、史料3は詮国元服後のものと考えられる。

二　石川氏の内紛と佐竹・大掾氏

さて、本題に戻って青柳庄合戦の年次を考えるに当たり、史料1の文書を所有していた石川氏についてみていく。石川氏は常陸平氏吉田流の庶子家であり、建久四年（一一九三）の政変で没落した多気義幹に代わって常陸平氏の惣領格となった馬場資幹も、元は石川氏の庶流であった。鎌倉期には所領であった吉田郡恒富郷（現水戸市常澄）の地頭職を北条氏が有していたことから、同氏との繋がりが強かったことが、石井進氏によって指摘されている[14]。南北朝内乱では終始北朝方に属しており、青柳庄合戦の頃は常陸平氏本宗家である大掾氏に従っていた。それは次の史料にみることができる。

〔史料4〕（彰考館所蔵石川氏文書）

ひたちのくに（常陸国）よしたのこほり（吉田郡）ひらとのかう（平戸郷）のうちのたさいけをわけて、ちやくし（嫡子）□〔又〕太郎もとあり（幹有）にゆつり（譲）、しやうちう《正中》三年五月□日、けたひ《外題》を申たふといへとも、をやにさきたちてたかいする間、かのけたいのところをとり□　□て、七郎《氏幹》・九郎《寛幹》・十郎《幹行》三人にたふなり、十郎もとゆきにゑひたひをかきてたふところハ、三郎五郎かさひけうちつきのた、ゑくわんかさひけ□ちつきのた、ふちのわのよひちかさひけうちつきのた、ほそうちかさひけうちつきのた、しの丶たへらのへい太郎かさひけうちつきのた、しゆくにまこ七かさひけうちつきのた、や太郎かさひけうちつきのた、ミのしまのまころくかさひけうちつきのた、きやう□うちはんふん、又六たんのつほにてつくりにたん、これをたふなり、もし又太郎かあとのしよりやうについてさた《沙汰》いてき《出来》たらんときハ、幹ありかあと《跡》をもとりてあるたさひけをか丶へて、ようとふいけをいたしあわせてさたをすへし、このなかにそむきてさたをせぬものあらハ、そむかんものかもちてあるもとありかあとのしよりやうを、そむかさらん一ふく《腹》のきやうたひ《兄弟》してちきやう《知行》してさたをすへし、御くうし《公事》ハ大はんのか丶へて、そうりやう《惣領》うちもとのかたへさたすへし、もしうちつきてなきうきめん《浮免》のたハたけあらハ、三人してくしにとりてをなしやう《同》にもつへし、御なこ《女子》にゆつるへからす、た人にゆつるへからす、のちのためにくちかきハしひつにてかくなり、しやうくたんのことし、

ちやうわ《貞和》五年十二月八日　とうあ《頭阿》（花押影）

「為二後證一所二加判一也、（花押影）《大掾浄永》」(15)

史料4は石川頭阿（成幹）の譲状である。仮名書きの為、内容理解の難しい史料だが、頭阿の嫡子幹有が父に先んじて没したため、生前頭阿から彼に与えていた所領の処理について記したものである。そして「為二後證一所二加判一也」と、文書の正当性を証明するために浄永が花押を据えており、当時の石川氏が大掾氏を上位の権力と認識していたと

いえるだろう。

この石川氏内部では、観応年間（一三五〇〜五二）に一族間の対立があったことが確認できる。これには次の史料が残っている。

〔史料5〕（彰考館所蔵石川氏文書）

子息又太郎幹有分ヨ譲所ヨ領常陸国平戸郷内一候之処、去年貞和五十月廿四日先ヨ立于二頭阿一令二夭亡一候之刻、幹有子息九郎太郎幹篤、同女子等、盗ヨ取着到以下文書等一、成二敵対一候之間、永令二義絶一候訖、且其段守護方并一族等令二存知一候也、仍先日於下所レ給レ与二幹有一所領上者、悔ヨ返之一、相ヨ分等分一、譲ヨ給幹有舎弟七郎氏幹、又九郎寛幹、十郎幹行等一候也、頭阿老病相兼候之間、難レ期二旦暮一候、此趣賜二御返事一、可レ備二亀鏡一候、恐惶謹言、

三月十五日　　沙弥頭阿（花押影）

謹上　刑部少輔殿御宿所[16]

〔史料6〕（彰考館所蔵石川氏文書）

御孫子九郎太郎殿義絶并御領御等分事等承了、随仰ヨ用御裏一候也、恐々謹言、

卯月九日　　散位繁隆（花押影）

謹上　石河太郎入道殿御返事[17]

史料5・6は頭阿が出した書状と、それに対する散位繁隆の裏書である。文書は無年号だが、史料5の文中に「去年貞和五十月廿四日」と幹有の没日があることから、観応元年の文書といえる。また史料5の宛所である刑部少輔は、史料6の裏書を書いた繁隆であろう。彼は清原繁隆と考えられ、暦応三年（一三四〇）に三島大社へ出された奉書にもその名がみえ、北朝方の奉行として活動していた人物であった[18]。

史料5において、頭阿は清原繁隆に対し、先に嫡子又太郎幹有へ譲っていた所領について、幹有が父に先んじて亡くなったが、その所領を巡って幹有の子九郎太郎幹篤とその姉妹が、着到などの文書を盗み、頭阿等と敵対したため、彼らを義絶したこと、頭阿は幹有へ譲っていた所領を一旦悔い返し、幹有の弟である七郎氏幹・九郎寛幹・十郎幹行へ等しく分配することを考えていること、老いと病を抱えており、次の機会がない可能性もあるので、この件について返事を頂きたいことを伝えている。頭阿の幹有遺領に関する考えは、史料4とほぼ同じであり、幹有死去の段階から一貫していた。また史料4には「御なこ《（女子）》にゆつるへからす」ともあり、女子への相続を認めていなかったことがわかる。幹有の子であり、頭阿にとっては孫である幹篤やその姉妹は、本来自分たちが相続するべきと考えていた父の遺領に対する祖父の対応に反発し、文書を盗み、敵対するという行動に出たのであろう。

それでは幹篤は、大掾氏を後ろ楯とする祖父や叔父たちに対し、誰を頼りとして前記のような行動に走ったのであろうか。ここで考えられるのが、幹篤の「篤」が守護佐竹義篤の一字であった可能性である。即ち幹篤は佐竹氏の後ろ楯を得ることで、大掾氏に従う頭阿らと対立したのではないだろうか。そして佐竹氏も、幹篤を介して石川氏を始めとする常陸中部の常陸平氏一族の切り崩しと自らの勢力拡大を図ったのではないかと考えられる。この頃の佐竹氏は常陸守護ではあったものの、その影響範囲は一国には到底及んでおらず、常陸中南部では常陸平氏一族や小田氏一族の勢力が強かった。義篤としては、石川氏の内紛を利用して、常陸守護の影響力を強める狙いもあったと思われる。

しかし、幹篤の敵対行動に対し、頭阿は彼を義絶し、その旨を一族ばかりでなく守護である義篤、更には奉行であった清原繁隆を通じて鎌倉府にまで広く通達した。これにより、佐竹氏の思惑通りに常陸平氏一族を切り崩すことはできなくなった。この状況に対し佐竹氏は、幹篤と共同して吉田郡へ進軍し、頭阿ら親大掾氏方の石川氏一族や大掾氏の軍勢と戦った。それが青柳庄合戦であったと筆者は考えている。なお、この合戦について、史料1以外の史料は残っていないが、その後の石川氏を幹有の弟である氏幹の系統が継いだとみられることから、[19]結果として大掾方の勝利で終わったと思われる。

三　観応の擾乱と常陸

さて、ここまでみる限り、青柳庄合戦は石川氏の内紛を巡る佐竹氏と大掾氏の合戦であったといえる。しかし、この頃の政治動向は、この合戦を単なる地方の一所領争いとはみなさなかった。当時の室町幕府においては、将軍足利尊氏の弟直義と、執事の高師直の対立が激化していた。いわゆる観応の擾乱と呼ばれる内紛である。筆者はこの内紛に、佐竹・大掾両氏も影響を受けたと考えている。これを検討するにあたり、当該期の大掾氏の動向を確認する。

常陸国内の北朝と南朝の争いは、康永二年（一三四三）の関・大宝両城の落城により、事実上、北朝方の勝利で終結し、その後の南朝勢力の活動はほとんどみられない。[20]この時期の大掾氏について、松本氏は北朝と南朝の間を転々としたとしており、また系図類にもそのような記述をみることができる。[21]しかし、当初南朝方として小田氏とともに活動していた浄永が、建武四～五年（一三三七～三八）頃に北朝方へ帰順して以降、南朝方の北畠親房からたびたび味方になることを求められたことは、親房が白河結城親朝に宛てた御教書において「常陸平氏以下輩者、皆伺㆓此形勢㆒、乍㆑申㆓可㆑参之由㆒、未㆑参候」[22]と述べていることからも間違いないが、それに応じて南朝方に再度鞍替えしたことを示す一次史料は確認できない。むしろ被官である税所氏の軍忠状や感状から、高師冬率いる北朝方の小田城や関・大宝城の攻撃に参陣していたことがわかり、北朝方として活躍していたことは疑いようがない。[23]

ここから考えると、最初期より常陸における北朝方の主力を担ってきた佐竹氏と大掾氏が合戦を繰り広げる可能性がある時期とは、大掾氏が北朝方に転じる建武五年以前か、観応の擾乱期の北朝方内部の激突があった時期のどちらかと考えられる。史料1が詮国の活動開始後であることが間違いないことを考えるならば、その合戦が起こりえる状況は、観応元年(一三五〇)の石川氏の内紛に関連したものであるとともに、北朝方の内紛が激化した時期ではないだろうか。

高師直の従兄弟である師冬は建武年間から常陸で活動し、北朝方として活動していた佐竹氏と師冬、或いは高一族との関係は深いものがあった。実際、佐竹一族の佐竹弥次郎(義盛)が、関東における直義方の中心人物であった上杉憲顕の下へ参陣した際に提出した着到状において、[24]義盛が「離二一族中一所二馳参一也」と述べていることは、義盛が佐竹一族を離れて直義方に転じたこと、逆にいえば佐竹一族が師直方にあったことを示そう。

一方、大掾氏が直義方に属したことを直接示す史料は管見の限り確認できない。しかし、乱後のいわゆる「薩埵山体制」[25]下において、大掾氏の活動がほとんどみられないことから、大掾氏が直義方に属していたことで、乱後に日の目をみなかった可能性が考えられる。乱後の浄永について、史料上では文和年間(一三五二〜五六)の尊氏指揮下での上洛を含む軍事行動にみえ、同四年の東寺合戦への参陣が確認できる。[26]その後まもなく帰国したと思われるが、延文四年(一三五九)の畠山国清を大将とした畿内出兵への参加は詮国とともにみられず、次に現れるのは公方基氏の側近として現れる貞治年間(一三六二〜六八)に入ってからとなる。[27]京都からの帰国以後、基氏側近として現れるまでの十年余の活動については、少なくともこの頃までに大掾氏の家督を詮国へ譲っていたと考えられること以外は、[28]史料的制約もあって不明であるが、「薩埵山体制」の中心人物の一人であった畠山国清の主導による畿内出兵への参加がみられないことは、大掾氏が体制寄りの立場ではなかったことを示すのではないだろうか。

そして浄永の再登場は、その畠山国清が没落し、観応の擾乱後に関東を追われた上杉憲顕が鎌倉府に復帰した時期と近く、この頃の鎌倉府の方針に変化が現れたとみられる。大掾氏の当主の座を詮国に譲って自由な立場となった浄永も、その方針の変化に乗じて、公方基氏の側近として再登場する機会を得たと考えられるであろう。

おわりに

以上、観応の擾乱における常陸国内での合戦について、関連するとみられる無年号史料の年次比定を行い、また当該期の大掾氏の活動について述べてきた。青柳庄における佐竹氏と大掾氏の合戦は、これまでいわれてきた北朝方と南朝方の争いではなく、石川氏一族内での後継者の死による所領の再分配の中で、祖父頭阿と孫幹篤の間で発生した内紛に対し、共に北朝方であった両勢力の介入によって起こったものといえる。またこの争いは北朝内部での観応の擾乱の余波を受け、その後の大掾氏の活動にも影響を及ぼしたと思われる。

史料的制約もあり、状況からの推測による部分も多く、まだまだ課題も多く残されているが、今後も関連する史料の検討を通し、当該期の大掾氏の動向や鎌倉府及び周辺勢力との関係について、更なるアプローチをしていくことができればと考える。

註

（1）池田公一「群雄割拠と大掾氏」（『石岡市史　下巻』第Ⅲ編第三章、一九八五）、糸賀茂男「中世国府の盛衰と大掾氏」（石岡市文化財関係資料編纂会編『常府石岡の歴史―ひたちのみやこ千三百年の物語―』石岡市教育委員会、一九九七）。

（2）松本一夫「常陸国における守護及び旧属領主の存在形態」（同『東国守護の歴史的特質』第三編第一章、岩田書院、二〇〇一、初出は『国史学』一四〇、一九九〇）。
（3）鎌倉～南北朝前期の大掾氏当主の代替わりについては、拙稿「中世前期常陸大掾氏の代替わりと系図」（本書第一部第一章、初出は『常総の歴史』四八、二〇一四）を参照。
（4）「烟田文書」烟田重幹申状案（『鉾田』第七八号）。
（5）「彰考館所蔵石川氏文書」沙弥浄永書状写（『茨県Ⅱ』第九号）。
（6）「彰考館所蔵吉田薬王院文書」沙弥浄永書状写（『茨県Ⅱ』第五五号）。
（7）今枝愛真「南北朝内乱と大掾氏の衰退」（『水戸市史 上巻』第七章、一九六三）。
（8）註（2）松本論文の註（6）を参照。
（9）この合戦の年次について、先の興国元年説以外では、明治～昭和初期の郷土史家である手塚正太郎氏（一八五五～一九三一）が正平年間（一三四六～七〇）の合戦としていた（深谷重雄編「手塚正太郎翁遺稿集録 府中大掾戦記」『石岡市史編纂史料』八、一九六〇）。
（10）義詮の元服については、佐藤博信「足利義詮の花押」（同『中世東国の支配構造』第四部第一章、思文閣出版、一九八九、初出は『月刊百科』二三二、一九八二）を参照。
（11）江田郁夫氏は、南北朝期の東国大名の多くが鎌倉公方足利基氏の「基」を拝領している点から、彼らが東国支配にあたる鎌倉公方を事実上の主君として認めており、早くも基氏期の段階から、東国では鎌倉公方を中心とする秩序が形成されつつあったとする（江田郁夫「南北朝・室町時代の東国大名」同『室町幕府東国支配の研究』第Ⅰ編第一章、高志書院、二〇〇八、初出は浅野晴樹・齋藤慎一編『中世東国の世界Ⅰ』高志書院、二〇〇三）。江田氏は大掾詮国や小栗詮重の一字を二代将軍足利義詮の一字としているが、周知の通り義詮は貞和五年（一三四九）十月の上洛まで鎌倉に在り、また彼の上洛と基氏の鎌倉下向は、幕府内における直義派と師直派の対立の激化から急遽実施されたものとみられ、義詮の在鎌倉期に元服を行った人物が一字を拝領するとすれば、それは鎌倉の主としての義詮からであり、鎌倉を中心とする東国の秩序形成は、義詮の在鎌倉期の段階にその萌芽があったと考えられる。基氏の下向については、植田真平「鎌倉公方基氏の成立」（黒田基樹編『足利基氏とその時代』戎光祥出版、二〇一三）を参照。

(12)「彰考館所蔵吉田薬王院文書」沙弥浄永書状写（『茨県Ⅱ』第五七号）。

(13)「金沢文庫文書」大掾経幹申状案（『鎌倉遺文 第三〇巻』第二二九七七号）。

(14) 石井進「鎌倉時代の常陸国における北条氏所領の研究」（『石井進著作集 第四巻』岩波書店、二〇〇四、初出は『茨城県史研究』一五、一九六九）。

(15)「彰考館所蔵石川氏文書」沙弥頭阿譲状写（『茨県Ⅱ』第二三号）。

(16)「彰考館所蔵石川氏文書」沙弥頭阿譲状写（『茨県Ⅱ』第二四号）。

(17)「彰考館所蔵石川氏文書」散位繁隆裏書写（『茨県Ⅱ』第二五号）。

(18)「三島大社文書」散位繁隆奉書（『南関二』第一〇九七、一一〇〇号）。この二通の文書と史料6の花押形を、前者を東京大学史料編纂所所蔵写真帳、後者を静嘉堂文庫所蔵「石川文書」で確認したところ、史料6は写本であるものの、花押形に似た特徴をみることができたことから、三通は同一人物の発給の可能性が高い。なお、清原繁隆については、湯山学「鎌倉府奉行小考―町野浄善と清原繁隆―」（同『鎌倉府の研究』岩田書院、二〇一一、初出は『千葉史学』四一、二〇〇二）を参照。

(19)「石川系図」（『群系四』五〇～五三頁）。

(20)　しかしながら、新田氏など関東の南朝勢力は依然健在であり、文和二年（一三五三）八月には、土御門某が宍戸男体山で挙兵し、真壁郡方面へ侵攻したことが確認できるなど（「真壁長岡古宇田文書」沙弥法昌注進状案『真壁Ⅱ』第二五号）、完全に南朝勢力が常陸から没落したとはいえない。

(21)　『常陸三家譜　二』所収「常陸大掾氏譜」（東京大学史料編纂所所蔵謄写本）など。

(22)　「松平結城文書」北畠親房御教書（『白河』第一七三号）。引用した文章の通り、大掾氏等は親房の要請をのらりくらりとかわし、北朝方に属し続けたと考えられる。

(23)　「山本吉蔵氏所蔵税所文書」税所虎鬼丸軍忠状、高師冬奉書、税所幹治軍忠状（『茨県Ⅰ』第一三、一五、一六号）。

(24)　「常陸遺文　二」佐竹義盛着到状写（『南関三』第一九五一号）。

(25)　「薩埵山体制」については、峰岸純夫「書評　佐藤博信著『中世東国の支配構造』」（『史学雑誌』一〇〇―六、一九九一）、同「南北朝内乱と武士―薩埵山体制の成立と崩壊―」（同『中世の合戦と城郭』第Ⅰ部3、高志書院、二〇〇九、初出は峰岸純夫・黒田基樹・小林一岳編『豊島氏とその時代―東京の中世を考える』新人物往来社、一九九八）、植田真平「公方足利基氏期鎌倉府の支配体制」（同『鎌倉府の支配と権力』第一部第一章、校倉書房、二〇一八、初出は『日本歴史』七五〇、二〇一〇）を参照。

(26)　『源威集』十二「文和東寺合戦ノ事」（『源威集』東洋文庫　六〇七、平凡社、一九九六、二二七～二八七頁）。

(27)　「円覚寺文書」関東公方近習連署奉加状（『神県三上』第四五五六号）、「円覚寺大般若経刊記」（貫達人「円覚寺蔵大般若経刊記等に就て」『金沢文庫研究』八―二～七、九～一一、一九六二）。

(28)　延文六年（一三六一）五月、詮国は鎌倉府に対し弘安二年（一二七九）の「作田惣勘文」の写を提出している（「山戸茂氏所蔵税所文書」大掾詮国書状『茨県Ⅱ』第八号）。このことは、少なくともこの頃までに彼が浄永から家督を譲られていたことを示そう。

第三章　南北朝〜室町前期の常陸大掾氏

はじめに

中世を通じて常陸中南部に勢力を有した常陸大掾氏（以下、大掾氏）の南北朝から室町前期にかけての論考としては、鎌倉府との関係を検討した松本一夫氏・清水亮氏の専論がある(1)。松本氏は、鎌倉府体制における大掾氏について、観応の擾乱後、常陸平氏勢力圏の所務遵行・棟別銭徴収権を大掾氏に任せるようになるが、氏満期以後、鎌倉府奉公衆や守護佐竹氏に代替され、大掾氏は衰退したと指摘する。清水氏は、特に足利持氏期の大掾氏の立場と持氏の常陸支配について検討し、上杉禅秀の乱以前の大掾氏は、常陸平氏勢力範囲での地域権力化を志向していたが、常陸平氏内部の抗争と鎌倉府の大掾氏圧迫策により没落、その後の常陸南部は、足利持氏による常陸平氏庶流の直属化によって統治が進められたと述べている。

しかし、当該期の大掾氏の立場や動向については、各当主の活動や代替わりの時期などの基礎的な点を含め、依然検討の余地がある(2)。本章では、鎌倉幕府滅亡から、大掾氏にとっての一大事件である永享元年（一四二九）十二月の大掾満幹父子殺害事件に至るまでの動向について、改めて検討することを通し、当時の常陸情勢や幕府・鎌倉府との関係をみていく。当該期の大掾氏に関する史料は決して多いとはいえず、時期によっては全く史料が確認できない部分もあるが、周囲の状況から動向の理由付けをすることは可能と思われる。これまで、南北朝末期から徐々に影響力を失って衰退し、満幹死後の永享年間には完全に没落したといわれてきた大掾氏の勢力であるが(3)、満幹の死後から戦国期に至るまでの大掾氏の動きをみる限り(4)、衰退したと一言で片付けてしまうのは少々乱暴であると思われ、鎌倉府や幕府、或いは周辺勢力との関係の中で、大掾氏が如何なる行動を取ったのかを検討していく。

一　常陸国内における南北朝内乱

元弘三年（一三三三）五月の鎌倉幕府滅亡に際し、常陸平氏の中には、吉田流石川氏や真壁氏の一族が、六波羅探題北方の北条仲時（普恩寺流北条氏）とともに自害したことが「陸波羅南北過去帳」(5)にみえるなど、幕府に殉じた者がある一方、鹿島流徳宿（烟田）氏が京都六波羅探題を攻めた足利尊氏の下へ、同流塙氏が新田義貞の下へそれぞれ参陣するなど、それぞれが自己の判断に基づき行動していたことがわかる(6)。また、在庁官人でもある平姓税所氏の動向が、次の着到状からうかがえる。

〔史料1〕（山本吉蔵氏所蔵税所文書）

□〔着〕到　常陸国御家人
□〔税所〕小四郎久幹
□〔税所〕又四郎幹国
□〔去カ〕月十九日馳㆓参万里小路□□藤房卿住所㆒、参㆓御方㆒之由□　□著到、同廿四日鎌倉江令□　□、仍著到如ㇾ件、
□〔元〕弘三年六月十四日

承了（新田義貞）（花押）(7)

ここから、先に元弘元年に起こった元弘の変に連座し、常陸国に配流されていた万里小路藤房の下に税所久幹と幹国が馳せ参じ、その後、新田義貞の鎌倉攻めに参陣したことが確認できる。税所氏が大掾氏同様府中に居を構える在庁官人であり、また大掾氏とは婚姻・養子関係で結ばれた存在であったことを考えるならば(8)、この時、大掾氏も税所氏とともに北条氏と敵対することを選んだ可能性は高いと思われる(9)。

鎌倉幕府を滅ぼした後醍醐天皇は、自らを中核とする新しい政治体制（建武政権）を構築して親政を行う。しかし、現地の実態を無視した政策は多くの武士に不満を持たせた。そのような中で建武二年（一三三五）、信濃に逃れていた北条高時の次男時行が挙兵して鎌倉を奪還する。中先代の乱である(10)。鎌倉を奪った時行の下には多くの武士が集まっており、建武政権に不満を持つ武士が多かったことはここからも確認できる。この時、大掾高幹も時行の下へ馳せ参じ、足利尊氏軍との相模川合戦で積極的に活躍したことが『太平記』にみえる(11)。高幹は建武政権へ何らかの不満を抱いていたのであろうか。しかし、京都から急行した尊氏の攻勢の前に時行は敗れて逃亡し、彼に従った者の多くは降伏することとなり、鎌倉は再び足利氏の支配下となった。

中先代の乱平定後、足利尊氏は建武政権に不満を持つ武士を結集し、後醍醐天皇からの帰国命令を明確に拒否。後醍醐天皇が派遣した新田義貞の軍を箱根竹之下で破り、上洛を目指して東海道を西上する。一度は北畠顕家率いる奥州軍に敗れて九州まで逃れた尊氏であったが、すぐに勢力を挽回。建武三年六月に光厳上皇を奉じて上洛、持明院統の光明天皇を擁立して新たな政治体制を構築し、後醍醐天皇と対峙した。これに対し後醍醐天皇は、一旦は講和して光明天皇に三種の神器を渡すが、同年十二月に京都を脱出し、大和吉野へ移ることとなる。これ以後、天皇家は幕府の推戴する北朝と、後醍醐天皇を中心とする南朝に分かれて対立し、その争いは全国の在地勢力を巻き込み、長期化することとなった[12]。

　南北朝内乱初期の常陸国内では[13]、佐竹氏は北朝に属し、足利尊氏から常陸守護職に任じられることとなり、それに対して小田氏は南朝につくなど、例外はあれども、ほぼ一族揃っての動きが確認できる。これに対し常陸平氏では、北朝に従う鹿島氏・行方氏・小栗氏・吉田流石川氏と、南朝に属す大掾氏・真壁氏・東条氏等とに大きく分かれ、それぞれの家が独自の判断で行動しており、そこに佐竹氏や小田氏のような一族としての動きを確認することはできない。

　両軍は瓜連城（現那珂市瓜連）や府中（現石岡市）周辺など、常陸国内各地で激しく争った[14]。当初は交通の要所を抑えつつ広範な地域を有し、また楠木正家や春日顕国といった有力武将が入国していた南朝方が優位にあったが、佐竹氏を中心とする北朝方は瓜連城を始め南朝方の拠点を次々に破り、徐々に北朝方の優位を確立していく[15]。そして、当初は南朝に与していた大掾高幹も[16]、建武五年閏七月以前に北朝方に転じた[17]。この頃の大掾氏の動きは、次の軍忠状から明らかになる。

〔史料2〕（山本吉蔵氏所蔵税所文書）

目安

　税所虎鬼丸申軍忠事

右小田・志築凶徒等、去月廿六日寄㆓来符中石岡城㆒之間、属㆓于惣領大掾十郎入道浄永手㆒、虎鬼丸家人片野彦三郎親吉、於㆓市河舟橋并大橋爪㆒、終日致㆓合戦㆒之刻、被㆑射㆓右手㆒畢、然早給㆓御証判㆒、為㆑備㆓向後亀鏡㆒、粗目安如㆑件、

建武五年八月　日

「一見了（佐竹道源）（花押）」[18]

この史料から、大掾高幹がこれ以前に出家して浄永を名乗り北朝に従ったこと、税所氏が大掾氏を「惣領」と呼んでその指揮下にあったこと、南朝方である小田城（現つくば市小田）の小田氏、志筑城（現かすみがうら市中志筑）の益戸氏らが府中に侵攻したのに対し、税所虎鬼丸が浄永に従って応戦したことが確認できる。

北朝方の攻勢に対し南朝方では、建武五年に北畠親房が奥州へ赴く途上で常陸東条浦へ漂着し、神宮寺城（現稲敷市神宮寺）に入り、同城の落城後は小田城へ入って活動を展開する[19]。親房は関東の武士を味方に誘うとともに、奥州と関東の南朝勢力の連携を図り、双方を繋ぐ要地である白河の結城親朝にたびたび書状を送って支援を求めた。この頃、大掾氏以下の常陸平氏一族に親房が誘いを掛けたことは、その後彼が「常陸平氏以下輩者、皆伺二此形勢一、乍レ申二可レ参之由一未レ参候[20]」と親朝に述べたことからも明らかだが、浄永を始め北朝方にあった常陸平氏一族が南朝に鞍替えしたことは確認できず、彼らは親房の誘いに気の良い返事をしながら、北朝方に属し続けた。

このような親房の積極的な動きに対し、北朝方も高師冬（師直の従兄弟）を常陸へ派遣し、南朝の拠点が点在した常陸南西部へ更なる攻勢を掛けていく。この時期、北朝内部では足利直義と高師直の対立を抱え、師冬が直義派であった上杉氏からの支援を得られず兵力不足の事態に陥り、また南朝も頼みとする結城親朝から支援が得られず、更に吉野の朝廷と親房の対立や、前関白近衛経忠が下野小山氏などを集めて藤氏一揆を結び、親房と別の体制を関東に構築しようとするなど、双方が内憂を抱えていた[21]。しかし、師冬を主将とする常陸の北朝方は徐々に南朝の拠点を攻め落とし、暦応四年（一三四一）九月には小田城を完全に包囲することとなる。この時、大掾浄永は税所氏等を率いて志筑城の益戸氏を攻め、これを攻略した後に小田城へ参陣した[22]。そしてこの状況をみて同年十一月、南朝方の有力武将であった小田治久が北朝に帰順し、また真壁氏や東条氏など南朝に味方していた常陸平氏の多くも、この頃までには北朝方に転じた(23)。

小田城を逐われた親房は関城(現筑西市関館)へ、春日顕国は興良親王(護良親王の皇子大塔若宮)(24)とともに大宝城(現下妻市大宝)に移り、なおも南朝方の関氏・下妻氏と共に抵抗するが(25)、康永二年(一三四三)八月には頼みの綱であった結城親朝が北朝に帰順したことで奥州と関東の連絡が絶たれ(26)、同年十一月に関・大宝の両城は陥落した(27)。関宗祐・宗政父子や、下妻政泰といった常陸の南朝方諸将は戦死し、親房も吉野へ帰還することとなり、ここに常陸国内の争いは北朝方の勝利で終結した。

鎌倉幕府滅亡前後以来の激しい戦乱の中、大掾氏は立場を転々と変えながら自らの勢力を維持しようとした。そして北朝方に属して以後、南朝方との合戦に積極的に参加することでその勢力を強め、続く鎌倉府成立を迎えたのである。

二　鎌倉府と常陸大掾氏一族

南朝方の勢力を徐々に駆逐し、その地盤を固めつつあった室町幕府であったが、前述したように幕府内には、将軍尊氏の弟足利直義と、重臣高師直の間で深い対立が潜在していた。それは貞和五年(一三四九)頃ついに顕在化し、将軍尊氏をも巻き込んだ激しい闘争に発展した。いわゆる「観応の擾乱」と呼ばれる内紛は幕府内を二派に分かち、将軍尊氏も両派の対立を止めることはできなかった。この時期の常陸でも、吉田郡の石川氏の内紛を切掛として、佐竹氏と大掾氏が合戦を繰り広げており、その背後には直義派と師直派の対立が潜在していたとみられる(28)。

直義派と師直派の争いの末、高一族は滅亡し、直義も兄尊氏と対立し、合戦の末に急死した。また関東においては、それまで鎌倉に在った足利義詮が京都へ移り、替わって弟基氏が鎌倉へ入って初代鎌倉公方となり、鎌倉府が成立することになる。

観応三年（一三五二）春、新田義興・北条時行など南朝勢力と上杉憲顕ら旧直義派の南下に、尊氏率いる北朝勢が応戦した武蔵野合戦が起こった。この時、常陸からは佐竹氏と共に常陸平氏一族も浄永を中心として参陣し[29]、更に翌年には、上洛する尊氏に浄永が従軍した[30]。

猪尾和広氏は、鹿島流庶子家の烟田氏について検討し、観応の擾乱期に大掾氏をはじめとする常陸平氏一族内の軍事的再編成が起こったとし、「家督（大掾）―惣領（吉田、鹿島、行方、東条、真壁、小栗）―庶子家」と言う序列の形成と、大掾氏による一門への軍事的主導権が確立したと述べている[31]。この頃の南朝方との合戦が一つの画期であった可能性は大いに考えられよう。とはいえ、烟田氏のように武蔵平一揆に参加する者の存在がみえるなど[32]、大掾氏による一族の統制はかなり緩いものであり、大掾氏の庶流家への軍事統制力は、決して大きいものではなかったと思われる。

尊氏の上洛後、しばらく大掾氏の表立った活動はみえなくなり、上洛に従軍し、文和四年（一三五五）の東寺合戦にも参加した[33]浄永の帰国時期もよくわからない。その後再び彼が登場するのは、貞治年間（一三六二～六八）に入ってからのことであり、この時の浄永は鎌倉公方足利基氏の側近として登場した[34]。子の詮国は既に貞和年間頃より活動を開始していたと思われ、延文六年（一三六一）には鎌倉府へ弘安の大田文の写を提出していることを考えると[35]、この活動は家督を譲り自由な立場になった浄永の個人行動であり、背景には基氏やこの頃鎌倉府に復帰した上杉憲顕などとの個人的な関係があったと思われる。

しかしながら、この浄永の活動は大掾氏の常陸における立場にも大きな影響を与えた。それは貞治年間、常陸平氏勢力圏内において、浄永による使節遵行が行われたことや、[36]永和三年（一三七七）の円覚寺造営に際する棟別銭徴収権が、小田氏が自らの支配地域については直接命令を受けたのと同様に、常陸平氏勢力圏である鹿島・行方・吉田・真壁・南郡の五郡と、東条・南条方穂の二庄、小栗御厨において、守護佐竹氏ではなく大掾氏に直接命じられたことからも明らかである。[37]浄永の鎌倉府入りは、大掾氏の立場にも影響を及ぼしており、また当時の常陸中部・南部の大半が、大掾氏や小田氏の存在により、守護佐竹氏の力の及ばない地域であったといえる。これは大掾氏が鎌倉府の体制下に属していながら、一族の勢力圏内においては、守護以上に強い影響力を持っていたことを示していよう。そして大掾氏の強い影響力は、鎌倉府の方針にも変化を与えた。これ以前、常陸平氏勢力圏における使節遵行は、宍戸氏や益戸氏・行方武田氏など、非常陸平氏系の諸氏によって実施されていた。[38]この体制が変化するのが、浄永が基氏の側近になった頃であり、鎌倉府は大掾氏の影響力の大きさを認め、これを利用する形で常陸南部の問題解決を図ろうとしたのではないだろうか。

また、康暦二年（一三八〇）の小山氏の乱に際し、大掾某が出した軍忠状には、[39]自らの参陣と鹿島氏の軍忠が記されており、祇園城攻めで鹿島氏が大掾氏の下で活動したことがみえる。また鹿島氏の下では、庶子家の烟田氏が活動したことが、烟田重幹の軍忠状で確認できることから、[40]観応期に行われた大掾氏一族の軍事再編が、小山氏の乱では「大掾氏（家督）―鹿島氏（惣領）―烟田氏（庶子家）」という形で生きていることがみえ、大掾氏が一族への軍事的主導権を保持していたといえるだろう。

しかし一方で、小山氏の乱以後、関東においては大きな戦乱が減少し、常陸平氏一族単位での軍事行動の必要性は失われていった。そのため、各惣領家や庶子家は、家督である大掾氏の動きに関係なく、それぞれの意志で活動する傾向が強くなり、それは観応年間に一度再編された軍事編成の崩壊を意味した。この状況に対し浄永・詮国父子は、他流庶子家の所領への介入を行うことで、一族の統制と勢力拡大を図っていく。それは鹿島流の宮崎・持寺・菅谷・梶山氏など一部の庶子家を取り込むことで一定の成功を収めたが(41)、一方で介入を受けた鹿島氏や烟田氏などの強い反発を招くこととなった。大掾氏の動きに対し、鹿島氏は自流庶子家の統制を強化し、更に当時常陸南部へ進出していた山内上杉氏へ接近していった(42)。また烟田氏も明確に大掾氏を「敵」と認識するなど(43)、大掾氏の介入政策は結果として彼らの離反を招き、保持していた影響力を低下させることとなった。また、守護の権力が及ばない大掾氏の影響力には、守護佐竹氏ばかりでなく、これを利用していた鎌倉府としても徐々に危機感を抱いていったと考えられ、一三八〇年代以後、守護佐竹氏の権力強化と大掾氏の影響力削減の政策が行われていったとみられる。

松本氏・清水氏は、共に鎌倉府の使節遵行の観点からこの時期の大掾氏と鎌倉府の動きについて述べている。松本氏は、大掾氏が任されていた所務遵行・棟別銭徴収権が、氏満期以降は奉公衆や守護佐竹氏に代替され、大掾氏の衰退へ繋がったとし、清水氏は、十四世紀末以降、大掾氏が遵行から排除され、奉公衆の他、常陸平氏庶子家によって遵行が行われた点から、鎌倉府が常陸平氏庶子家を直接掌握することで、大掾氏の力を抑えようとしたとしている(44)。

確かに氏満・満兼期には守護佐竹氏による遵行が多くみえ、同氏の守護権強化に鎌倉府が関与していたと考えられる。しかし、続く持氏期に入ると、守護佐竹氏の介入もみえなくなり、奉公衆や親持氏派の常陸平氏一族が中心になって政策が実行されるなど、鎌倉府の方針にも変化がみえる。何れにせよ、大掾氏が鎌倉府の政策から外されていったことは間違いなく、結果同氏の衰退へ繋がったと考えられよう。

鎌倉府・佐竹氏の政略に対し、当主詮国とその父浄永は影響力の維持を図っていた。しかし永徳二年（一三八二）〜至徳三年（一三八六）の間に浄永が、そして至徳三年三月に詮国が相次いで病死し、子の永寿（後の満幹）が幼くして家督を継いだことで、大掾氏の勢力衰退は決定的なものとなったのである。

三　満幹の勢力回復運動

至徳三年（一三八六）三月の詮国の死後、実子永寿は幼くして家督を継ぐこととなり、政治的活動は家臣が中心となって行う状況であった。それは次の史料からも確認できる。

〔史料3〕（彰考館所蔵吉田薬王院文書）

吉田法華堂領事、任二落居之篇一、一円知行不レ可レ有二相違一、仍永寿殿幼少之間、頼国・国貞之所二加判一也、全二寺務一、可レ被レ致二祈禱精誠一之状如レ件、

至徳三年四月廿九日　国貞（花押影）

頼国（花押影）

吉田別当御坊[45]

史料3は吉田薬王院の吉田法華堂領安堵について、これを認めるとともに、幼少の当主永寿に代わって頼国・国貞の判を据えることを記した書状である。頼国と国貞は名字は不明だが重臣クラスとみられ、また名前の「国」の字は詮国の一字を取ったものであろう。何れにせよ、当主幼少という状況もあり、大掾氏の影響力は目に見えて低下することとなった。大掾氏による使節遵行がみえなくなった理由には、浄永・詮国の病と死、そして当主永寿の年齢もあったといえ、またこの頃に勃発した小田氏の乱に、大掾氏の参陣を確認することができないのもそのためと思われる。これまでのように一族を率いて戦功を挙げる機会を逸したことも、この時期の大掾氏には大きな痛手であった。

さて、応永年間（一三九四〜一四二八）に入り、永寿は元服し、時の公方から一字を拝領して満幹と名乗った[46]。そし

て彼は、大掾氏の勢力回復に向けた行動を積極的に行っていく姿勢をみせていく。そしてそれは、応永年間の犬懸上杉禅秀との連携、その後の幕府との結びつきとして現れることとなった。

この頃の常陸には、小山氏の乱、小田氏の乱などを経て、その没収地を多く獲得した山内上杉氏が進出してきており、その被官である土岐原氏・臼田氏などが信太庄周辺に所領を有するようになり、また鹿島氏や鳥名木氏のように、山内上杉氏の影響下に属する勢力も徐々に増えていった(47)。更に応永十四年九月、常陸守護佐竹義盛が没した後、山内上杉氏出身の義憲(当時は龍保)が養子として家督を継ぐこととなり(48)、常陸における山内上杉氏勢力は拡大傾向にあった。彼らの侵食に対抗すべく、満幹が選んだ道は、山内上杉氏と並ぶ力を有し、常陸にも一定の勢力を持つ犬懸上杉氏と結ぶというものであった(49)。また満幹の室は、系図上での確認に留まるが、佐竹義憲の入嗣に反発した山入氏の女であった(50)。彼女との結婚が佐竹氏における内紛勃発の前か後かは不明だが、佐竹宗家と山入氏の対立において、近隣に位置する満幹の立場が山入氏寄り、即ち佐竹義憲を後援する山内上杉氏と相反する立場であったことは間違いないと思われ、これも犬懸上杉氏と結ぶ一つの遠因であった可能性もあるであろう。

満幹は犬懸上杉禅秀と結びつき、彼の末子(後の上杉教朝)を養子として貰うことで関係を強めた(51)。そのような関係の中で、応永十八年二月に禅秀が山内上杉憲定に替わって関東管領となることで、大掾氏の鎌倉府政策への復帰は現実のものとなる。

〔史料4〕(広田金松氏旧蔵烟田文書)

常陸国鹿島郡徳宿郷之内鳥巣村事、御施行如レ此案文遣レ之、仍来月三日可二遵行一之状、依レ仰執達如レ件、

応永十九年正月廿九日　　　　平(大掾満幹)(花押)

烟田遠江守(幹胤)殿(52)

史料4は烟田氏領鳥巣村（現鉾田市鳥栖）への下地交付に関する遵行状である。清水氏はこれについて、「当時の関東管領上杉禅秀と満幹の結託による政治的な意図による指名と推定され例外として扱うべき」[53]とし、江田郁夫氏はこの史料から、大掾氏が「准守護」と遇されていたとしている[54]。

確かにこの動きは、実権を有する禅秀の政治的な意図の強い指名によって行われたものであることは否定できない。しかし大掾氏側の立場で言い換えるならば、禅秀と結ぶことで、大掾氏の遵行への関与、即ちそれまで排除され続けてきた鎌倉府政策への参加が実現したともいえ、失われつつあった大掾氏の影響力を取り戻そうとした満幹の行動の成果と考えられる。

禅秀と結んで勢力回復を図り、わずかながら成功の手応えを掴みかけていた満幹であったが、応永二十三年十月、鎌倉公方足利持氏との対立から、禅秀は足利満隆（持氏叔父）、同持仲（持氏弟、満隆養子）と結んで挙兵し、持氏の御所を襲撃、彼を駿河の今川氏の下へ逐った[55]。上杉禅秀の乱の勃発である。この時、禅秀方には、甲斐守護武田信満・下総守護千葉満胤など有力守護をはじめ、上野岩松満純や下野那須資之といった禅秀の縁者の他、多くの武士が集まった。常陸からは、山入与義や小田持家、常陸平氏では小栗満重や行方氏、そして禅秀の子教朝を養子としている大掾満幹もこれに加わっている。一方で行方流嶋崎氏や真壁秀幹・鹿島流諸氏など、持氏に従う常陸平氏の存在も確認できる[56]。

持氏を逐って鎌倉を抑えた禅秀方であったが、十月末の時点で幕府は持氏支持を評定で決定していた[57]。この頃、将軍義持の弟足利義嗣が京都を出奔する事件があったために、幕府の対応は義嗣捜索を重視することとなったが、宇都宮氏に御内書を発給するなど、禅秀派追討の準備は着々と進められていた[58]。そして十二月下旬、義嗣が捕らえられたことで[59]、幕府は禅秀派追討に本腰を入れていくこととなり、持氏を始め、結城氏や宇都宮氏に御内書を発給している[60]。幕府の支持を得た持氏は駿河を発して鎌倉を目指し、年内には相模川まで到達した。また越後に逃れていた上杉憲基・佐竹義憲兄弟等も上野・武蔵の禅秀方を破りつつ鎌倉を目指して南下していた。北と西から鎌倉を目指した持氏軍に対し、禅秀方も鎌倉を死守するため徹底的に抗戦し、年を跨いで応永二十四年正月初めの藤沢・飯田原・瀬谷原といった場所での合戦では持氏軍を退けたようである。しかし、兵力に勝る持氏方は二度目の瀬谷原合戦で禅秀軍を打ち破って鎌倉へなだれ込み、正月十日、禅秀・満隆・持仲等は鎌倉雪下で自害し、乱は終結した[61]。

この禅秀の乱に際し、大掾満幹の活躍を史料からみることはできない。そこで注目されるのが、「真壁長岡古宇田文書」に残る次の着到状である。

〔史料5〕（真壁長岡古宇田文書）

着到

真壁古宇田大炊助幹秀中軍忠事

右、去年十二月以来、於二常州在々所々一、属二于惣領（真壁秀幹）掃部助手一、為二御方一致二忠節一訖、今年正月廿二日、鎌倉江馳参者也、然早給二御証判一、為レ備二末代亀鏡一、仍着到如レ件、

応永廿四年正月　日

承了（花押影）[62]

古宇田幹秀は真壁氏一族で、惣領の真壁秀幹に従っていた。そして文中に「於二常州在々所々一、属二于惣領（真壁秀幹）掃部助手一、為二御方一致二忠節一訖」とあることから、真壁秀幹は常陸において持氏方として禅秀方と戦っていたことがわかる。真壁氏と対峙した常陸の禅秀方には、大掾満幹の存在があった可能性も考えられる。

禅秀等の自害により、満幹も降伏し許されたものの、禅秀との関係によって実現しつつあった大掾氏の勢力回復は

結果として頓挫することとなった。

　乱の終結以降、持氏は依然として自らに反抗的な勢力に対し、積極的な軍事行動をとっていく。一旦は持氏を支持したものの、その強硬姿勢を危惧した室町幕府は、宇都宮氏や真壁氏など以前から直接関係を有していた者に加え、かつて禅秀に味方した山入氏や小栗氏とも直接扶持関係を持つようになっていく。そして大掾満幹もまた幕府と結び、彼らは「京都扶持衆」として活動するようになる。(63)この動きに対し、足利持氏は武力をもって対抗する道を選んだ。山入氏の一族である額田氏・稲木氏や、常陸北部の有力豪族山県氏を討伐したのは、山入氏を中心とした常陸北部の反佐竹義憲派、自らと敵対する勢力の力を削ぐためであり、更に応永二十九年十月には、山入与義を鎌倉比企谷法華堂で自害に追い込んだ。(64)

　このような持氏の姿勢に対し、応永二十八年頃から、小栗城（現筑西市小栗）の小栗満重を始め、真壁城（現桜川市真壁町古城）の真壁秀幹や、下野の宇都宮持綱、上野の桃井宣義等が挙兵して抵抗を開始する。(65)いわゆる「小栗の乱」である。(66)満重らはたびたび鎌倉府の軍勢を破って善戦したが、持氏は自ら大軍を率いて彼らを攻撃し、応永三十年八月に扶持衆方の拠点を陥落させた。(67)この結果、小栗満重は自害、宇都宮持綱や桃井氏・佐々木氏等は戦死し、真壁秀幹・慶幹父子は没落するなど、この応永三十年の持氏と「京都扶持衆」の攻防は持氏の勝利に終わり、関東の親幕府勢力にとって大きな打撃となった。この間、大掾満幹が軍事行動に加わっていたことを示す史料は確認できないが、(68)彼はこの時期京都の幕府と連絡を取っており、それは『満済准后日記』応永三十年七月十二日条に「常陸大丞注進、今月一日々付到来云々」(69)とみえるように、幕府にとって貴重な情報源であった。

　京都への連絡を通じて幕府との結びつきを強め、自らの勢力を維持しようとした満幹であったが、一時は持氏討伐の姿勢をみせ、有力寺社への祈禱依頼や軍の出陣を行っていた幕府が突如方針を転換し、応永三十一年二月に幕府と鎌倉府の間で和睦が結ばれた（応永の都鄙和睦）[70]。この和睦により、満幹の立場は不安定なものとなり、京都との関係はこれ以後みえなくなる。

幕府との連携を失った大掾氏は、応永末年までに、江戸通房によって吉田郡を奪われ、その勢力を著しく減退させることとなる[71]。この一件については一次史料では確認できず、発生年や背景について、近世以来諸説が入り乱れているが[72]、筆者はこの一件を応永三十四年の出来事と考えている。以下、その理由を述べる。

江戸氏の水戸城襲撃は、満幹が一族を連れて青屋祭の勤仕のために水戸を離れた間隙を突いたといわれる。青屋祭は、大掾氏一族が深く関わっている鹿島社七月大祭に先立って六月二十一日に行う重要な神事とされる[73]。やや時代が下って戦国期の史料ではあるが、真壁道俊の書状に「如二来意一御神役相当候、目出度候、内々、青屋御神事験候者、自身可二相勤一由存候之処、小田・府中御不和故、無二其義一候、迷惑候[74]」と、大使役である自分が青屋祭も自分で勤めたいが、周辺の事情（小田氏治と大掾慶幹の抗争）によりそれができず、迷惑であると述べたことからもうかがえる。

鹿島社において、毎年七月に実施される七月大祭において、祭事の要職である大使役を常陸平氏一族が七年一巡の巡役で勤めていたことは、既に水谷類氏の論考で知られるところである[75]。この水谷氏の検討と当該期の史料を基に、この一件に近い時期の大掾氏の巡年を確認すると、それは応永三十四年となり、現時点で筆者は江戸氏の水戸城襲撃をこの年のことと考える[76]。大掾氏の居城は、その勢力の背景に在庁官人としての立場があることを考えれば府中城であり、満幹が水戸城から家臣を連れて青屋祭へ赴いたとする近世の所伝については検討の余地があるが、大使役勤仕の関係で、吉田郡からも人手を割いたことで手薄になったところを、通房が狙った可能性も考えられ、大使役を大掾氏が勤仕した年の事件であったという伝承は間違いないと思われる。

また当時の江戸通房の年齢が若年であったことを考えるならば[77]、この攻撃が単なる襲撃であったとは考え難く、禅秀の乱、或いは小栗の乱の恩賞として与えられるべき所領を実力によって獲得したとみることも可能と思われる。その場合、江戸通房の背後には佐竹義憲や山内上杉氏、ひいては鎌倉公方足利持氏が在った可能性も想定できよう。いずれにせよ、正長年間(一四二八～二九)以降の江戸氏が吉田郡一帯を支配したことは間違いなく、大掾氏の所領は府中とその周辺に大きく狭まった。

そしてこの時期、常陸平氏勢力圏においても、禅秀の乱では禅秀方だった行方氏が持氏に完全に従うようになり[78]、また真壁氏は秀幹父子の没落後、永享年間(一四二九～四一)に、甥に当たる朝幹が持氏から御料所の預け置きという形で再興されるなど[79]、庶流家が持氏方に取り込まれる状況にあった。そして石川氏を始めとする吉田郡の諸氏も江戸氏に出仕するようになるなど、大掾氏の常陸平氏勢力圏への影響力低下は満幹の家督相続時以上に著しくなっていた。この時期に公方持氏が常陸平氏の庶流家を取り込んでいった背景には、常陸南部を自らの強い影響下に置いて支配し、自らの体制を強化するという意思に基づくものと考えられる[80]。

そして永享元年十二月十三日、鎌倉において、満幹自身が子の慶松とともに持氏によって殺害されたことにより、大掾氏は更なる大打撃を蒙ることとなった。この事件については、『勝山記』[81]に「永享元　極月十三日大様〔掾〕父子打ル、也」と記されている。持氏が何故この時期に満幹を殺害するに至ったのか、また満幹が何故この時期に鎌倉に在ったのか、不明な点は多く残されているが、何れにせよ、満幹とその子慶松が討たれたのは事実である[82]。

鎌倉府の圧力に対し、積極的に大掾氏としての影響力と所領を守るべく行動してきた満幹であったが、その動きは周囲の動静に大きく左右されることとなり、思うようにことは運ばなかった。そして満幹自身が足利持氏に殺害されることによって、大掾氏は活動すら不可能な状況を迎えるのである。

おわりに

南北朝期から室町前期にかけ、大掾氏の動向をみてきた。従来、大掾氏は氏満期から徐々に衰退し、永享元年（一四二九）の大掾満幹殺害事件によって完全に没落したと簡単にまとめられてきた。没落したことは確かに事実であるが、それは鎌倉府の政策方針の変化や周辺勢力との関係といった社会情勢の変化が外的要因として挙げられるとともに、南北朝期を通じて中核的な活動をしてきた浄永・詮国父子が相次いで亡くなり、跡継ぎの満幹が幼少にして家督を継いだこと、また満幹が志半ばで鎌倉公方持氏に殺害されたことという内的要因とが合わさって、大掾氏の勢力は衰えていったのであった。また、その衰退は決して一直線的なものであったわけではなく、吹き荒ぶ逆風の中で浄永・詮国・満幹という大掾氏当主は、鎌倉府や幕府への働きかけ、或いは在地支配の強化といった行動により、常陸南部の常陸平氏勢力圏に持ち続けてきた影響力の保持と拡大を図り、それは鎌倉府政策への復帰などの形で実現に繋がった時期もあったのである。

結果として満幹が殺害されたことにより、一族への影響力の大半を喪失することとなった大掾氏であるが、満幹の後を継いだのは、佐竹義憲の三男憲国といわれる(83)。満幹は長く実子に恵まれず、先述の通り犬懸上杉教朝を養子としていたが、彼は禅秀の乱後に京都へ逃れたため、養子関係は実質的に解消されていた。また「千学集抜粋」に拠れば、千葉満胤の子康胤も養子であった時期があり、満幹に実子が生まれたために実家へ戻り、その際、大掾氏重代の太刀を与えられたという(84)。推定であるが康胤の養子時期は、禅秀の乱後のある時期から、実子慶松が誕生したとみられる応永二十八年（一四二一）以前の出来事と思われる。その後の家督継承候補は慶松であったが、彼は父とともに討たれてしまい、大掾氏の家督は宙に浮いた形となった。そこに佐竹氏から養子が入った背景には、親持氏派の常陸守護であった佐竹義憲の存在があったと考えるのが自然であろう。

そして、憲国が当時まだ幼少であったことから、憲国期の大掾氏は、実子を媒介とした佐竹氏による支配がなされたと思われ、彼の活動時期、大掾氏の存在は表にはほとんど出てこない。大掾氏の名が再び現れるのは、永享の乱〜結城合戦の時期に、憲国が実家へ戻り、大掾氏の血を引く頼幹（満幹の次男とも甥ともいう）が家督を相続してからである。彼は享徳の乱勃発直後の享徳四年（一四五五）八月に下総で戦死するが、後を継いだ清幹は、長禄四年（一四六〇）に前年の合戦での戦功を将軍足利義政に御内書で賞され、文明三年（一四七一）の幕府・上杉方による攻勢に際しては、常陸戦線における中核的立場としての活躍を幕府から期待されるなど、佐竹氏の支配を経て以後も、大掾氏は一定の力を保持して活動していたのである[85]。

また、既に南北朝初期の時点で、常陸平氏は家ごとに独自の行動を取っていることがみえる。鎌倉後期より、一族の中で庶子家の独立性が強まったことはいわれているが、常陸平氏ではそれが近隣の佐竹氏や小田氏と比較してより顕著に現れており、既に宗教的儀礼を除けば、一族としてのまとまりを欠いていたといえる。このような状況の中で浄永・詮国父子は、観応の擾乱とその後の南朝勢力との一連の合戦において、足利尊氏の指揮下へ入るに際し、常陸平氏という一つのまとまりをもって庶流家を統率し、一門への軍事的主導権を確立するとともに、彼らの勢力圏内へも影響力を及ぼしていった。しかし、武蔵平一揆に参加した烟田氏や、上杉氏・佐竹氏と関係を築いた鹿島氏・石川氏などにみるように、その一族統制は緩やかなものであったために、鎌倉府体制が安定していく中で、大掾氏をトップとする一族体制は徐々に崩れていったといえるだろう。

註

(1)　松本一夫「常陸国における守護及び旧属領主の存在形態」(同『東国守護の歴史的特質』第三編第一章、岩田書院、二〇〇一、初出は『国史学』一四〇、一九九〇)、清水亮「南北朝・室町期の常陸平氏と鎌倉府体制」(高橋修編著『常陸平氏』戎光祥出版、二〇一五、初出は『日本歴史』六三七、二〇〇一)。

(2)　当該期大掾氏の通史的検討としては、池田公一「群雄割拠と大掾氏」(『石岡市史 下巻』第Ⅲ編第三章、一九八五)、糸賀茂男「中世国府の盛衰と大掾氏」(石岡市文化財関係資料編纂会編『常府石岡の歴史―ひたちのみやこ千三百年の物語―』石岡市教育委員会、一九九七)などがある。

(3)　註(2)池田論文・糸賀論文、今枝愛真「南北朝内乱と大掾氏の衰退」(『水戸市史 上巻』第七章、一九六三)など。

(4)　拙稿「室町中期の常陸大掾氏」(本書第一部第四章、初出は『千葉史学』六二、二〇一三)。

(5)　『陸波羅南北過去帳』(『埼玉七』第Ⅰ編第三三号)。

(6)　「田山景子氏所蔵文書」塙政成軍忠状写(『鉾田』第二九号)、「烟田文書」徳宿(烟田)幹宗着到状写(『鉾田』第三〇号)。

(7)　「山本吉蔵氏所蔵税所文書」税所久幹・幹国着到状(『茨県Ⅰ』第一二号)。

(8)　小森正明「中世における常陸国衙の一断面―税所氏の基礎的考察を中心として―」(註(1)高橋編著、初出は『書陵部紀要』四〇、一九八八)。

(9)　この時期の大掾氏当主は、系図上の高幹に当たる。拙稿「中世前期常陸大掾氏の代替わりと系図」(本書第一部第一章、初出は『常総の歴史』四八、二〇一四)を参照。

(10)　中先代の乱については、鈴木由美「中先代の乱に関する基礎的考察」(阿部猛編『中世の支配と民衆』同成社、二〇〇七）、同「建武政権期における反乱―北条与党の乱を中心に―」（『日本社会史研究』一〇〇、二〇一二）、阪田雄一「中先代の乱と鎌倉将軍府」（佐藤博信編『関東足利氏と東国社会』岩田書院、二〇一二）を参照。

(11)『太平記』巻十三「眉間尺釬鏌剣の事」（『新編日本古典文学全集　五五』小学館、一九九六、一二六〜一四二頁）。中先代の乱における大掾氏の活躍は、天正本系統でのみ確認でき、ある段階で増補された記事とみられる。鈴木登美恵「佐々木道誉をめぐる太平記の本文異同―天正本の類の増補改訂の立場について―」（『軍記と語り物』二、一九六四）を参照。

(12)佐藤進一『南北朝の動乱』（中央公論社、一九六五）、森茂暁『南北朝の動乱』（吉川弘文館、二〇〇七）など。

(13)当該期の常陸については、糸賀茂男「動乱の中の常陸国」（『特別展　常陸南北朝史―そして、動乱の中世へ―』茨城県立歴史館、二〇一四）を参照。

(14)「烟田文書」烟田時幹軍忠状写（『鉾田』第四二号）。

(15)「飯野文書」伊賀盛光軍忠状（『茨県Ⅴ』第一九号）、「茂木文書」茂木知政軍忠状（『茨県Ⅴ』第一六号）。

(16)『桜雲記』建武三年条（『牛久Ⅱ』一―三九号）。なお、「常陸志料　二」新田義貞書状写（筑波大学附属図書館所蔵）は、中先代の乱直後の大掾氏の立ち位置を示す、新田義貞から「常陸大掾殿」へ宛てた文書だが、検討の余地がある史料である。

(17)大掾氏が北朝方へ転じた明確な時期は不明だが、建武四年（一三三七）十月末の南郡小河郷での鹿島一族等北朝方と春日顕国・小田治久等南朝方の合戦（「烟田文書」烟田時幹軍忠状写『鉾田』第四四号）以降、同五年閏七月以前のある時期と思われる。

(18)「山本吉蔵氏所蔵税所文書」税所虎鬼丸軍忠状（『茨県Ⅰ』第一三号）。小佐野浅子「石岡城（外城）の成立とその軍事的位置」（『常総の歴史』三五、二〇〇七、初出は『茨城大学中世史研究』二、二〇〇五）を参照。

(19)「烟田文書」烟田時幹軍忠状写（『鉾田』第四五号）。

(20)「松平結城文書」北畠親房御教書（『白河』第一七三号）。

(21) 伊藤喜良『東国の南北朝動乱―北畠親房と国人―』（吉川弘文館、二〇〇一）、亀田俊和『南朝の真実　忠臣という幻想』（吉川弘文館、二〇一四）。

(22)「山本吉蔵氏所蔵税所文書」税所幹治軍忠状（『茨県Ⅰ』第一六号）。

(23)「結城古文書写」法眼宣宗書状写（『白河』第二一八号）。ただし、真壁氏の場合、父の法超（幹重）は康永年間まで南朝方に従った（「結城錦一氏所蔵結城家文書」真壁法超書状『白河』第二六五号）のに対し、子の高幹は北朝に帰順しており（「真壁文書」足利尊氏袖判下文『真壁Ⅰ』第九号）、親子で両派に分かれている。

(24) 新井孝重「興良・常陸親王考」（同『日本中世合戦史の研究』第二部第三章、東京堂出版、二〇一四、初出は『独協経済』七四、二〇〇一）。

(25)「相楽結城文書」北畠親房御教書（『白河』第二二四号）。

(26)「結城錦一氏所蔵結城家文書」石塔義房書下状案（『白河』第二七九号）。

(27) 註(22)に同じ。

(28) 拙稿「大掾浄永発給文書に関する一考察―観応の擾乱期の常陸―」（本書第一部第二章、初出は『常総中世史研究』二、二〇一四）。

(29)『太平記』巻三十「武蔵野合戦の事」（『新編日本古典文学全集　五六』小学館、一九九七、五一四〜五三四頁）。この合戦における大掾氏の名は、古態本とされる神宮徴古館本の巻三十一「笛吹嶽合戦事」などでも確認できる（『神宮徴古館

本太平記』和泉書院、一九九四、九二七～九三一頁)。
(30)『源威集』十二「文和東寺合戦ノ事」(『源威集』東洋文庫 六〇七、平凡社、一九九六、二二七～二八七頁)。
(31) 猪尾和広「常陸国に見る中世武士団の一側面」(『茨城県史研究』五七、一九八七)。
(32)「烟田文書」烟田時幹着到状写(『鉾田』第五三号)。
(33) 註(30)に同じ。
(34)「円覚寺文書」関東公方近習連署奉加状(『神県三上』第四五五六号)、「円覚寺蔵大般若経刊記」(貫達人「円覚寺蔵大般若経刊記等に就て」『金沢文庫研究』八―一一～七、九～一一、一九六二)。
(35)「山戸茂氏所蔵税所文書」大掾詮国書状(『茨県Ⅱ』第八号)。
(36)「塙不二丸氏所蔵文書」沙弥浄永請文(『鹿島Ⅱ』第三四号)。
(37)「円覚寺文書」上杉道合(憲春)奉書(『神県三上』第四七八七号)。
(38) 具体的には、宍戸氏は小田氏の、益戸氏は下河辺氏の流れを汲む家である。武田氏については、甲斐武田氏・常陸平氏など諸説があり、その出自を特定し得ないのが現状である。
(39)「安得虎子 六」大掾某軍忠状写(『埼玉五』第五一二号)。この文書には「常陸大掾□幹」とある(□部分は「安得虎子」書写段階で既に欠落)。『埼玉五』は満幹と比定するが、後述の通り彼は家督を継いだ至徳三年(一三八六)時点で元服前であり該当しない。また詮国についても、前後の時期の発給文書は「詮国」であり(註(35)、「彰考館所蔵吉田薬王院文書」大掾詮国避状写『茨県Ⅱ』第三一号)、こちらも該当しない。大掾氏の主将として一軍を率いたこの人物については、系図に現れないが詮国の弟あたりが候補と思われ、背景には、浄永・詮国が、例えば病などで共に戦場に立てなかった状況が考えられる。

(40)「烟田文書」烟田重幹軍忠状写(『鉾田』第七一号)。

(41)清水氏は、「烟田文書」烟田幹胤軍忠状案(『鉾田』第九八号)に現れる「宮崎、持寺、菅谷、梶山」は、その名字から鹿島郡内に拠点を持つ鹿島流庶子家であったとし、彼らを「大掾庶子」と烟田氏が記している点を、彼らが大掾氏に取り込まれたことを示しているとする。註(1)清水論文を参照。

(42)清水氏は、応永年間(一三九四〜一四二八)頃の鹿島氏当主の実名が「憲幹」「実幹」と続き、「憲」は山内上杉氏の通字、「実」は関東管領上杉憲実から取ったとみられることから、山内上杉氏と鹿島氏の関係が深かったとする。註(1)清水論文を参照。また当該期鹿島氏には、憲幹・実幹と同時期に「義幹」という人物がある(「鹿島神宮文書」大禰宜中臣憲親等連署起請文写『鹿島Ⅰ』第九五号)。彼の系図上の位置づけは不明だが、「義」の字は憲実の叔父でもある佐竹義憲から取ったとも考えられ、鹿島氏の親鎌倉府的な立場をうかがわせよう。

(43)「烟田文書」烟田宗円代子息重幹申状写(『鉾田』第七八号)。

(44)註(1)を参照。

(45)「彰考館所蔵吉田薬王院文書」国貞・頼国連署安堵状写(『茨県Ⅱ』第三二号)。

(46)「満」の一字は足利氏満からとみられる。なお、「満幹」という実名の初見は応永七年(一四〇〇)である(「烏名木文書」烏名木道秀軍忠状『茨県Ⅰ』第六号)。

(47)註(1)清水論文を参照。土岐原・臼田氏については、平田満男「土岐原氏と南常陸の国人層の動向」(黒田基樹編著『山内上杉氏』戎光祥出版、二〇一四、初出は東国史研究会編『関東中心戦国史論集』名著出版、一九八〇)を参照。

(48)「佐竹系図」(『群系二』四七二頁下段)。

(49)犬懸上杉氏については、山田邦明「犬懸上杉氏の政治的位置」(同『鎌倉府と地域社会』第Ⅰ部第三章、二〇一四、初出は『千葉県史研究』一一別冊、二〇〇三）を参照。

（50）「佐竹大系纂」（『佐竹系譜』常陸太田市史編さん史料（九）、常陸太田市史編さん委員会、一九七八）では師義の子とする（八四頁）。しかし、師義の活動時期と満幹の生年を考えると、両者は祖父と孫に近い年齢差があり、実際には師義の子与義の女であった可能性が高い。

（51）教朝は寛正二年（一四六一）に五十四歳で亡くなったとされる（「上杉系図大概」片桐昭彦「山内上杉氏・越後上杉氏の系図と系譜―米沢上杉家本の基礎的考察―」註（47）黒田編著『山内上杉氏』、初出は峰岸純夫・入間田宣夫・白根靖大編『中世武家系図の史料論 下巻』高志書院、二〇〇七、「上杉長尾系図」『越佐史料 三』一一四頁）。逆算すると応永十五年（一四〇八）の生まれとなり、養子入りは少なくともその数年後と考えられる。

（52）「広田金松氏旧蔵烟田文書」大掾満幹遵行状写（『鉾田』第九〇号）。

（53）註（1）清水論文を参照。

（54）江田郁夫「上杉禅秀の乱と下野」（同『室町幕府東国支配の研究』第Ⅱ編第四章、高志書院、二〇〇八、初出は『栃木県立文書館研究紀要』二、一九九八）。

（55）『鎌倉大草紙』（『埼玉八』五四頁）。植田真平「上杉禅秀の乱の実像と意義」（同『鎌倉府の支配と権力』第一部第三章、校倉書房、二〇一八、初出は池享編『室町戦国期の社会構造』吉川弘文館、二〇一〇）を参照。乱のきっかけとしては、常陸の国人越幡六郎の所領を巡る持氏と禅秀の対立があったといわれる。この越幡氏は、「越畠源六」（「米良文書」常陸国小田一族等旦那売券写『牛久Ⅰ』二―二〇一号）と史料に現れる小田氏一族と思われ、推測だが小田氏の乱後に犬懸上杉氏に従うようになった存在であろうか。

（56）『鎌倉大草紙』（『埼玉八』五五頁）、「烟田文書」烟田幹胤軍忠状写（『鉾田』第九四号）。

(57)『看聞日記』応永二十三年十月二十九日条(『看聞一』七一頁)。
(58)『満済准后日記』応永二十三年十一月二日条(『満済上』九七頁)。
(59)『看聞日記』応永二十三年十二月十六日条(『看聞一』八七頁)。
(60)『満済准后日記』応永二十三年十二月十七日条(『満済上』九九頁)。
(61)『鎌倉大草紙』(『埼玉八』六〇～六一頁)。
(62)「真壁長岡古宇田文書」古宇田幹秀着到状案(『真壁Ⅱ』第三一号)。
(63)「京都扶持衆」については、渡邊世祐『関東中心足利時代之研究』(新人物往来社、一九九五、初刊は雄山閣、一九二六)、田辺久子「京都扶持衆に関する一考察」(『三浦古文化』一六、一九七四)、渡政和「「京都様」の「御扶持」について―いわゆる「京都扶持衆」に関する考察―」(植田真平編著『足利持氏』戎光祥出版、二〇一六、初出は『武蔵大学日本文化研究』五、一九八六)、遠藤巌「京都御扶持衆小野寺氏」(『日本歴史』四八五、一九八八)、島村圭一「上杉禅秀の乱後における室町幕府の対東国政策の特質について」(前掲植田編著、初出は『地方史研究』二四九、一九九四)、杉山一弥「室町幕府と下野「京都扶持衆」」(同『室町幕府の東国政策』第四章第一節、思文閣出版、二〇一四、初出は『年報中世史研究』三〇、二〇〇五)、同「室町幕府と常陸「京都扶持衆」」(前掲著書第四章第二節)を参照。
(64)「喜連川判鑑」(『群系二』三三四頁下段)。
(65)「御書案書留」足利持氏御教書案写(『神県三上』第五六三六号)。
(66)「小栗の乱」については、註(63)島村論文・杉山論文、拙稿「室町期の常陸小栗氏」(本書第三部第一章)を参照。
(67)「烟田文書」烟田幹胤軍忠状写(『鉾田』第一一四号)、「鳥名木文書」鳥名木国義着到状(『茨県Ⅰ』第一〇号)。
(68)「市河文書」畠山道瑞奉書(『茨県Ⅴ』第二号)。また杉山氏が検討した『満済』の紙背文書(「満済准后日記紙背文書」

満済書状土代『大日本古文書　第十九冊別集二』第五四号）の末尾には「真壁大」と続く文言がある。この頃の真壁氏当主は安芸守、子は次郎を称しており、「大」の付く官途・受領を名乗った人物はみられない。ここから、この部分は「真壁・大掾」と続いた可能性が想定でき、当時の京都では、小栗・真壁・宇都宮氏等とともに、大掾氏も鎌倉府と敵対していることを認識していたとみられる。しかし、満幹の具体的な軍事行動は史料上確認できない。

(69)『満済准后日記』応永三十年七月十二日条（『満済上』二四四頁）。

(70)『満済准后日記』応永三十一年二月五日条（『満済上』二五三頁）。この和睦については、和氣俊行「応永三一年の都鄙和睦をめぐって―上杉禅秀遺児達の動向を中心に―」（註(63)植田編著、初出は『史潮』新六二、二〇〇七）を参照。

(71)『新編常陸国誌』（中山信名編、色川三中修訂、栗田寛補、崙書房、一九七六、初刊は積善堂、一八九九）。

(72) この事件については、近世段階からその年次や背景について諸説が出ており、既に確たる史料が失われていたことがわかる。年次に関しては、応永二十九年（一四二二）とする立原翠軒・小宮山楓軒、同三十三年とする中山信名・宮本元球といった説があり、系図や地誌などでは同三十二年、同三十四年説を採るものもある。また事件の背景としては、襲撃説、所領争い説の他、先の禅秀の乱との関わりを指摘する中山信名の説がある。藤木久志「常陸の江戸氏」（萩原龍夫編『江戸氏の研究』名著出版、一九七七、初出は『水戸市史　上巻』第八章、一九六三）を参照。

(73) 青屋祭については、更科公護「常陸の青屋祭について」（『茨城県史研究』三二、一九七五）を参照。

(74)「鹿島神宮文書」真壁道俊書状（『鹿島Ⅰ』第五五五号）。

(75) 水谷類「鹿島社大使役と常陸大掾氏」（同『中世の神社と祭り』第一章、岩田書院、二〇一〇、初出は『茨城県史研究』四二、一九七九）。

(76)「鹿島大使役記」（「安得虎子　六」『安得虎子』一八八～一九一頁）における大掾氏の巡役の終見は応永六年（一三九九）

である。七年一巡（大掾氏を起点とすると、行方・真壁・小栗・吉田・東条・鹿島と続く）の規則に基づきその後を推定するならば、大掾氏の巡年は同十三年、二十年、二十七年、三十四年、永享六年（一四三四）となる。また宮本元球の著した『鹿島長暦』（国立国会図書館所蔵）では、「大宮司旧記」という史料を根拠に、応永三十三年の役を「鹿島出羽守憲幹」が勤めたとしており、その翌年を大掾氏が勤めることとなっていたことは間違いないものと思われる。

（77）『常陸国田嶋村伝灯山和光院過去帳』（『群書類従　第二十九輯』二六八〜二六九頁）や系図類によれば、江戸通房は寛正六年（一四六五）五月三日に五十六歳で死去したという。逆算すると、通房の生年は応永十七年（一四一〇）となり、満幹を襲撃した応永末年当時は十七〜十八歳の若年であったと考えられる。

（78）「烟田文書」烟田幹胤軍忠状写（『鉾田』第一一四号）によれば、「小栗の乱」に際し、鹿島・行方・東条氏が真壁城攻めに参加したという。

（79）「真壁文書」真壁氏親類等連署起請文写（『真壁Ⅰ』第一一八号）には「為二当郡御料所一所二宛預一」とあり、真壁朝幹が御料所として真壁郡を預けられる形で真壁氏の旧領を回復したことがわかる。

（80）植田真平「鎌倉公方足利持氏の北関東支配―常陸国を中心に―」（註（55）植田著書第一部第四章、校倉書房、二〇一八）。

（81）『勝山記』永享元年条（『勝山村史　別冊』五六頁）。

（82）この頃の持氏は、幕府との関係を続ける山入氏や上那須氏、更に南奥の白河結城氏への攻撃姿勢を再びみせ始めており、満幹を討ったのもその動きと関係するか。註（63）杉山論文を参照。

（83）「佐竹御当家系図」（『群系二』五〇一頁上段）。筆者はかつて註（4）拙稿において、「平憲国」の名で出された文書を彼の大掾氏当主としてのものとしたが、書札礼や発給時期を見直した結果、文書の憲国は別人で、大掾氏の重臣格の人物である可能性が高いと現在は考えている。拙稿「「平憲国」再考」（本書補論一）を参照。

（84）「千学集抜粋」（清宮家蔵、『戦房補遺』付編補遺第二四号）。

（85）註（4）拙稿を参照。

〔追記〕　本稿は平成二十六年度国史学会十一月例会における報告を基に成稿したものである。報告及び成稿に当たり、多くの方のご指導、ご助言をいただいた。末筆ながら、記して感謝申し上げます。

第四章　室町中期の常陸大掾氏

はじめに

中世を通じ、常陸府中周辺を治めてきた常陸大掾氏（以下、大掾氏）に関しては、平安〜室町中期（足利持氏期）までについての豊富な研究蓄積がある。(1) しかし、それ以後の時代に関する検討というのは、史料的制約が大きいこともあり、ほとんどなされていないのが現状といえる。(2)

その中で、南北朝〜室町中期頃の大掾氏の研究として、松本一夫氏・清水亮氏・和氣俊行氏の論考が挙げられる。松本氏は、鎌倉府による使節遵行への大掾氏の関わり方を手がかりとし、鎌倉府体制における同氏の位置づけについて検討した。その上で、観応の擾乱以後、鎌倉府は常陸平氏勢力圏の所務遵行・棟別銭徴収権を大掾氏に任せるようになったが、足利氏満期以後、鎌倉府奉公衆や守護佐竹氏に代替され、大掾氏は衰退したと指摘する。(3)

清水氏も松本氏同様、使節遵行への関わり方を手がかりに、特に足利持氏期の大掾氏の立場と持氏の常陸支配について検討した。そして、上杉禅秀の乱以前までの大掾氏は、常陸平氏勢力範囲での地域権力化を志向していたが、在地での常陸平氏内部の抗争と鎌倉府の大掾氏圧迫策により没落、その後の常陸南部は、足利持氏による常陸平氏庶流の直属化によって統治が進められたとする。(4)

和氣氏は、大掾氏と千葉氏の人的交流について検討する中で、享徳の乱前後の大掾氏について触れた。そして「千学集抜粋」にみえる、馬加康胤がかつて大掾満幹の養子であったという記事から、享徳の乱初期の多古・嶋城合戦で討死した「常陸大充〔掾〕殿妙充」が、馬加康胤方にあった可能性を指摘した。また、大掾・千葉一族間相互の人的交流が、「常総の内海」世界を通じ密接に行われていたことを明らかにしている(5)。

以上三氏の論考があるが、松本氏は持氏期以前、清水氏は持氏期の検討がそれぞれ中心となっており、持氏期〜享徳の乱の頃の大掾氏については、清水氏・和氣氏の論考での言及に留まる。また、享徳の乱期の常陸国に関しては、享徳四年（一四五五）の小栗城合戦、長禄三年（一四五九）の信太庄合戦等について、自治体史等での記述はあるもの(6)の、通史的な状況については未解明の部分が多く残されており、当該期の常陸情勢を考える上でも、大掾氏の動静は改めて検討すべき課題といえる。

本章は、これまでほとんど言及されてこなかった享徳の乱前後の大掾氏について、前史に当たる十五世紀前半の動きを踏まえつつ検討していくこととする。大掾氏の動向の解明を通し、当該期関東の研究に新たな視点を見出すことができればと考える。

一　永享〜嘉吉年間の大掾氏

永享元年（一四二九）十二月十三日、大掾氏当主満幹と子の慶松は、鎌倉で足利持氏に殺害されたといわれる(7)。満幹が殺害されるに至った理由としては、上杉禅秀の乱で禅秀方に付き、その後は京都扶持衆として幕府と結ぶなど、持氏に対し反抗的な姿勢を取り続けていたことや、持氏の「公方専制体制」志向による常陸の直接支配の上で、常陸南

部に一定の影響力を持っていた大掾氏が邪魔な存在となっていたことなどが挙げられよう。(8)

満幹死後の大掾氏の家督については、系図上の混乱が大きい（系図参照）。

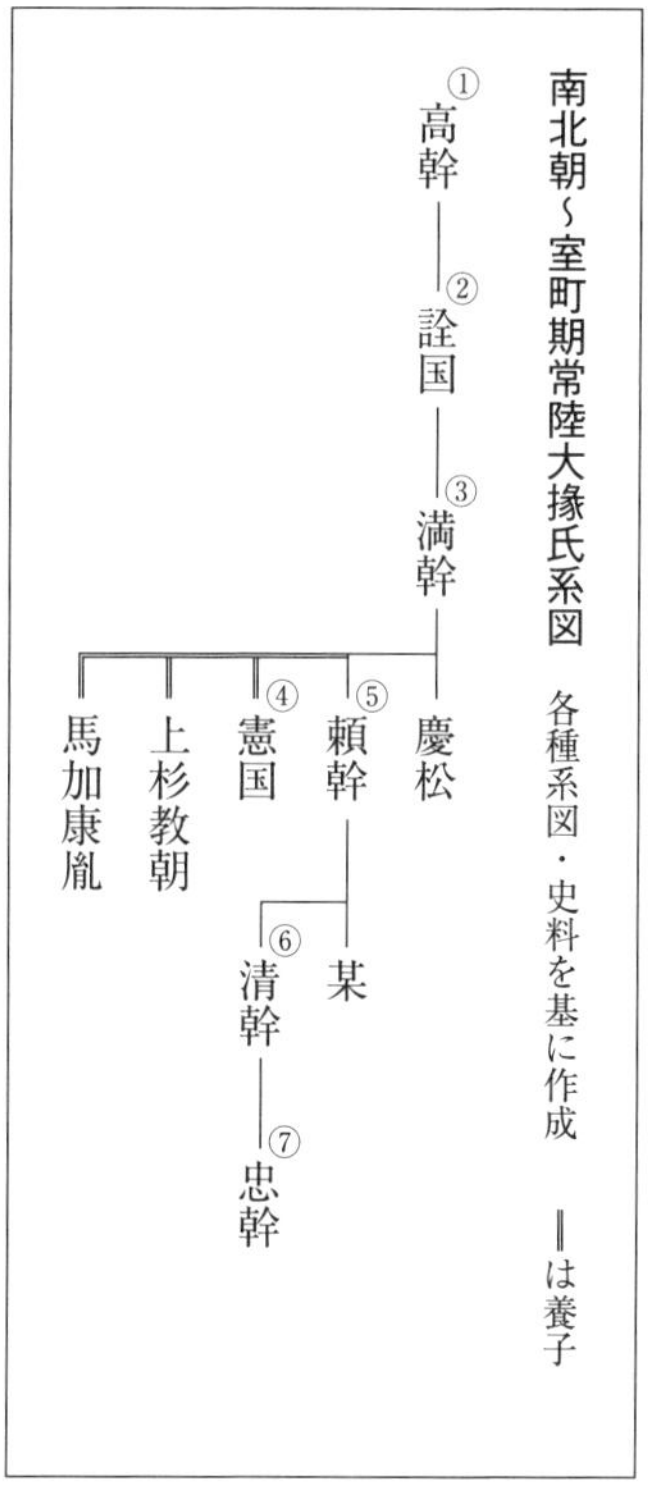

多くの系図では、満幹の子頼幹、或いは孫清幹が家督を継いだとするが、(9) 満幹は長く実子に恵まれず、犬懸上杉教朝（禅秀の子）や馬加康胤（千葉満胤の子）を養子とした時期があった。(10) 当時の彼に孫があったとは考えがたく、また実子も後ろ楯を持たずに家督を継げる年齢ではなかったと思われる。(11) この点について、『茨城県史』は、佐竹義人（当時は義憲と名乗るが、義人で統一）の三男が憲国と名乗って大掾氏の政務を行ったとする。(12) 憲国の養子入りについては「佐竹御当家系図」(13) など系図類に記述があるに留まるが、「平憲国」を名乗る発給文書が残っており、その内容から彼が大掾氏の政務に関わっていることがみえる。

〔史料1〕（羽生大禰宜家文書）

税所方之文書之事、以レ先申談候、以篇不レ可レ有二子細一之由承候間、悦喜仕候、仍進二使者一候、慥彼仁ニ文書之

数被二請取一候者、恐悦候、如何モ詮治堅被レ付レ封候歟、又自二御内一御封を尚被レ付候て、山田ニ可レ被二請取一候、
委細之旨、山田入道可レ申候間、令二省略一候、恐々謹言、
　　十月七日　　平憲国(花押)
謹上　羽生殿御宿所(14)

史料1は憲国が鹿島社の大禰宜職にあった羽生氏へ宛てた書状である。冒頭に「税所方之文書之事」とあるように、内容は税所氏の文書についてである。税所氏は国衙在庁の税所職を司る家で、元々は百済姓であったが、鎌倉中期に、常陸平氏と同様に「幹」の字を名前に用いた平姓税所氏が登場する。これは常陸国衙における大掾氏の実権強化の過程で、婚姻・養子関係を媒介に税所氏の掌握が図られたことによるとみられ、この動きを経て、大掾・税所氏を中心とする常陸国衙の新たな体制が構築された(15)。その後南北朝期には、税所氏は大掾氏を「惣領」と呼び、その指揮下で合戦に参加するなど(16)、大掾氏に従う立場にあったと考えられる(17)。

この大掾・税所氏と羽生氏の間では、応永年間(一三九四〜一四二八)の府中の売買地に関する史料が残っている。応永十四年の税所詮治渡状によれば、府中の売買地について、応永十二年十一月に出された綸旨、御教書の旨に従い、大掾氏から本主へ返還されたが、「青屋之内田畠并稲久名之内田畠」については、羽生宗六入道祐親が領有を主張し、大掾満幹がそれを認めて羽生氏へ渡したという(18)。史料1は後年になり、羽生氏が何らかの理由でこの件に関する書状を大掾・税所氏へ求め、それに両氏が応じて書状を渡す旨が記されていると考えられる。そして、府中に関したものであり、大掾氏も関与していたこの件について、憲国の名前で書状が発給されたことは、彼が大掾氏当主の座にあったことを示すものであろう。

佐竹氏から養子が入った背景には、当主佐竹義人が常陸守護かつ親持氏派であったことが挙げられる。佐竹氏とし

ても、守護として常陸南部への影響力を強めたい意識を持つ中で、大掾氏への養子入れは絶好の好機であった(19)。

憲国が家督に在った時期、大掾氏の存在は史料にはほとんどみることができない。これについて清水氏は、「満幹の暗殺による勢力の減退によって、持氏の滅亡にあたっても大掾氏は積極的に行動できなかった可能性がある」(20)とするが、加えるならば、家督を継いだ憲国自身の年齢も関係していたと思われる。系図によれば、長兄の義俊（初めは義頼と名乗るが、義俊で統一）は応永二十七年生まれとされ、義俊と憲国の間には実定が居た(21)。系図における長幼の序が正しいとすれば、憲国は応永三十年前後の誕生で、大掾氏へ養子入りした当時は五歳前後とみられる。この年齢を考えると、憲国期の大掾氏の政務には父義人が深く関与していたと思われる。即ちこの頃の大掾氏が事実上佐竹氏の影響下にあったことが、当該期の史料に大掾氏の存在がみえない理由の一つといえよう。

その後勃発する永享の乱、結城合戦に際しても、大掾氏の動きを確認することはできないが、憲国は父や兄と行動を共にしたと思われる。佐竹義人・義俊父子は、永享の乱では幕府・上杉方の行動を示し、結城合戦では逆に公方方に味方していた(22)。また永享の乱後、足利持氏の遺児春王・安王兄弟が鹿島・行方郡周辺に潜伏していた可能性が指摘されているが(23)、憲国が父と兄に従っていたとすれば、親公方派である佐竹父子は常陸府中と香取海を介して、鹿島・行方郡の公方方勢力や、その後、持氏遺児を庇護した筑波山中禅寺別当筑波氏、そして結城氏などと連絡を取りやすい環境にあったと考えられ、佐竹氏も兄弟の潜伏に関わっていた可能性は高い。

しかし、結城合戦末期になると、税所氏が上杉清方の下に参陣していることが次の史料から確認できる。

〔史料2〕（山戸茂氏所蔵税所文書）

就㆓其方事㆒委細承候、感悦至候、仍京都へ致㆓註進㆒候者、定可㆑有㆓御感㆒候哉、弥被㆑致㆓忠節㆒候者、於㆓恩賞㆒者、速可㆓申沙汰㆒候、恐々謹言、

嘉吉元年三月八日　　清方（花押）
鹿島税所殿(24)

ここから、結城合戦終盤の嘉吉元年（一四四一）三月の時点で、税所氏が上杉方として参陣していたことがわかる。前述の通り、この時の大掾氏の動きを史料上で確認することはできないが、佐竹父子が結城方として幕府・上杉方勢力と合戦を繰り広げ、結城城落城後は幕府軍の追討対象となっていたことや(25)、大掾氏と税所氏の関係などから考えると、結城合戦の最中のある時期に、大掾氏内部で憲国から大掾の血を引く頼幹への家督交代が起き、その後の大掾氏は上杉方に属したと思われる(26)。家督を離れた憲国は実家に戻り、後に戸村氏を名乗ったという(27)。そして頼幹が家督を相続したことで、大掾氏は佐竹氏の影響下を脱することとなったのである。

以上、永享〜嘉吉年間にかけての大掾氏の動向をみてきた。大掾満幹の死後、大掾氏は佐竹氏から憲国が養子として入嗣し、佐竹氏の影響下に置かれることとなり、史料上その存在は一時みえなくなる。しかし、永享の乱と結城合戦という関東に起こった大きな戦乱の中、頼幹が家督を獲得することで、再び大掾氏は歴史の表舞台に立つこととなる。

二　享徳の乱における大掾氏の動向

享徳三年（一四五四）十二月二十七日、鎌倉公方足利成氏が関東管領上杉憲忠を鎌倉西御所において謀殺することで享徳の乱は始まり、その後三十年近く関東諸家を二分して繰り広げられた(28)。当時の常陸国は、享徳四年三月〜閏四月の小栗城合戦、長禄三年（一四五九）十一月の信太庄合戦などが勃発する、公方方と幕府・上杉方の係争地域であった(29)。また国内では、佐竹氏や真壁氏などの家中で内紛が勃発し、家を二つに割った争いを繰り広げていた(30)（地図1参

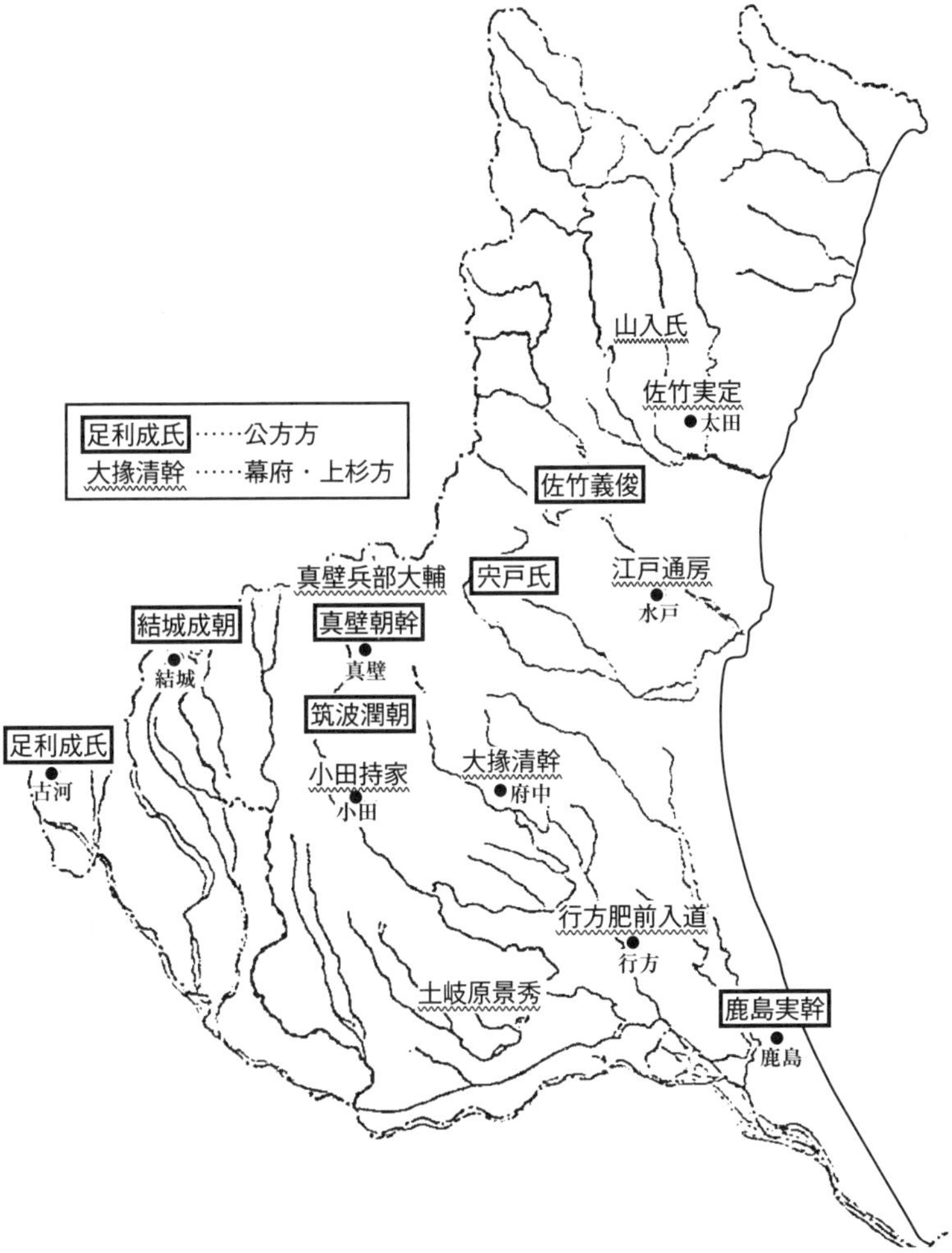

地図１　長禄３年(1459)頃の常陸
(『茨城県史 中世編』図3-7を基に作成)

照）。
この時期の大掾氏については、清水氏・和氣氏の論考以外ではほとんど検討されておらず、また常陸全体の情勢についても、不明な点が多く残されている。史料的制約が大きいことが理由に挙げられるが、当時の状況を示す史料は断片的ながら確認でき、それらからこの時期の大掾氏を検討していくこととする。

1　享徳四年の下総多古・嶋城合戦への参陣

鎌倉を出陣後、各地で連勝を続ける足利成氏に対し、幕府は遅ればせながら上杉氏支持を表明し、上杉房顕・今川範政を先鋒とする討伐軍を派遣する[31]。そしてその情報に合わせて、下総の千葉胤直や、下野の宇都宮等綱、常陸の真壁兵部大輔・山河兵部少輔などが各地で上杉方に味方して挙兵した[32]。この時の下総では、千葉氏一族が二つに割れて争う構図となっていた。勢力関係は次の通りである。

千葉胤直・胤宣父子、円城寺氏（上杉方）
対
馬加康胤（胤直の叔父）、原氏（公方方）

享徳四年三月、馬加康胤・原胤房は足利成氏の支援を受け、千葉胤直・胤宣父子や円城寺尚任等を千葉城から駆逐した[33]。胤直等は下総東部千田庄の多古城・嶋城へ逃れてなおも抗戦するが、同年八月に両城は陥落、胤直父子や円城寺氏一族の多くが自害した[34]。

「本土寺過去帳」によれば、この時の嶋城陥落に際し、千葉胤宣と共に自害した者の中に、「常陸大充〔掾〕殿妙充」「同子息」の名前が確認される。この妙充なる人物は、活動時期からの推測であるが頼幹とみられ、子息は清幹の兄弟と思われる。和氣氏は、公方方の馬加康胤がかつて大掾氏の養子であった縁から、妙充父子が康胤の味方であった可能性を指摘するが[35]、「本土寺過去帳」において、千葉胤宣と彼に従った円城寺氏一族の間に妙充父子が記載されていることや、その後の大掾氏が一貫して幕府・上杉方として活動していることを考えるならば、この妙充父子自害の記述は、享徳の乱に際し、大掾氏が幕府・上杉方として活動した初見といえる。

また、この時の大掾父子の行動は、「香取海」を通じた常陸と下総の勢力圏の連携を示す動きの一つと考えられる[36]。常陸南部には、山内上杉氏被官の臼田氏や土岐原氏が存在しており、上杉氏が下総の救援のために、彼らに国境への出陣を命じたことも確認できる[37]。大掾氏も、上杉氏勢力との連携の中で、「香取海」を渡って下総へ出陣したのだろう。

2　長禄三年の信太庄合戦への参陣

信太庄や行方郡など常陸南部が、永享の乱以来、公方方と上杉方勢力の係争地帯であったことは、既に佐藤博信氏や内山俊身氏によって明らかにされている[38]。享徳の乱の時期もその動向は変わらず、長禄三年十一月には両軍が信太庄において大規模な合戦を繰り広げた。

この時の合戦に際し、幕府・上杉方には、佐竹実定・小田持家・大掾清幹・真壁兵部大輔といった常陸の勢力に加え、親上杉方の結城氏一族や下野の勢力からも参陣があったことが「御内書案」[39]から確認でき、この時期の大掾氏が幕府・上杉方に与していたことがわかる。対する公方方の参陣状況を確認することはできないが、鹿島氏や芹澤氏など、常陸南部に公方方勢力が存在したことは史料から明らかであり[40]、彼らが中核を担い、また下総方面からの援軍があった可能性も高い。合戦の経過を示す具体的な史料は残っていないが、真壁兵部大輔父子や小田持家の子など参陣者の近親を始め、多くの将が討死した激戦であった。

この合戦は、同時期に起こった上野羽継原合戦、武蔵太田庄合戦などの情報とともに将軍足利義政の耳に届き、翌長禄四年四月以降、戦功を賞する御内書が発給された。ここから当時の常陸情勢を考えていくと、幾つかの特徴が確認される。

〔史料3〕（御内書案）

（同前、渡親徹也、）去年十一月、於㆓常州信太庄㆒合戦之時、兵部大輔入道父子三人令㆓討死㆒之由、実定注進到来、尤神妙、弥可㆑抽㆓軍功㆒、仍太刀一腰（助次）遣㆑之候也、

四月廿八日　御判

真壁入道殿(41)

史料3は真壁氏に宛てた御内書であり、信太庄合戦に際し、真壁兵部大輔入道父子が討死したことを悼むとともに、更なる戦功を期待し、助次の太刀を与える旨が記されている。宛所の人名比定も検討の余地があるが(42)、この時期に出された御内書を検討すると、常陸以外の地域に関する京都への注進は上杉氏が行っているのに対し、常陸の動静については、ほぼ佐竹実定が注進を行っていることがみえる（表1参照）。

表1　寛正元年発給の御内書

No.	月日	受給者	所在	内容	合戦	注進者	戦死・負傷者	備考
1	4月21日	上椙中務大輔		感状	上州羽継原	上杉房定		
2	4月21日	上椙三郎		感状	上州羽継原	上杉房定	自身	

3	4月21日	上椙右馬頭		感状	上州羽継原	上杉房定	被官人数輩	
	4月21日	上椙宮内大輔						
4	4月21日	上杉播磨守		感状	上州羽継原	上杉房定	被官人数輩	
5	4月21日	上椙修理亮		感状	上州羽継原	上杉房定	日山左京亮	
6	4月21日	毛利宮内少輔	越後	感状	上州海老瀬口并羽継原	上杉房定	被官人数輩	
7	4月21日	矢部弥三郎	越後	感状	上州羽継原	上杉房定	親類被官人数輩	
	4月21日	本庄三河守						
8	4月21日	神保伊豆太郎		感状	武州太田庄	上杉房顕	父	
9	4月28日	黒田民部丞入道	下野ヵ	感状	常州信太庄	佐竹実定	息紀五郎	
10	4月28日	簗備中入道	下野	感状	常州信太庄	佐竹実定	父	
11	4月28日	長沼修理亮	下野	感状	常州信太庄	佐竹実定	父	
12	4月28日	結城宮内少輔	下総	感状	常州信太庄	佐竹実定	父	
13	4月28日	結城刑部少輔	下総	感状	常州信太庄	佐竹実定	父	
14	4月28日	行方幸松	常陸	感状	上州佐貫庄羽継原		父肥前入道	
15	4月28日	江戸但馬入道（通房）	常陸	軍勢催促状		佐竹実定		
16	4月28日	小田讃岐守（持家）	常陸	感状	常州信太庄	佐竹実定	息治部少輔、上総介、被官人波賀彦三郎	隠居の儀について

17	4月28日	真壁入道	常陸	感状	常州信太庄	佐竹実定	兵部大輔入道父子三人	太刀（助次）拝領
18	4月28日	小山常陸介	下総	感状	上州佐貫庄羽継原	上杉房顕	親類被官人数輩	太刀（宗吉）拝領
19	4月28日	佐竹左京大夫（実定）	常陸	軍勢催促状				江戸通房の忠節について
20	8月10日	常陸大掾	常陸	感状	常州凶徒等出張		一族被官人数輩	
21	10月21日	佐竹左京大夫（実定）	常陸	軍勢催促状				白河との談合について

※「御内書案」収載の同年発給文書より、常陸関連のものと、注進者の名が確認できる感状を抜粋。

続いて発給先についてであるが、特に常陸平氏を例に挙げるならば、郡名を名字に用いていた惣領家クラス（行方氏や真壁氏など）までに発給されており、他地域についても、当時吉田郡を実質的に支配していた江戸氏に御内書が発給されていることが確認できる。

これらのことから考えて、幕府側は、常陸の在地領主を概ね郡規模で認識し、その動静を佐竹実定の注進を通して確認、把握していたとみられる。実定は、京都と常陸を結ぶ存在であり、同時に常陸にある幕府・上杉方勢力のまとめ役としての役割を担っていた。彼がそのような立場になった背景としては、かつて彼が上杉憲実の猶子であったことが挙げられる。また一方で、行方惣領家の行方肥前入道が上野羽継原合戦に参陣して討死したこと(43)や、逆に結城氏や宇都宮氏の一族・家臣が常陸へ出陣していたことを考えるならば、上杉氏と常陸諸家間相互の繋がりもしっかり構築されていたといえよう。

3　文明三年の動向

先に検討した長禄三年の信太庄合戦以後、常陸国内において、公方方と幕府・上杉方の間で大きな合戦が行われた形跡はみられない。またこの間の大掾氏の動向も、史料的制約から不明である。この頃の常陸について、初めに史料上で動きをみることができる佐竹氏・真壁氏・鹿島氏の動向を個別にみていくこととする。

まず佐竹氏では、享徳元年に当主佐竹義俊が弟実定と江戸氏・小野崎氏などによって太田城を追放される事件が起きた。これ以後、公方方に義俊が、上杉方に実定がそれぞれ結びついて抗争を展開していく(44)。前述の通り、実定は上杉憲実の養子であった時期があり、一時はその後継者候補になるなど、上杉氏との関係が深かった(45)。対して義俊は公方足利成氏に近い立場を取っており、立場の違いが抗争に発展したと考えられる。

両者の対立は十年以上に渡り続いたが、寛正六年(一四六五)に実定本人と実定派の有力武将であった江戸通房が、応仁元年(一四六七)に実定を支持していた前当主義人が相次いで亡くなったことで(46)、まもなく義俊・義治父子が実定の子義実を追放して太田城へ復帰し、長く続いた兄弟抗争は終結した(47)。

続いて真壁氏である。永享十一年(一四三九)の訴訟以来、真壁朝幹(公方方)と真壁兵部大輔(氏幹・上杉方)の間で抗争が続いていたが、信太庄合戦において兵部大輔父子が戦死したことにより、朝幹方の勝利で終結した(48)。その後、朝幹は家督を子の久幹に譲るが、久幹も一時期を除いて公方方の一員として活動している(49)。

鹿島氏は、永享の乱以来の公方方勢力であり(50)、享徳の乱でも公方方の有力被官として活動していた。このため、足利義政から威圧的文言による半ば脅迫めいた参陣要請を受けたこともあったが(51)、文正元年(一四六六)以前に幕府方に転じた。この方針転換に際して、当主実幹と子の孝幹の間で、鹿島氏の立場を巡る対立が起こったとみられる。この年の三月、孝幹は鹿島社惣大行事職に補任された(52)。同職は鹿島氏当主としての指標となる職であり(53)、孝幹が父実幹から家督相続したと考えることもできる。しかし、実幹はその後文明十五年頃まで活動が確認される上、(54)足利成氏と上杉氏が和睦した文明十年には惣大行事職に返り咲くのである。(55)この惣大行事職の変遷を考えるならば、両者が寛正末年〜文正初めの時期に幕府・上杉方と公方方の立場を巡って対立した可能性が高い。

以上の三家を見たように、常陸では諸家それぞれが内紛を繰り返していたとみられ、上野や武蔵・下野の戦線のように、公方方と幕府・上杉方による大規模な合戦があった様子は史料上でほとんど確認できない。しかし、文明三年に入り、両軍の状況が大きく変化することとなる。

同年三月、足利成氏は小山氏など公方方勢力を率い、伊豆堀越の足利政知を攻撃したが、政知方の逆襲を受け撤退した。(56)この敗北は公方方勢力の動揺を誘うとともに、上杉氏の逆襲を招くこととなる。五月までに上野・武蔵の上杉氏勢力は反転攻勢を仕掛け、東上野・西下野の公方方諸城を攻略し、成氏の居城である古河城を包囲した。(57)更に同じ時期、成氏と「兄弟」の盟約を結ぶ程の公方方有力被官であった小山持政を始め、小田成治や佐野愛寿などが成氏から離反するなど、公方方は劣勢に追い込まれることとなった。(58)そして幕府は、上杉氏優勢の情報を受け、関東諸家に対し、成氏討伐への参陣を命じる御内書を一斉に発給した。(59)

古河城は六月に陥落し、成氏は下総の千葉孝胤の下へ逃れた。(60)幕府・上杉方の圧倒的優勢な状況の中、常陸では五月の御内書を受け、佐竹義治・大掾清幹・真壁久幹・鹿島実幹などが参陣した。小田成治と合わせれば、国内の大半が幕府・上杉方についたことになろうか(61)（地図2参照）。

その後九月に入り、幕府は二度目の御内書一斉発給を行った。この時は参陣者への感状が中心だが、大掾清幹へ出された御内書は次のようなものであった。

〔史料4〕（御内書符案）

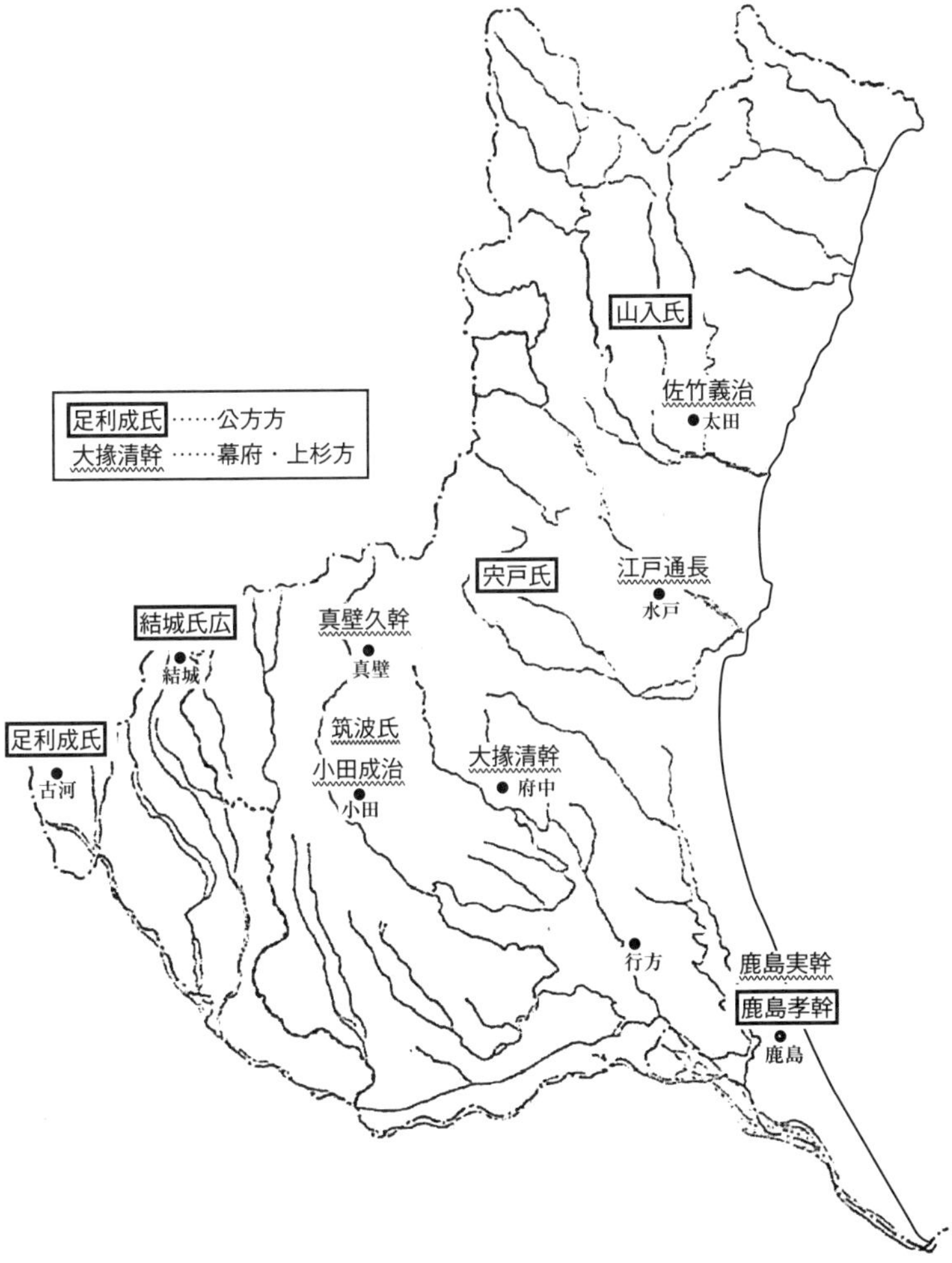

地図２　文明３年（1471）頃の常陸
（『茨城県史 中世編』図3-7を基に作成）

今度最前参二御方一之条、尤神妙、弥相二談上杉四郎一、可レ抽二忠節一候也、
（文明三年九月十七日）同　日
常陸大掾とのへ[62]

味方として参陣したことに感謝すると共に、上杉顕定と相談し、更に忠節を尽くすようにと命じている。上杉顕定との相談という文言は、常陸の佐竹義治・小田持家、下野の小山持政・宇都宮正綱、下総の結城氏広宛にもみえる[63]。ここから、成氏討伐に向け関東管領上杉顕定の下で統制の再編が行われ、その中で上杉氏と北関東諸家の連携強化が求められたこと、佐竹・小田・小山・宇都宮といった北関東の有力諸家と並び、大掾氏がこの時期の北関東において重要な立場にあったことがうかがえよう。

幕府は同年十二月にも、足利政知と南奥羽諸家に対し、御内書を一斉発給した。南奥羽諸家に出した御内書の案文を収載する「昔御内書符案」には、次のようにある。

〔史料5〕（昔御内書符案）

関東進発事、度々被レ仰レ之畢、近日殊肝要之儀候、不レ移二時日一令二発向一、被レ致二戦功一者可レ為二本意一候也、
（文明三年）十二月三日　御判
塩松とのへ
二本松とのへ
同日御文言同前、被レ成レ之人数、
二階堂とのへ　伊達大膳大夫とのへ　岩木下総守とのへ
田村太郎とのへ　石川とのへ　蘆名とのへ

此外常陸大拯〔掾〕とのへ御文言へち也、(64)

ここから、同日に大掾清幹に対し、文言は異なるが成氏追討の御内書を発給したことがわかる。「昔御内書符案」成立当時は、大掾氏宛御内書の発給記録が残っていたのであろう。そしてここに大掾氏の名がみえることは、当時の北関東における幕府・上杉方勢力の中で、大掾氏が重要な立場にあったことを示すといえるだろう。

三　享徳の乱の終結と常陸

文明三年（一四七一）四月以降の上杉氏による反転攻勢の状況に際し、幕府は成氏討伐に楽観的な考えを抱いていた。(65)しかし、公方方には依然、下総千葉氏・結城氏・那須氏（下那須氏）・茂木氏など有力諸家が存在し、(66)上杉軍もまた古河から先、特に結城氏を攻め崩すことができなかった。結果として成氏打倒は果たせず、翌文明四年春、雪下殿尊儆（成氏弟）や結城氏・千葉氏といった公方方勢力の逆襲により上杉勢は古河から退き、まもなく成氏の帰座がなされた。(67)これにより幕府・上杉方の思惑は完全に頓挫し、戦線は再び膠着することとなる。成氏帰座の後、一度は背いた小山持政・小田成治・真壁久幹などが再び成氏の下へ帰参するなど、公方方は着実に勢力を回復していった。またこれ以後幕府が関東の情勢に介入したことを示す史料はみえなくなる。

成氏の古河帰座以降も、両軍の勢力図には大きな変化の無い状況が続いたが、文明十年、上杉氏内部の勢力争いから長尾景春が謀反を起こした。長尾景春の乱である。(68)これに対し上杉氏は成氏と和睦を模索、成氏がこれに応じたことで、二十年余に及ぶ関東での大乱はここに終結した。(69)更に文明十四年に入り、幕府と成氏の和睦が上杉氏を介して成立したことで、幕府と古河公方の長きに渡る対立に終止符が打たれたのである。(70)

この時期の常陸では、特に水戸城の江戸氏の動向が注目される。文明十三年五月、江戸通長は離反した小幡城（現茨城町小幡）の小幡長門守を攻め、これを救援に来た小田成治らと小鶴原（現茨城町小鶴）で合戦を繰り広げた。この時、小田方には大掾氏（清幹・忠幹父子）や真壁久幹・東条氏などが参陣したという。(71) 享徳の乱を通じて、江戸通長の父通房は佐竹実定に従って幕府・上杉方の立場にあった。そして通房・実定が相次いで亡くなった後の道長は、それまで敵対してきた佐竹義俊・義治父子と和睦するとともに、彼らの上杉方への鞍替えを後押しした人物と考えられ、一時期を除いて多くを公方方として活動していた小田氏との関係は決して良いものではなかった。(72) しかし、江戸氏同様に享徳の乱を通して幕府・上杉方として活動してきた大掾氏が小田氏と結んでいることは、既に公方方と幕府・上杉方という対立構図から、勢力拡大を目論み南下する江戸氏と、それを阻止する小田氏・大掾氏等という構図に変化しつつあったといえるだろう。

更に江戸氏は文明十八年正月から三月にかけて、道長の弟通雅が涸沼を越えて鹿島郡へ侵攻、徳宿（現鉾田市徳宿）・烟田（現鉾田市烟田）の両城を攻め、烟田氏一族の徳宿三郎父子を討って両城を落とした。これに対し、烟田氏方に鹿島・行方郡の諸氏や下総香取からの援軍が集結し、両軍は徳宿に程近い樅山原（現鉾田市樅山）で激戦を繰り広げた。(73) この合戦も、当時の江戸氏の勢力拡大を示すとともに、鹿島・行方郡の諸氏と下総東部の諸氏間の関係を表す動きであろう。(74)

このような合戦は、公方方と幕府・上杉方の二派に分かれて繰り広げられてきた争いが、両者の和睦により終結したことで、その対立構図が消滅するとともに、それまで二派の争いに包摂されてきた諸家間の抗争が表面化・本格化することによって生まれたといえる。常陸中南部においては、それが南下による勢力拡大を目論む江戸氏と、南下を阻止する小田氏や大掾氏、鹿島・行方郡の諸氏という構図に状況が変化したのである。この傾向はその後戦国期まで続き、小田・大掾・江戸氏は対立と融和を繰り返し、また鹿島・行方郡の諸氏は彼らの何れかと結び、また争いながら、自領の安定と勢力拡大を図ることとなっていくのである。

おわりに

これまでの研究において大掾氏は、足利氏満期から徐々に衰退し、永享元年の大掾満幹殺害事件後は完全に没落したと簡単にまとめられてきた。しかし、憲国を媒介とした佐竹氏による支配を経て、頼幹・清幹が相続する時期になってもなお、大掾氏は常陸国内に一定の勢力を有する存在であったことが確認できる。

享徳の乱に際し、大掾氏はほぼ一貫して幕府・上杉方の勢力として活動しており、「香取海」を渡って下総の合戦に出張するなど、幅広い活動が確認できる。大掾氏をはじめ、この時期の常陸は上杉方勢力が強く、上野・武蔵と並ぶ両軍の係争地域であるとともに、上杉氏にとっては、足利成氏の後背を脅かす貴重な味方であった[75]。このような常陸の幕府・上杉方勢力の動向に対し、幕府は佐竹実定を通じて情報の収集を図り、御内書の発給を通して関係を保ち続けた。そして大掾氏もその一員として活動を展開し、文明年間には常陸戦線の中核を担う存在として活動するなど、その影響力は当該期の常陸において、佐竹氏や小田氏に匹敵するものであったといえるだろう。

註

（1）大掾氏に関する研究内容は多岐に渡っているが、ここでは、代表的なものを挙げるに留める。網野善彦「南郡惣地頭職の成立と展開」（『網野善彦著作集　第四巻』岩波書店、二〇〇九、初出は『茨城県史研究』一一、一九六八）、石井進

『日本の歴史 十二 中世武士団』（小学館、一九七四）、水谷類「鹿島社大使役と常陸大掾氏」（同『中世の神社と祭り』第一章、岩田書院、二〇一〇、初出は『茨城県史研究』四二、一九七九）、糸賀茂男「成立期の常陸平氏」（同『常陸中世武士団の史的考察』第一部第一章、岩田書院、二〇一六、初出は『史学』五〇、一九八〇）、義江彰夫「中世前期の国府―常陸国府を中心に―」（『国立歴史民俗博物館研究報告』八、一九八五）など。通史的論考としては、『石岡市史 下巻』第Ⅲ編（志田諄一・池田公一執筆、一九八五）、糸賀茂男「中世国府の盛衰と大掾氏」（石岡市文化財関係資料編纂会編『常府石岡の歴史―ひたちのみやこ千三百年の物語―』石岡市教育委員会、一九九七）などがある。

（2）　室町中期以降、戦国・織豊期に関する専論は、中世都市論の中で大掾氏の本拠地常陸府中について論じた市村高男氏の論考（「戦国～近世初期の府中について―常陸府中の城下町化を中心として―」『国史学』一四三、一九九一）、常陸府中の現状調査を行った茨城大学中世史研究会の成果（『茨城大学中世史研究』一～三、二〇〇四～〇六）などがあるが、大掾氏そのものに関する詳しい言及はほとんど行われていない。通史的には、前述の『石岡市史』、糸賀論文があるものの、今回検討する享徳の乱期の言及はなされていない。

（3）　松本一夫「常陸国における守護及び旧属領主の存在形態」（同『東国守護の歴史的特質』第三編第一章、岩田書院、二〇〇一、初出は『国史学』一四〇、一九九〇）。

（4）　清水亮「南北朝・室町期の常陸平氏と鎌倉府体制」（高橋修編著『常陸平氏』戎光祥出版、二〇一五、初出は『日本歴史』六三七、二〇〇一）。

（5）　和氣俊行「常陸大掾氏と下総千葉氏の人的関係―室町中期を中心に―」（『地方史研究』三三六、二〇〇八）。

（6）　新田英治「室町幕府と鎌倉府」（『茨城県史 中世編』第三章第四節、一九八六）、市村高男「享徳の乱と龍ヶ崎地域」（『龍ヶ崎市史 中世編』第四章第五節、一九九七）、長塚孝「鎌倉府の解体と戦国時代の始まり」（『牛久市史 原始古代中世』第八章第一節、二〇〇四）など。

（7）『勝山記』永享元年条（『勝山村史 別冊』五六頁）。ただし、殺害地を鎌倉とする記述は、近世成立の「海老沢氏所蔵史料」（静嘉堂文庫所蔵『小栗譜・真壁伝記・同家記』）にみえるに留まり、一次史料から確認することはできない。

（8）註（4）清水論文を参照。

（9）『新編常陸国誌』（中山信名編、色川三中修訂、栗田寛補、崙書房、一九七六、初刊は積善堂、一八九九）。

（10）上杉教朝については「上杉系図」（『群系五』七一頁）、馬加康胤については「千学集抜粋」（清宮家蔵、『戦房補遺』付編補遺第二四号）から確認できる。

（11）満幹の実子については、慶松・頼幹が系図上でみえる（頼幹については、甥とする系図もある）。慶松については、「水府志料附録 七」（国立国会図書館所蔵）に「平慶松八歳書之」とある「文殊師利菩薩」の書を写したものが残っており、この慶松と系図上の慶松は同一人物と考えられる。この書の原本は少なくとも近世末まで中町福聚院（現石岡市国府三丁目～府中一丁目付近に在った寺院）にあったことが、『府中雑記』（矢口家所蔵、『石岡の地誌』第六号）にみえる。同書は慶松を清幹の子と伝え、「水府志料附録」の写にも同様の朱書の注釈があるが、近世の段階で、満幹・頼幹・清幹三代に関する記録の混同、特に前二人の活動を清幹の活動と記されることは他の記録類にも多くみられ、同書が慶松の父を清幹としたのはそのような混乱によるものと思われる。清幹の名がクローズアップされるのは、戦国末期に最後の当主として同名の人物が活躍し、彼の代で大掾氏が滅亡したことにあるだろう。

（12）註（6）『茨城県史』を参照。

（13）「佐竹御当家系図」（『群系二』五〇一頁）。

（14）「羽生大禰宜家文書」大掾憲国書状（『鹿島Ⅱ』第六一号）。

(15) 税所氏については、小森正明「中世における常陸国衙の一断面—税所氏の基礎的考察を中心として—」（註(4)高橋編著、初出は『書陵部紀要』四〇、一九八八）を、当該期の常陸国衙については、註(1)義江論文、大澤泉「鎌倉期常陸国における国衙機構の変遷と在庁官人」（註(4)高橋編著、初出は『茨城県史研究』九一、二〇〇七）を参照。

(16) 「山本吉蔵氏所蔵税所文書」税所虎鬼丸軍忠状（『茨県Ⅰ』第一三号）、税所幹治軍忠状（同第一六号）。

(17) 「山戸茂氏所蔵税所文書」大掾満幹安堵状（『茨県Ⅱ』第一五号）において、満幹が税所氏に「常陸国吉田社田所職半分税所式部二郎跡」を安堵していることは、税所氏が大掾氏に従う立場にあったことを示すといえよう。

(18) 「塙不二丸氏所蔵文書」税所詮治渡状（『鹿島Ⅱ』第六一号）。

(19) この時の佐竹氏の動きは、「公方専制体制」を目指す足利持氏に相反するものといえる。親持氏派として活動する佐竹氏だが、常陸南部の支配については、持氏と考え方の相違があった可能性もあろう。

(20) 註(4)清水論文を参照。ただし、清水氏は憲国の養子入りについて言及していない。

(21) 「義人家譜」（原武男校訂『佐竹家譜 上巻』東洋書院、一九八九、一一二、一一八頁）。

(22) 日暮冬樹「常陸佐竹氏の権力確立過程」（『国史学』一六三、一九九七）。

(23) 佐藤博信「永享の乱後における関東足利氏の動向—特に「石川文書」を中心として—」（同『古河公方足利氏の研究』第一部第一章、校倉書房、一九八九、初出は『日本歴史』四八二、一九八八）。

(24) 「山戸茂氏所蔵税所文書」上杉清方書状（『茨県Ⅱ』第二一号）。本文書の宛所には「鹿島税所殿」とあるが、これは税所氏の内で、鹿島に在った「税所屋敷」に拠点を構えた一族とみられる。しかし、本文書が府中税所氏の文書群に伝来したこと、鹿島城の鹿島氏が親公方方勢力であったことから考えると、府中の税所氏も上杉氏に従っていたと思われる。鹿島税所氏とその屋敷の存在については前川辰徳氏のご教示を得た。

(25)「足利将軍御内書并奉書留」細川持之管領奉書写(科学研究費補助金研究成果報告書『室町幕府関係引付史料の研究』東京大学史料編纂所、一九八九、第一一三号)。
(26)頼幹と続く清幹については、系図以外の史料からその実名や活動を確認することができないのが現状である。本章では、大掾氏に関する各種系図において、彼らの名前が頼幹、清幹で統一されている点から、この名を用いることとする。
(27)註(21)に同じ。なお、「水府志料附録　一」憲国書状写(国立国会図書館所蔵)は、佐竹氏に戻った後の憲国の発給文書であろうか。
(28)享徳の乱の研究については、『古河公方展―古河足利氏五代の興亡―』(古河歴史博物館、一九九七)の主要文献目録、『関東戦国の大乱―享徳の乱、東国の三〇年戦争―』(群馬県立歴史博物館、二〇一一)の主要参考文献を参照。
(29)註(6)を参照。
(30)註(4)清水論文、註(22)日暮論文、佐々木倫朗「佐竹義舜の太田城復帰と「佐竹の乱」」(同『戦国期権力佐竹氏の研究』第一章第一節、思文閣出版、二〇一一、初出は『関東地域史研究』第一輯、一九九八)を参照。
(31)『斎藤基恒日記』享徳四年四月八日条(『増補続史料大成　第十巻』八六頁)。
(32)「武家事紀　三四」足利成氏書状写(『戦古』第一一六号)。
(33)『鎌倉大草紙』(『埼玉八』一一三頁)。
(34)「本土寺過去帳」十二日、十五日条(『千葉縣史料　中世編　本土寺過去帳』一一六、一五一頁)。
(35)註(5)和氣論文を参照。
(36)佐藤博信「常総地域史の展開と構造」(同『中世東国の権力と構造』第Ⅳ部第一章、校倉書房、二〇一三、初出は茨城県立歴史館編『中世常陸・両総地域の様相―発見された井田文書―』茨城県立歴史館、二〇一〇）。

（37）「臼田文書」上杉房顕書状（『茨県Ⅰ』第四〇号）。

（38）註（23）佐藤論文、内山俊身「鳥名木文書に見る室町期東国の政治状況」（『茨城県立歴史館報』三一、二〇〇四）を参照。

（39）「御内書案」（『続群書類従 第二十三輯下』二七八〜三一五頁）。

（40）「芹沢文書」足利成氏書状（『茨県Ⅰ』第三号）、足利成氏書状（同第四号）。この二通については、久保賢司「二通の医療関係文書から―庁鼻和上杉氏の系譜と動向―」（黒田基樹編著『関東上杉氏一族』戎光祥出版、二〇一七、初出は『鎌倉』八九、一九九九）を参照。

（41）「御内書案」真壁入道宛足利義政御内書案（『義政一』第二三八号）。

（42）清水亮氏は宛所の「真壁入道」を真壁朝幹と比定している（清水亮「南北朝・室町期常陸国真壁氏の惣領と一族」同編著『常陸真壁氏』戎光祥出版、二〇一六、初出は『地方史研究』二七七、一九九九）。しかし、信太庄合戦の最中に朝幹が成氏と音信を交わしていたことが、真壁文書の包紙に「真壁安芸守殿　成氏」、その裏書に「長禄三・十一月廿四日到来」とあることからわかる（「真壁文書」足利成氏書状『真壁Ⅰ』第二九号。なお、包紙はこの文書のものではない）。また、朝幹・兵部大輔間の長い対立関係を考えると、この宛所は別人と思われる。これを含め、当該期の真壁氏関連文書の年次・人物比定については、拙稿「室町〜戦国初期常陸真壁氏の基礎的考察」（戦国史研究会編『戦国期政治史論集 東国編』岩田書院、二〇一七）を参照。

（43）「御内書案」行方幸松宛足利義政御内書案（『義政一』第二一八号）。

（44）「秋田藩家蔵文書 七」足利成氏書状写（『茨県Ⅳ』第六号）。

(45)「臼田文書」臼田道珍以下一族連署起請文案(『茨県I』第三八号)。
(46)「義俊家譜」(『佐竹家譜 上巻』一二五頁)、『常陸国田嶋村伝灯山和光院過去帳』(『群書類従 第二十九輯』)。
(47)註(46)「義俊家譜」。しかし、応永年間以来続く一族の山入氏との対立は依然続いており、義俊・義治父子がこの後公方方から幕府・上杉方へ転じるのと同時期に、それまで幕府・上杉方に属していた山入氏は公方方に鞍替えしたという。註(22)日暮論文を参照。
(48)一連の内紛については、註(42)清水論文、小森正明「中世後期東国における国人領主の一考察—常陸国真壁氏を中心として—」(『茨城県史研究』六二、一九八九)を参照。
(49)「真壁文書」足利成氏書状(『真壁I』第二八号)。
(50)「常陸遺文 タ」足利持氏書状写(『神県三上』第五九四〇号)。
(51)「御内書案」鹿島出羽守宛足利義政御内書案(『義政一』第三九四号)。同様の威圧的文言の御内書は、小山持政やその被官水谷壱岐守宛の御内書(同第三九二、三九三号)にもみられる。
(52)「鹿島則幸文書」大宮司中臣則興覚案(『茨県II』第一号)。
(53)今泉徹「中世後期の鹿島氏とその文書」(国史学会二〇〇四年度大会第二部会報告レジュメ)。
(54)『鹿島根本寺雑記』(内閣文庫所蔵)。
(55)註(52)に同じ。
(56)『鎌倉大草紙』(『埼玉八』一二四頁)。
(57)『鎌倉大草紙』(『埼玉八』一二五頁)。
(58)「御内書符案」小高、宍戸安芸守、真壁掃部助宛足利義政御内書案(『義政二』第五六一号)。

(59)「御内書符案」常陸大掾宛足利義政御内書案(『義政二』第五五九号)など。この時期の京都と関東の関係については、和氣俊行「享徳の乱と応仁・文明の乱」(『法政史学』六二、二〇〇四)を参照。
(60)成氏の下総動座については、和氣俊行「文明三年(一四七一)の足利成氏房総動座をめぐって―動座からみる関東足利氏の権力的性格―」(『千葉史学』五〇、二〇〇七)、佐藤博信「古河公方足利成氏の佐倉移座・古河帰座に関する一考察」(註(36)佐藤著書第Ⅱ部第二章、初出は『千葉県史研究』一七、二〇〇九)を参照。
(61)一方でこの時期の常陸国内では、佐竹宗家との対立を抱える山入氏、鎌倉府奉公衆の宍戸氏などの他、鹿島・行方郡内にも公方方に属する勢力が在ったとみられる。
(62)「御内書符案」常陸大掾宛足利義政御内書案(『義政二』第六二二号)。
(63)「御内書符案」結城七郎、佐竹左馬助、宇都宮右馬頭、小山下野守、小田讃岐守宛足利義政御内書案(『義政二』第六二一、六二四、六二六、六二八、六三〇号)。この内、結城七郎(氏広)は公方方に立って行動しており、幕府・上杉氏間の連絡に齟齬があった可能性もある。註(60)佐藤論文を参照。
(64)「昔御内書符案」塩松、二本松宛足利義政御内書案(『義政二』第六三五号)。
(65)「御内書符案」上杉民部大輔宛足利義政御内書案(『義政二』第五七四号)、「東京大学白川文書」長尾景信書状(『白河』第六〇八号)、「白河証古文書中仙台白河家蔵」上杉顕定書状写(『白河』第六〇九号)。
(66)「茂木文書」足利成氏書状(『戦古』第一六五号)、「栃木県立博物館所蔵那須文書」足利成氏書状(『戦古』第二八三号)、「東京大学白川文書」結城氏広書状(『白河』第六一七号)。
(67)註(60)佐藤論文を参照。
(68)長尾景春の乱については、黒田基樹編著『長尾景春』(戎光祥出版、二〇一〇)を参照。

(69)「早稲田大学図書館所蔵赤堀文書」足利成氏書状(『戦古』第一七八号)。
(70)「喜連川文書」足利義政御内書(『戦古』第一八六号)。
(71)『江戸軍記』(『続群書類従　第三十四輯』四七～五一頁)。同書については、石井英雄「逸書「江戸軍記」に関する一考察」(『東洋大学紀要文学部篇』一七、一九六三)を参照。なお、この小鶴原合戦については、実際にあった戦いではなく、後世に江戸氏の南下に際しての戦いを重ね合わせて物語られたものであるとする説もある(野内正美「江戸氏支配下の茨城町地方」『茨城町史　通史編』第四章第一節、一九九五)。
(72)江戸氏については、藤木久志「常陸の江戸氏」(萩原龍夫編『江戸氏の研究』名著出版、一九七七、初出は『水戸市史　上巻』第八章、一九六三)を参照。
(73)註(71)に同じ。
(74)註(36)佐藤論文を参照。
(75)常陸国には、特に上杉禅秀の乱以後に京都扶持衆となった勢力を始め、反公方方となる勢力が多く存在した。加えて、足利持氏による在地への強い介入は、常陸の領主層の反発を招くこととなったと思われる。享徳の乱において、常陸国内に幕府・上杉方勢力が多く存在したのは、前代からの影響が強く残っていたためであろう。

〔付記〕本稿は、二〇一一年七月の千葉歴史学会中世史部会例会で報告した内容に加筆修正したものである。報告・成稿にあたり、多くの方からご指導、ご意見をいただいた。末筆ながら記して御礼申し上げます。

なお、当該期の常陸地域については、拙稿「享徳の乱と常陸」(黒田基樹編著『足利成氏とその時代』戎光祥出版、二〇一八)において、改めて検討しており、本稿から考えを改めた部分もあることから、併せて参照願いたい。

補論一　「平憲国」再考

筆者は先に、室町中期の大掾氏の活動について検討を行った（以下「旧稿」）[1]。その際、永享元年（一四二九）十二月の大掾満幹父子殺害事件後の大掾氏の家督について、系図等の記述に基づき、佐竹義憲（後に義人）の子が憲国と名乗り家督を継いだとし[2]、更に「羽生大禰宜家文書」に残る「平憲国」の書状（後掲史料2）を彼の発給文書とみて、当主として政務に関わっていたと述べた。しかし、その後見直しを進める中で、「平憲国」書状の発給者と大掾氏当主は別人ではないかとの意見を頂いた[3]。本論では、この人物について改めて検討を行い、旧稿の見解を正すこととしたい。

まずは「平憲国」に関する史料を提示する。

〔史料1〕（烟田文書）

新春御吉事等出候ハ者、雖㆓事旧候㆒、猶以不㆑可㆑有㆓尽期㆒候、幸甚〱、抑未㆑懸㆓御目㆒候処、佐々木豊前次郎殿ニ承㆓子細㆒候、先以悦喜候、随而秋山事、一色兵部大輔殿代管〔官〕違乱子細候、言語道断事候、既右知行時も無㆓相違㆒候、皆以御存知事候哉、彼代管〔官〕方へも可㆑然様被㆑仰候ハ、悦入候、委細使者可㆑申候、恐々謹言、

正月廿五日　　平憲国（花押影）

謹上　烟田遠江（幹胤）守殿[4]

〔史料2〕（羽生大禰宜家文書）

税所方之文書之事、以レ先申談候、以篇不レ可レ有二子細一之由承候間、悦喜仕候、仍進二使者一候、慥彼仁ニ文書之数被二請取一候者、恐悦候、如何モ詮治堅被レ付レ封候歟、又自二御内一御封を尚被レ付候て、山田ニ可レ被二請取一候、委細之旨、山田入道可レ申候間、令二省略一候、恐々謹言、

十月七日　　平憲国（花押）

謹上　羽生殿御宿所[5]

史料1は鹿島郡烟田城（現鉾田市烟田）の烟田氏に、史料2は鹿島社大禰宜家の羽生氏に宛てた書状であり、花押形がほぼ同型であることから、この憲国は同一人物と考えられる[6]。共に年未詳だが、旧稿では史料2を用い、大掾氏内部の問題である「税所方之文書之事」について、憲国が関与している点から、佐竹氏からの養子である憲国が当主として活動していたとした。しかし、その後改めて当該期の史料を検討する中で、二つの点で問題が浮上した。

一つは、大掾氏当主となった佐竹義憲子息の年齢である。上杉憲定の次男であった佐竹義憲は、「義人家譜」[7]によれば、応永七年（一四〇〇）の誕生、その長男義頼（後に義俊）は同二十七年の誕生であったという。三男憲国は当然それ以降の誕生となるが、この場合、家督を継いだ永享元年当時は十歳にも満たない年齢であったことになる。この点、旧稿の際には、幼い彼を媒介とした佐竹氏の支配が行われたと述べていた。

もう一つは、二通の書状の書札礼である。この二通は、署名が「平憲国」、宛所は共に謹上書となっている。戦国期の事例ではあるが、大掾氏当主が烟田氏クラスの勢力へ書状を出す場合、例えば大掾清幹が芹澤氏へ宛てた書状では、署名は「清幹」、宛所は「芹澤土佐守殿」という書札であった[8]。ここから考えて、史料1・2の書札は大掾氏当主の事例ではない可能性が高い。

以上の二点から、史料1・2の発給者「平憲国」については、見直しの必要があると考える。続いて、この二通の年次比定を通じて、「平憲国」について再検討を行う。旧稿では、憲国の家督相続を前提としたため、その年次は彼が大掾氏当主であった永享年間のものと考えていた。しかし、その前提が崩れた以上、内容とそこにみえる人物の活動などから年次を見直す必要があるだろう。

史料1は、烟田遠江守宛の書状である。宛所の遠江守は烟田幹胤であり、彼は応永五年に父重幹から所領を譲られ、[9]その後当主となった。応永三十三年十一月まで史料上で活動がみられ、永享二年七月以前に没した人物である。続いて文中に現れる「佐々木豊前次郎」と「一色兵部大輔」の二人についてみていくと、まず「佐々木豊前次郎」については、次の史料にみえる、佐々木氏清が候補に挙げられる。

〔史料3〕（『鎌倉年中行事』抜粋）

一、御所造并御新造ノ御移徙之様体ノ事、（中略）仰御移徙ハ夜陰也、公方様御直垂ニテ御車ニ召ル、供奉ノ人々ハ白キ直垂也、松明ノ役ハ御所奉行、御車ノ左ハ梶原能登守憲景、右ハ佐々木豊前守氏清、伯父尾張入道依レ為二法体一不レ勤レ之、松明ハ紙燭カ本也、然トモ長春院殿様御代御移徙ノ時ハ蠟燭也、松明ト云字依二御祝言一如レ此書由先達宿老中サレシ也、[10]

史料3は、『鎌倉年中行事』の御所新造と足利持氏の御移徙に関する記事の抜粋である。これによれば、新しい御所への御移徙に際し、松明の役を御所奉行が勤め、持氏の乗る御車の左手に梶原憲景が、右手に佐々木氏清が付き、また本書の執筆者海老名季高の伯父である尾張入道もこの役を勤めるべき立場であったが、法体であったので勤めなかったことが記されている。この記事に書かれた御所新造及び持氏御移徙の時期については、禅秀の乱前後と永享年間の二説が出されているが、[11]何れにせよ持氏期の状況を記したものと考えられ、史料1の「佐々木豊前次郎」が氏清の前身である可能性は十分に考えられよう。

次に「一色兵部大輔」である。彼については、烟田氏関連の史料に名前がたびたび挙がっている満頼と同一人物と思われる。

〔史料4〕（烟田文書）

（端裏書）「鹿嶋烟田遠江守所進」

「校正訖」

蒲田遠江守・芝崎掃部助・石上隼人佑等知行分事、就二其科失一、被二取公一之間、令二知行一候処、物領還補上者、無下及二御沙汰一までも上候、以二内儀一返遣し候、此段、御心得候て、面々方へ可レ被二仰付一候也、恐々謹言、

応永廿二年

十二月廿七日　満頼判

長尾殿(12)

〔史料5〕（烟田文書）

徳宿肥前守跡事、一色方□拝領御当知行之処、肥前守立還押領之由承候、随而被レ下二御代官一候、面々様号二一揆一同心可レ被二支申一之由、其聞候、事実候者、不レ可レ然候、仍於二彼所一当方御内人々不レ可レ有二合力一之由、被レ下二御奉書一候、其段可レ有二御心得一候、恐々謹言、

六月廿四日　左衛門尉定忠（花押）

謹上　烟田遠江守殿(13)

史料4は一色満頼が山内上杉氏の重臣長尾氏に宛てたものである。この「長尾殿」を『鉾田』では忠政と比定する

が、当時の山内上杉氏の家宰は長尾満景であり、(14)彼である可能性が高いと思われる。内容としては、烟田遠江守・芝崎掃部助・石上隼人佑等の所領について、(15)過失があったので収公して知行したが、惣領(ここでは、烟田氏ら常陸平氏鹿島流の惣領家の当主である鹿島憲幹を指す)に所領が還補される以上は、沙汰を受けるまでもなく内儀によって返還することを述べている。ここでいう過失とは、応永十五年の鹿島憲幹と鹿島社の相論に起因するものとみられる。

この年、時の鹿島社大宮司中臣則密は、鹿島社領を惣大行事である鹿島憲幹が押領していることを鎌倉府に訴えた。これを受けた鎌倉府は、守護佐竹龍保(義憲)に対し押領地の収公と社家への返還を命じている。(16)この時、憲幹に連座する形で所領を没収されたのが、史料4に見える面々であり、烟田幹胤の所領は「幹胤知行分烟田・大和田者一色兵部被㆑拝領㆑、富田者小鶴修理亮被㆑拝領㆑、鳥栖者梶原但馬守被㆑拝領㆑」(17)と、一色・小鶴・梶原の諸氏に与えられた。(18)その後、鹿島憲幹の無実が認められたことで、彼の分の没収地は返還され、幹胤の分についても、一色氏からは史料4の通り所領の返還が行われたが、小鶴・梶原の両氏は返還せず、幹胤はなおも鎌倉府に申状を提出して解決を図ったが、(19)それは彼の存命中には果たされず、(20)最終的には永享の乱及び結城合戦の時期まで烟田氏の手に戻らなかったとみられる。

史料5は、山内上杉氏の家宰である長尾定忠が烟田幹胤に宛てた書状で、烟田氏の同族である徳宿肥前守跡を巡る徳宿氏と一色氏の争いに際し、徳宿肥前守に味方しないようにという旨を伝えたものである。黒田基樹氏によれば、長尾定忠は上杉禅秀の乱で家宰だった満景が戦死した後の応永二十四年三月には活動がみられ、同年五月から同二十六年三月までに出された四点の連署奉書に奥側署判者として確認できることから、この時期に山内上杉氏の家宰を務めた人物で、系図に見える「房景」「伯耆守」の何れかに当たるとする。(21)

本文書の年次はこれまで検討されていないが、定忠の花押形は前述の連署奉書に見られるものとほぼ同形であり、推測ではあるが上杉禅秀の乱の戦後処理に関わる史料と考えられるだろう。乱に際し、烟田幹胤は鎌倉に在り、鹿島流惣領家の鹿島憲幹に従い持氏方として行動していたが、常陸国内では、大掾満幹と結ぶ宮崎・持寺・菅谷氏といった鹿島流庶子家の一部が禅秀方に立ち、鹿島郡内で乱暴狼藉や放火をしたという(22)。或いは徳宿氏も禅秀方に立ったことで、所領没収の憂き目に遭ったとも考えられようか。また、持氏方として活躍した一色氏についても、一旦は史料4で返還した烟田氏周辺の所領を拝領して再入部することで、再び常陸に勢力を伸ばそうとしていた可能性も想定できるであろう。

さて、本題である史料1の内容を確認しよう。この中で憲国は、「秋山」(現鉾田市秋山)について、一色兵部大輔の代官が違乱をしていることは言語道断であり、烟田幹胤に領有権があるのが間違いないことは、周囲の人物は皆知っていることなので、その旨を一色の代官に伝えるようにと述べている。秋山の地が、史料5の徳宿肥前守跡とみられる徳宿(現鉾田市徳宿)の地と極めて近地であることを考えるならば、禅秀の乱後に一色兵部大輔が徳宿を拝領した上で、烟田氏の所領への進出を図っていた状況が想定される。即ち、史料1は少なくとも上杉禅秀の乱の戦後処理が終わり、一色満頼が徳宿の地を拝領して以降のものと考えられるだろう。

次に、史料2をみていく。これについては、次の史料との関連がうかがえる。

〔史料6〕(塙不二丸氏所蔵文書)

常陸国南郡苻中売地事、去応永十弐年十一月日任二綸旨・御教書之旨一、自二大掾方一本主等被レ渡候訖、雖レ然青屋之内田畠并稲久名之内田畠、彼所者、羽生宗六入道祐親、且云二親類と一、且云二沽却一、共以難レ去間、渡申候訖、

在所有二本売券一之状、仍渡状如レ件、

応永十四年七月廿日　　刑部少輔詮治(花押)(23)

史料6は、税所詮治が府中の売買地について、応永十二年十一月に出された綸旨、御教書（何れも現存しない）の旨に従い、大掾氏から本主へ返還されたが、「青屋之内田畠井稲久名之内田畠」については、羽生宗六入道祐親が領有を主張し、大掾満幹がそれを認めて羽生氏へ渡した旨が記されている。この所領に関連する史料を次に掲げる。

〔史料7〕（鹿島神宮文書）

常陸国南郡苻中青屋平太太郎内壱宇・田畠四至境事、

東限四郎三郎之久祢、南限二細道於一、西限二舞主畠并藺草田之大縄与利田鰭於廻天八乙女屋敷之久祢并卯津木久祢一

□境之内、嶺畠同、平太太郎内畠也、　北限二平太太郎屋敷之後之久祢一、

右、為二後代証文一、四至境状如レ件、

応永五年正月廿日　　刑部少輔詮治（花押）(24)

史料7は鹿島神宮文書に残る、府中の青屋平太太郎の所領に関する境界を定めたものである。史料7が鹿島神宮に残り、史料6も羽生大禰宜家と関わりのある塙氏の文書群に伝来したことを考えるならば、この二通及び史料2は何れも羽生氏に宛てた文書であった可能性が高い。そして史料2は、史料6以降に出されたと解され、その年次は応永十四年以降と比定できるであろう。

さて、ここまでの検討を踏まえ、改めて憲国について考えていく。史料1及び2の年次は、概ね応永十〜二十年代のものとみられることから、憲国は大掾満幹が当主であった時期に活動した人物で、その立場は史料の内容や書札礼などから、大掾氏の重臣的存在であったと考えられる。室町期の大掾氏の家臣については、これまで詳細な検討はなされていないが、史料6・7に見える税所詮治の他、大掾満幹の父詮国が没した至徳三年（一三八六）より、満幹が元服したとみられる応永年間以前までの政務を担った頼国・左馬助国貞・弾正忠久親といった人物が確認できる(25)。税所

氏以外の人物の名字は残念ながら判然としないが、憲国は彼ら重臣層の何れかの系譜に連なる人物であった可能性が考えられるだろう。

以上、室町期の大掾氏に関わる人物である憲国の再検討を行った。現存する史料に見える憲国は、大掾氏当主ではなく、大掾満幹期の重臣であり、その活動は応永中～後期にみえる人物であった。一方、佐竹義憲の三男として生まれた子については、大掾氏を継いだと考えられるものの、その具体的な活動を示す史料は確認できず[26]、永享年間を通じて当主の地位にあったと思われるが、最終的に大掾満幹の次男とも甥ともいわれる頼幹に家督を譲り、自らは実家の佐竹氏に戻ったと考えられるだろう[27]。

註

（1）拙稿「室町中期の常陸大掾氏」（本書第一部第四章。初出は『千葉史学』六二、二〇一三）。
（2）「佐竹御当家系図」（『群系二』五〇一頁）。他の系図では「義倭」とみえる人物が該当する（「義人家譜」原武男校訂『佐竹家譜　上巻』東洋書院、一九八九、一一八頁下段）。
（3）本章を執筆する直接の契機となったのは、関東足利氏研究会例会（平成二十七年四月十八日、於駿河台大学法科大学院）における筆者報告「室町前期の常陸大掾氏―満幹時代の検討―」であった。報告の機会を与えて頂いた黒田基樹氏を始め、貴重なご意見を下さった出席者の皆様に、この場を借りて改めて御礼を申し上げる。
（4）「烟田文書」平憲国書状写（『鉾田』第九三号）。
（5）「羽生大禰宜家文書」平憲国書状（『鹿島Ⅱ』第六一号）。

(6) この点、「烟田文書」は東京大学史料編纂所所蔵写真帳にて、「羽生大禰宜家文書」は註(5)掲載の写真によりそれぞれ確認した。

(7) 「義人家譜」(註(2)『佐竹家譜 上巻』一〇七〜一一九頁)。

(8) 「芹沢文書」大掾清幹書状(『茨県Ⅰ』第四八号)など。史料1・2の憲国が大掾氏当主であるとすれば、例えば史料1の書札は「憲国(花押)」「烟田遠江守殿」となると考えられる。

(9) 「烟田文書」烟田重幹譲状写(『鉾田』第八六号)。

(10) 『鎌倉年中行事』(内閣文庫所蔵、『日本庶民生活史料集成 二三』七八一頁上段)。

(11) 湯山学氏は、『喜連川判鑑』を典拠として、禅秀の乱前後の時期と推定する(湯山学「鎌倉御所奉行・奉行人に関する考察—鎌倉府職員の機能と構成—」同『鎌倉府の研究』岩田書院、二〇一一、初出は『鎌倉』五一、一九八六)。これに対し長塚孝氏は、海老名季高の伯父尾張入道の出家時期から、永享年間に御所新造が為された可能性を指摘する(長塚孝「『鎌倉年中行事』と海老名季高」植田真平編著『足利持氏』戎光祥出版、二〇一六、初出は『鎌倉』一〇八、二〇〇九)。

(12) 「烟田文書」一色満頼書状写(『鉾田』第九一号)。

(13) 「烟田文書」長尾定忠書状写(『鉾田』第九二号)。

(14) 黒田基樹「室町期山内上杉氏論」(同編著『山内上杉氏』戎光祥出版、二〇一四)。

(15) 烟田氏以外の二氏について、芝崎氏は鹿島郡芝崎(現神栖市芝崎)、石上氏(石神氏)は同郡石神(現神栖市石神)を名字の地としており、応安七年(一三七四)の香取社の海夫注文には、「しはさきの津柴崎知行分」「たかはまの津石神知行分」と、その存在を確認できる(「香取大禰宜家文書」常陸国海夫注文案『南関五』第三七二七号)。

(16)「鹿島神宮文書」上杉憲定奉書(『鹿島Ⅰ』第一一九号)。
(17)「烟田文書」烟田幹胤申状写(『鉾田』第一二一号)。
(18)この内、鳥栖村の梶原但馬守(季景)については、その父貞景が永徳年間頃から押領を図っており、幹胤の父重幹以来、その返還をたびたび鎌倉府に求めていた(「烟田文書」烟田宗円代子息重幹申状写『鉾田』第七八号、烟田幹胤申状案写『鉾田』第八七号、烟田幹胤申状写『鉾田』第八九号など)。
(19)「烟田文書」烟田幹胤申状写(『鉾田』第一〇五号)、註(17)に同じ。
(20)「烟田文書」烟田幹時申状写(『鉾田』第一二四号)から、幹胤の子幹時も富田と鳥栖の押領について鎌倉府へ申状を提出していることがみえ、この問題が継続していたことがわかる。
(21)黒田基樹『長尾景仲』(戎光祥出版、二〇一五、二六～三〇頁)、同「山内上杉氏家宰の長尾定忠」(『日本歴史』八〇五、二〇一五)。
(22)「烟田文書」烟田幹胤軍忠状写(『鉾田』第九八号)。
(23)「塙不二丸氏所蔵文書」税所詮治渡状(『鹿島Ⅱ』第六一号)。
(24)「鹿島神宮文書」税所詮治証文(『鹿島Ⅰ』第一〇二号)。
(25)「彰考館所蔵吉田薬王院文書」頼国・国貞連署安堵状写(『茨県Ⅱ』第三二号)、国貞書状写(同第三三号)、久親渡状写(同第三五号)。
(26)この点、『長倉追罰記』には、長倉城を囲んだ鎌倉府勢の幕紋が記されているが、その中に「大極入道は巴のもん」(『続群書類従　第二十一輯下』一八六頁上段)とみえる。この「大極」が大掾氏(「掾」を「極」と写した可能性が想定できる)を指す可能性があり、そうであれば軍記物上の記載ではあるものの、長倉攻めがあったとされる永享七年(一四三五）頃の大掾氏の活動を示すものといえ、この入道なる人物はこの頃の当主であった佐竹義憲の子の代理的な立場で出陣したとみられる。ただし、この人物が具体的に誰を指すかは不明といわざるを得ない。

(27)　なお、旧稿及び拙稿「南北朝～室町前期の常陸大掾氏」（本書第一編第三章、初出は『国史学』二一七、二〇一五）において、彼の実名を「憲国」としてきた。その典拠は史料1・2であったが、これらが別人の文書であることがわかったことから、実名については、旧稿において、実家の佐竹氏に戻った後の彼の発給文書と推定した「水府志料附録一」憲国書状写（国立国会図書館所蔵）との関係を含め、再検討を行う必要があると考えている。

第二部　十六世紀の常陸大掾氏とその周辺

第一章　戦国初期の常陸南部
―小田氏の動向を中心として―

はじめに

戦国初期の常陸南部については、史料的な制約が大きいこともあり、その状況は個々の自治体史による検討が中心となっている。基礎的な事項についても不明な点が多く残っており、史料の年次比定を積み重ねながら、自治体を越えた枠組みで検討する必要があると思われる。本章では、当該期にその立場が大きく変転する小田氏を主軸に据え、周辺の大掾氏や真壁氏などの動向を踏まえ、十六世紀前半の常陸の動静とその背景を検討していくこととする。

当該期の小田氏当主は政治である。彼の時期の小田氏については、『筑波町史』における糸賀茂男氏の論考と、『牛久市史』における黒田基樹氏の論考、東国の戦国期を叙述する中で小田氏に触れた市村高男氏の論考がある。

糸賀氏は、政治の台頭に際する兄弟間の内紛について、一族の対立抗争という点で、当該期の佐竹氏における「佐竹の乱」と同様であり、この内紛を経て、小田氏が戦国領主化したとし、政治期に軍事的行動が積極化したことで戦国領主としての小田氏が確立し、また積極的な軍事行動により、かつて上杉氏領となっていた小田氏の旧領の多くを奪還したことを指摘している(1)。

黒田氏は、従来、明応五年（一四九六）とされてきた小田氏の内訌について、史料の見直しによりこれを延徳二年（一四九〇）のこととし、また長享の乱との関係を指摘するとともに、この内紛を克服した小田政治期に、庶子・被官を再統合した小田「家中」が形成されていったとする。また小田氏の領国構造については、政治が周辺の国衆の従属化によって領国を拡大し、常陸の三分の一に及ぶ、小田氏の最大版図を築いたとしている[2]。

市村氏は、内訌の背景には、東国の流動的な政情と絡んで、小田氏当主と一族・家臣団の関係が不安定な状況があったとし、また成治・政治の嗣立には不自然な点があり、史料に現れない内部抗争があった可能性を指摘する。また大永年間（一五二一～二八）の東条庄支配をめぐる小田氏と土岐原氏の背後にも、公方家の内紛を中心とした東国の大きな政局の影響を受けており、そこには地域性や「常総の内海」を媒介とした交通、流通環境が大きく関わっていたことを指摘する[3]。

他方、戦国初めの常陸に関する論考は、主に古河公方や小弓公方の検討が行われる中でなされてきたのが現状といえる。この点、筆者はかつて古河公方御連枝足利基頼の動静とその立ち位置を検討した[4]。本章はこの時の成果と小田氏に関する先行研究を踏まえつつ、当主小田成治の後継者争いが勃発する延徳年間頃から、後を継いだ小田政治の没する天文十七年（一五四八）の時期の小田氏を中心に据え、常陸南部の政治的な動きを考えていくこととしたい。

一　小田政治の登場と「永正の乱」

享徳の乱が終わった後、関東では山内上杉氏と扇谷上杉氏の対立が激しくなり、長享元年（一四八七）、ついに両者が激突する。「長享の乱」の勃発である[5]。両上杉氏の対立は利根川の西側で起こっており、常陸への直接の影響は少なかったとみられるが、その最中の延徳二年（一四九〇）、小田氏家中で大きな問題が勃発する。小田成治の嫡男治孝と次男顕家が、明確な理由は不明だが対立し、顕家が治孝を殺害したのである。従来、この騒動は明応四年（一四九五）の出来事とされてきたが、(6)前述の通り黒田氏は、「岡見系図」(7)が引用する「明泉院過去帳」の記載から、この事件を延徳二年のこととし、またその背景として、顕家の「顕」の一字が山内上杉氏からの一字である可能性を指摘し、長享の乱の展開と関連して、山内上杉方の次男顕家と扇谷上杉方の嫡男治孝という構図の中で起こった事件ではないかとしている。(8)兄を殺した顕家だが、家督の相続には至らなかったとみられ、顕家に反発する勢力は、恐らくは兄弟の父成治とともに顕家と対峙することとなったと考えられる。その最中の明応二年、政治が誕生し、(9)彼の成長の後に、父成治は家督を譲り、譲られた政治は、依然として勢力を保持する顕家と対峙することとなった。

さて、その後の顕家と政治の対立については、次の史料がある。

〔史料1〕（真壁文書）

昨日廿三顕家当城へ可レ被二打入一之義必定候之処、信太一類其外当参之者、同菅谷彦次郎・田土部兵庫助相二守政治一候、老父事者、則永興院へ被二相移一、明日未明ニ北之郡太田之寺家打越可レ致二閑居一之由被レ申候、近所与申御懇候者、可レ為二快然一候、然者向二土浦一可二調義一之段、調談候、一勢越給候者、可レ為二本意一候、於二時宜一者、右衛門佐方へ令レ申候之間、不レ能二重説一候、恐々謹言、

十月廿四日　源政治（花押）

謹上　真楽軒(10)

史料1は、小田政治が真楽軒に宛てた書状である。ここから、前日に顕家が小田城へ攻めてきたこと、信太・菅谷・田土部氏らが政治を守ったこと、父成治が永興院から北郡太田の善光寺へ移る予定であること、近日土浦を攻めるので援軍を出して欲しいこと、などが述べられている。この史料の年次だが、宛所の真楽軒は、史料1が真壁文書

に伝来し、また支援を政治が求めている点から、真壁氏の当主かそれに近い人物とみられ、それは真壁久幹（道瑚）と考えられる。彼は永正四年（一五〇七）八月以前の没とされる。(11)また小田政治は前述の通り明応二年誕生とされ、史料1が元服後であり、その花押形がその後永正十年代にみえるものとほぼ同一であることを考えるならば、少なくとも政治が幼いながらも一定の年齢になって以降に、自ら花押を据えたものと思われる。

以上の点と日付などから、史料1は永正元年か同二年のものと考えられ、この頃の小田氏が小田城の政治と、政治が土浦攻めを検討している点から、治孝を討った後は土浦城に入っていたとみられる顕家の二派に分裂していたことがわかる。この両者の内紛は、これ以降、政治の活動が本格化し、対照的に顕家の名が全くみえなくなることからみて、史料1からまもなくして、政治が顕家を討って勝利したことで終結したと考えられるであろう。

内紛を平定し、政治の時代となった小田氏だが、永正年間に入ると、古河公方足利政氏とその子高基（初め高氏だが、高基で統一する）がたびたび対立するようになり、関東の諸氏はその内紛に巻き込まれていくこととなった。常陸南部の諸氏についてもそれは同様であり、特に小田氏は大きな影響を受けることとなった。

政氏と高基の対立は大きく三度に分かれたという。永正三年の第一次抗争では、宇都宮に居た足利高基の小山攻めに対し、政氏は後詰の軍勢派遣を真壁治幹に求め、また治幹に政治への意見を頼んでいる。(12)高基方についた勢力は宇都宮氏を始め主に下野方面に一定の規模を持っていたとみられるが、(13)常陸においては明確に高基方に在った勢力は確認できず、小田氏や真壁氏も政氏方であったと考えられる。(14)また、この頃の小田氏が真壁氏と親しい関係にあったことは、史料1やこの時の動きから明らかといえよう。

続く永正五年から翌六年にかけての第二次抗争での小田氏や真壁氏の動向は不明であるが、永正七年六月の高基の関宿動座に始まる第三次抗争は、過去二回の抗争とは異なって長期の対立となった。(15)この時の政治は、当初政氏方に従っていたが、遅くとも永正十一年三月までに高基方に転じたとみられる。

〔史料2〕（「秋田藩家蔵文書 十」）

内々従レ是可レ令レ啓□□之処、□□□旁御芳礼誠快然候、従二何事一所労気附而、成二湯治一之処、色々御懇之儀難レ謝候、特御秘蔵馬数多給候、賞翫之至、何も厩立置致二秘蔵一候、帰宅已来恙本覆候、内々廿日比可レ有二入来一由承候間、待入候処、于レ今無二其儀一候、如二毎事一兎角候而、不レ可レ有二御越一候哉、遥ニ此口へ無二御越一候間、夏中入来可レ為二快然一候、今度取分御辛労、御懇志共無二申計一候、将亦小山南之　上様御在城候、近年宇都宮持候小山領御入部候、然間宇都宮・小田・結城、古河様へ侘言被二申上一候由、其聞、佐野・佐貫・皆河、南之　上様無二余義一奉レ守レ之候、大上様古河口へ重而御動候由其聞候、如何様珍敷候子細候者、急度可レ令レ啓候、奥口之義無二相違一候歟、早速無為落居可レ為二肝要一候、恐々謹言、

三月廿九日　義舜（花押影）

竹雲軒江[16]

〔史料3〕（真壁文書）

徳蔭軒帰参仁政治懇迫二御請一候、併令二諷諫一故候、感思召候、然者近日向二小山一可レ有二御動座一候、其口静謐上者、聊有二参陣一被二走廻一候様、政治仁猶以加二意見一候者可レ然候、於二向後一可レ有二御懇切一候、仍被レ成二御自筆一候、謹言、

九月九日　（足利高基）（花押）[17]

真壁安芸守殿

史料2は佐竹義舜が岡本妙誉に宛てた書状である。年未詳だが、この時点で佐竹氏の軍事行動に関する記載がない

点から、永正十一年のものと想定できる。ここで「宇都宮・小田・結城、古河様へ侘言被二申上一候由」とあり、永正十一年三月以前に小田政治が高基方に転じたと考えられる。また史料3は、政治が高基方になった後に高基が真壁治幹に出した書状である。この史料については、九月時点で高基が小山攻めを検討していることが、永正十一年八月の下野竹林（現宇都宮市竹林町）における、高基方の宇都宮氏と政氏方の佐竹・岩城氏の合戦の直後に、高基が下総結城氏の被官である片見氏に対し「仍近日向二小山表一可レ有二御調義一候」[18]と述べたことと符合することから、史料3は永正十一年の発給と考えられ、真壁治幹と共に小田政治は小山攻めへの参陣を求められていたことがわかる。

その後、永正十三年の高基の軍事行動に際し、政治は重臣菅谷勝貞を代官として派遣したことが確認できる。[19]この時期、岩城由隆は佐竹氏被官大山氏に次のような書状を送った。

〔史料4〕（「秋田藩家蔵文書 七」）

態以レ使申候、抑野口之一儀、去年以二誓書一取刷之事申越候間、度々以二代官一雖二申届候一、于レ今不レ調候、因レ之火急ニ旁覚悟候哉、先以無二餘義一存候、雖レ然、符中・小田被二取合一候故、御洞之人事も不二相調一候哉、然者時節之事、能々有二思慮一而、調造左無レ之様、御擬専一候、義篤御若年事候間、今程以二御自訴事一侍らん事、不レ可レ然候、我々事も雖二不レ弥申事候一、那須口動之事偏御力を憑入、不レ叶迄も可二成行一事、無二ニ存詰候条、既日限迄雖二相定候一、義篤御洞中區々由承候間、任二御意見一相延候、況旁御事者可レ被レ遂二鬱憤一迄ニて、当座義篤御苦労候ハん事者口惜候、此段有二納得一而、御息石塚越州へも御意見可レ在二御前一候、時宜条々彼口上ニ任レ之候、恐々謹言、

九月廿四日　由隆（花押影）

大山因幡入道殿[20]

史料4は、「義篤御若年事候」とみえ、佐竹義舜が没し、子の義篤が家督を継いだ直後の永正十四年のものと比定できる(21)。ここで岩城由隆は「雖レ然、符中・小田被二取合一候故、御洞之人事も不二相調一候哉」と、大掾氏と小田氏の対立により佐竹「洞」への影響があるのではないかと不安を述べている。この時期の小田・大掾氏は共に高基方であり、対立はなかったとみられるが、両者の関係が、遠方の岩城由隆にも知られ、当主交代直後の佐竹氏の「洞」への影響を危惧するような激しい対立関係にあった時期が存在したことは間違いないだろう(22)。

その後、小田政治は、永正十六年八月の高基による上総椎津城（現市原市椎津）攻めに、再び菅谷氏を派遣したことが確認できるが(23)、これ以後のある時期に小弓公方義明方に転じたとみられる。それがわかるのは次の史料である。

〔史料5〕（真壁文書）

先度懇言上、御悦喜候、其口へ政治相動候処、家人等励二戦功一敵討捕候由、大掾方へ申越候、誠心地好思召候、仍而明日至レ于二玉造一可レ被レ進二御陣一候、今日当城へ政治可二相動一候、然者、多賀谷・水谷相談後詰之動、簡要候、巨細町野淡路守可二申遣一候、謹言、

七月廿九日　（足利基頼）（花押）(24)

真壁右衛門佐殿

史料5は、高基・義明の弟で、当時常陸府中城の大掾氏の下に在ったとみられる足利基頼が真壁家幹に宛てた書状である。ここで基頼は、真壁家幹の方面に小田政治が攻めた際、家幹の家人が活躍したことを大掾氏から聞き、とても喜ばしいことだと述べている。基頼の花押形と内容から、本史料は永正十七年か同十八年（大永元年〔一五二一〕）のものと考えられ(25)、この時までに小田政治が小弓方に立ち、真壁氏を攻撃したことがわかる。

永正年間、家督を継いだ若き当主小田政治は、兄顕家を討って家中を統一し、また古河公方家の内紛にも積極的に

関わり、立場を変転させながら所領の維持と拡大を図っていったといえよう。

二　大永〜天文初期の小田氏

永正末年（〜一五二一）頃に古河方から小弓方に転じた政治だが、これに対し足利高基は次のような書状を出している。

〔史料6〕（臼田文書）

小田事連々緩怠之上、以㆓時節㆒可㆑被㆑加㆓御退治㆒之由、思召候之処、宍戸・真壁其外相分、御動座之事申上候、
此度行方兵庫大夫・江戸彦五郎相談、別而可㆓走廻㆒候、巨細被㆑仰㆓含野田遠江守㆒候、謹言、
六月五日　（花押）（足利高基）
鹿島又四郎殿(26)

史料6は、鹿島城の鹿島義幹に対し高基が宛てた書状で、小田政治の攻撃を検討しているので、江戸通泰や行方氏と相談の上、味方として参陣することを求めたものである。鹿島義幹は大永元年（一五二一）頃に家督を継ぎ、同四年の「鹿島大乱」により、一時鹿島を逐われて下総東庄（現千葉県香取郡東庄町）へ逃れることとなり、その後鹿島へ逆侵攻した際に戦死したとされる人物であるが(27)、史料6は義幹が当主として鹿島に在った大永元年〜同三年のものと考えられ、この頃高基は義明攻撃の前段階として、小田政治の攻撃を考えていたとみられる。

また永正年間より、小田氏は常陸南部信太庄方面への勢力拡大を図っていたが(28)、古河方の山内上杉氏の被官であり、同地域に勢力を持つ土岐原氏と徐々に対立するようになっていった。小弓方に転じた理由の一つには、土岐原氏

らとの関係があったと考えられる。そして大永三年、両軍は屋代要害を巡り激しい合戦を繰り広げた。

〔史料7〕（真壁文書）

「（切封墨引）」

屋代要害土岐原責落引除候所へ政治馳合遂㆓一戦㆒候、因㆑之為㆓合力㆒麻生淡路守即時打越候様躰事、擢々共未㆑聞候、此度各令㆓調談㆒、北郡へ物深相動可㆑然候、巨細町野淡路守可㆓申遣㆒候、謹言、

閏三月九日　（足利基頼）（花押）(29)

真壁右衛門佐殿

史料7は、足利基頼が真壁家幹に宛てた書状であり、屋代要害を巡る小田氏と土岐原氏の合戦の状況が記されている。この合戦について市村高男氏は、常陸南部をめぐる小弓方小田氏と古河方の山内上杉氏被官である土岐原氏の合戦とみている(30)。合戦に際しては、行方郡の麻生氏が政治の援軍として香取海を越えて駆けつけるなど、幅広い地域の勢力が集まっての合戦となったが、結果として土岐原方が勝利を収めた。この戦で小田方は「為㆑始㆓信太㆒、一類不㆑残討死、殊たかや人衆ニハ、たかや淡路守・広瀬・青木・石島、其外おもてをいたし候もの数多討死」(31)と高基が長南武田氏に述べたように、重臣信太氏などが討死し、また同陣した多賀谷氏の一族なども討死したことがわかっている。なお、下総結城氏はこの時期古河方であったが、その重臣であった多賀谷氏の中には、小弓方に味方するものもあったことがここからわかる。

また、足利基頼はこの情報を真壁氏に伝え、真壁氏には北郡への侵攻を求めている。この軍事行動は基頼が居た府中の大掾氏と共に行う計画と思われ、小田氏は南の土岐原氏だけでなく、北東の大掾氏との対立をも抱える状況にあったといえる。これが一転するのが享禄元年（一五二八）のことで、この年の十一月、政治は真壁家幹の仲介によ

り、大掾忠幹と和睦を結んだのである。

〔史料8〕（真壁文書）

就二塩味之儀一［　　］令二御意見一候、以二慮外之義一不レ令二同心一候処、至レ于レ時落着本意至極候、然者、江戸但馬守如二以前一当方へ申寄候共、於二政治御懇切之上一、不レ可レ准二彼覚悟一候、若此段令二違却一者、八幡大菩薩、鹿嶋百余所大明神、筑波三所之権現、惣而日本国中大小神祇可レ蒙二御罰一物也、恐々謹言、

十一月十三日　忠幹（花押）

真壁右衛門佐殿(32)

〔史料9〕（真壁文書）

就二小田当方一和一、先度以レ使条々承候、雖二不レ始事候一、難二申尽一候、仍彼一書事、越不レ進候共不レ可レ有二別条一候、雖レ然令二遅々一候時者、可レ有二御疑心一候間、速進候、然者先日申届候子細、中書有二御談合一小田へ被二仰越一、於二其上一爰元落着可レ然候、御懇ニ候間者、何事も不レ可レ有二其曲一候、恐々謹言、

十一月十六日　忠幹（花押）

真壁金吾(33)

史料8・9は、大掾忠幹が真壁家幹に宛てた起請文と書状である。この二通については別稿で検討するが(34)、起請文において忠幹は、江戸通泰からの誘いがあっても、政治との関係を大事にすることを述べており、和睦の前提は江戸氏と大掾氏の関係悪化にあったと考えられる。恐らくは江戸氏と対立した大掾氏の側から、真壁氏を通じて小田氏との和睦が提案されたのだろう。小田氏としても、周囲を敵に囲まれる状況の中で、大掾氏との和睦は渡りに船であったと考えられ、両者の利害が一致し、和睦が成立したとみられる。

和睦成立後の享禄四年（一五三一）二月、小田政治は江戸通泰と鹿子原（現石岡市鹿の子）で戦い勝利を収めた(35)。鹿子原が府中の近地であることを考えるならば、大掾氏も小田氏と共に江戸氏と戦った可能性が高いと思われる。或いは江戸氏による大掾氏攻めに対する大掾・小田連合軍の迎撃戦であったとも考えられよう。

なお、この頃の古河公方家の対立と合わせて考えるならば、江戸氏と大掾氏は古河方に、小田氏は後述の通り小弓方に属していたと思われるが、常陸においては、江戸氏と大掾・小田氏の構図で合戦が繰り広げられていた。この時期の常陸においては、既に公方家の内紛による影響は小さくなりつつあり、それぞれの利害関係に基づいた抗争が展開されていくようになっていったと考えられる。

鹿子原合戦後のある時点で、政治は江戸通泰と和睦を結んだことが、次の史料から確認できる。

〔史料10〕（「文禄慶長御書案」）

当地落居不レ可レ有レ程候、可二心安一候、然而江戸但馬守与無事被二取成一候由聞候、兼日如二首尾一速一勢被二立進一候者可レ然候、為レ其御使被レ遣レ之候、巨細口上ニ申含候、謹言、

九月廿七日　道哲判

小田左京大夫殿(36)

史料10は、足利義明（道哲）が小田政治に対し、江戸通泰との和睦が成立したことを喜ばしく思うとともに、援軍を期待する旨を述べた書状である。江戸通泰が天文四年七月に没していることから(37)、本文書は前述の鹿子原合戦のあった享禄四年から天文三年までの間のものと考えられる。また和睦により常陸地域が安定したことに義明が安堵していることから、小田氏が少なくとも天文前半まで小弓方の立場にあったことがわかるが(38)、この頃の小田氏にとっては、小弓公方の支援はほとんどなかったとみられ、逆に天文七年十月の国府台合戦に際し、小田氏を含め常陸の勢力はほ

とんど参陣しておらず、公方家の内紛の影響は更に小さくなっていた。また政治自身も、小弓公方家の没落後まもなく、古河公方家との関係を改善している(39)。

鹿子原合戦と前後して、古河公方家では公方高基とその子晴氏の対立が享禄二年頃から表面化し、晴氏はかつての父のように宇都宮に移座して対立した。またこれと連動する形で下野小山氏や下総結城氏の家中も高基方と晴氏方に分かれ対立しており、那須氏でも父資房と子の政資の間で内紛が勃発した。那須氏の状況を受けた政治は資房を支援して「那須御退治」のために氏家まで出兵していたことがわかっている(40)。これは那須氏の問題への介入だけでなく、古河公方家や小山氏・結城氏・宇都宮氏などの勢力との兼ね合いがあっての動きであろう。また、時期は少し遡るが、政治は佐竹義篤との同盟を強化し、自らの妹を嫁がせている(41)。具体的な時期は不明だが、義篤の子義昭は享禄四年八月の誕生であり(42)、妹の年齢や、政治が岡本曽瑞に宛てた書状の花押形と合わせて考えるならば(43)、大永後半～享禄四年までの間に、佐竹・小田間の婚姻が成立したと思われる。

鹿子原合戦や那須氏への軍事行動や佐竹氏との同盟といった大永後半～天文初め頃の動きは、古河方の佐竹氏・大掾氏・江戸氏・真壁氏と小弓方の小田氏のように、公方家の対立という枠組みを超えて繰り広げられたものであり、常陸国内においては、既に公方家からの影響はほとんどなくなりつつあったといえよう。しかし一方で、周辺の政治的な変化に乗じ、政治は自らの勢力の拡大を図ろうとしていた。

三　小田氏の勢力拡大とその失敗

小弓公方家が滅亡した直後の天文八年（一五三九）、これ以前からたびたび内紛が続いていた下野宇都宮氏において、[44]当主俊綱（後の尚綱）と重臣芳賀高経・高孝の対立が激化し、武力衝突に発展した。[45]これを受け、政治は義弟でもある佐竹義篤と共に俊綱方に立ち、芳賀氏を支援する那須政資を攻撃するべく下野へ出陣した。[46]この時、芳賀氏方には下総結城氏や小山氏などが味方していたとみられ、常陸・下総・下野の中で大きく二つの立場の勢力が対峙する構図が生まれた。この構図はその後天文・弘治を経て永禄初年頃まで（一五三〇年代〜五〇年代）概ねこの形で推移することとなるが、小田氏は那須氏攻めと並行して結城氏などとも争ったとみられ、その過程で中郡庄（現桜川市北西部・筑西市北東部）などを獲得して勢力を拡大したとみられる。[47]

なお、これ以前のある段階で、政治は花押を改めた。改判後の花押形を持つ史料は、小弓公方の重臣逸見祥仙宛と日輪寺宛の二通であるが、[48]少なくとも逸見祥仙の活動時期及び前述の岡本曽瑞宛書状の花押形が改判前のものであることから、改判時期は享禄〜天文七年（一五二八〜三八）以前のある時期と考えられるだろう。

さて、天文十年代の常陸南部では、享禄元年以来続いていた大掾氏と小田氏の友好関係が悪化し、両者は再び争うこととなった。両者の手切れの時期は明確ではないが、行方郡の西蓮寺（現行方市西蓮寺）の仁王門修理に際し、両氏が共同で作業を行っており、その修理の墨書銘から少なくとも天文十二年以降の手切れとみられる。[49]そして天文十五年、両者は激しく激突することとなった。

大掾・小田氏の激突の背景としては、まず小川城（現小美玉市小川）の園部氏の去就を巡る争いが挙げられる。元々小田氏方にありながら、大掾方に転じた園部氏に対し、小田政治は小川城を攻撃して当主園部宮内大輔を逐い、弟とされる左衛門大夫（九郎とも）を小川城に入れた。しかし、下総結城氏の下に逃れていた宮内大輔は、結城政勝や大掾慶幹の支援を受けて小川城を奪還し、左衛門大夫を討ったのである。これに怒った政治は園部氏を支援した大掾氏の攻撃を企図し、両軍は府中城に程近い鬼魔塚（現石岡市石岡字木間塚）で激突。結果としては大掾氏が勝利したという。これについては「烟田旧記」に小川城攻めの記事がみえるが(50)、鬼魔塚合戦については「園部状(51)」の記述に留まるのが現状である。

また行方郡内でも、この頃、小高氏と玉造氏・手賀氏が対立し、小高氏らが小田氏と、玉造・手賀氏が大掾氏と結んで合戦を繰り広げた(52)。これについては、「文禄元年」の年号を持つ大場大和らの連署状に記述がある(53)。この時、政治は嫡男の氏治を行方に派遣したものの、大掾氏の支援を受けた玉造・手賀氏らにより敗れ、それまで保持していた行方郡への影響力を失うこととなったのである(54)。

更に、大掾氏との合戦と並行して、この前年から、小田政治は足利晴氏の要請により、その陣に重臣菅谷隠岐守を派遣していた(55)。この頃、後北条氏と山内・扇谷上杉氏が河越で対峙し、晴氏は上杉方として参陣しているが(56)、この時の政治は、真壁家幹の口添えを受けて、菅谷隠岐守を派遣したのである(57)。そしてその隠岐守は、敵方の北条氏康より、晴氏への和睦の取次を求められたものの、それを断ったことが確認でき(58)、晴氏の下で活動していたことは間違いない。政治が晴氏の要請を受けた背景には、大掾氏との対立にあたり、古河公方家からの支援を受けたい意識があった可能性があるだろう。更に政治は、佐竹義昭に白河結城氏との軍事行動を求めていた。

〔史料11〕（東京大学白川文書）

当春者不レ令レ啓候、意外之至令レ存候、抑義昭所へ御懇切之由及レ承、於二拙者一も心易令レ存候、仍政治御懇望之間、当方弓矢日夜辛労可レ有二御察一候、何方も御静謐念願此事候、先年於二木戸陣一御懇切、其以来不レ被レ打二置御書中一、於二向後一も無二疎儀一可二申入一候、万吉令レ期二後音一候、恐々謹言、

二月十日　　義在（花押）

太山

白川殿
御宿中[59]

史料11は、佐竹氏の重臣大山義在が白河結城晴綱に宛てた書状である。この文書について、近年安達和人氏は、前述の小川城を巡る、「烟田旧記」にある天文十五年四月の「弓矢の始[60]」という文言から、小田氏と大掾氏の合戦勃発が四月であり、二月十日付の史料11は天文十五年ではあり得ないことから、本史料を天文十六年のものとした[61]。しかし、天文十六年に小田・大掾氏が合戦をしたことを示す史料は確認できず、また「弓矢の始」はあくまでも小田氏と大掾氏のそれと考えられるが、小田氏と園部氏の戦いは、四月の戦いが園部氏による小川城奪還である以上、それ以前から行われていたと考えられ、本史料は天文十五年のものとみて良いのではないだろうか。

前述の通り、天文十年代の常陸・下総・下野においては、小田・佐竹・宇都宮氏と、結城・小山・大掾氏らの対立が続き、また那須氏などは下那須の那須高資が佐竹氏と接近したのに対し、上那須の大田原・大関氏らはそれに反発する状況にあった[62]。小田氏としては、佐竹氏に北の方面で戦線を張ってもらうことで、大掾氏寄りの勢力の動きを抑制したい考えがあったものと思われる。

天文十年代の小田政治は、積極的に周囲の動きに乗り、味方を増やしつつ勢力の拡大を図り、常陸西部への拡大に成功した。しかし、その後は政治の思惑とは異なり、河越合戦において晴氏及び山内・扇谷上杉氏は敗北し、更に自らも大掾氏との戦いに敗れたことで、常陸東部への更なる勢力拡大には失敗することとなったのである。

おわりに

天文十七年（一五四八）二月、小田政治は激動の生涯を小田城で終えた(63)。系図によれば、享年は五十六であったという。家督は嫡男氏治が十五歳で継ぐこととなるが(64)、氏治の相続後も、それ以前から続く大掾氏や結城氏との対立は続いたとみられる。

〔史料12〕（鹿島神宮文書）

去比預二御使札一候き、重御懇礼祝着候、如二来意一 御神役相当候、目出度候、内々 青屋御神事験候者、自身可二相勤一由存候之処、小田・府中御不和故、無二其義一候、迷惑候、当地之事も十余年乱世、一両年静謐之形候、子候者其外無力故、為レ初二税所方一府中社家中へ申理、如レ形 御神物等令二進納一候、 御当社之御事もいかに承候共、如二前々一義不レ可レ有レ之候、如レ形以二様躰一可二申合一候、御納得所レ仰候、仍恕哲・友帆連歌事御所望、恕哲者当月初当地へ被レ越候へとも、指合之者被レ交候間、不二対談一申候故、小田へ被レ透候之、宿坊ニ被二書置一候連歌写進レ之候、友帆ハ去春以来下館ニ滞留、三箱号二湯治一、先月宇都宮へ被レ越候、春中発句共、去比書二進之一候き、其以後者不二承及一候間、不二罷越進一候、次塩引鰹二給候、賞翫申候、委曲重可二申承一候間、閣筆候、恐々謹言、

六月廿六日　　樗蒲軒
道俊（花押）

鹿島神主殿(65)

史料12は、樗蒲軒道俊が鹿島社に宛てた書状である(66)。文中で道俊は、鹿島社七月大祭の大使役に当たること、それに関連する青屋祭についても自分が勤めたいところだが、小田氏と大掾氏が不和であり、それができず迷惑であると述べている。道俊は花押形などから真壁家幹と同一人物とみられる(67)。この文書から、政治の死後も、大掾氏と小田氏が対立関係にあったことがうかがえる。

また弘治二年(一五五六)四月には、結城政勝と小田氏治が海老島城(現筑西市松原)を巡って争う海老島合戦が勃発した。この時、結城氏には後北条氏などが援軍を派遣し、結果としては結城氏方の勝利に終わった(68)。この時の大掾慶幹は、結城氏と対峙する小田氏を背後から牽制する姿勢をみせており(69)、その後小田領の一部を奪ったとみられる(70)。奪われた所領は即座に奪い返した小田氏治だが、結城氏や大掾氏との対立は、その後永禄五年(一五六二)八月に和睦が成立するまで続くこととなる(71)。

以上、概ね十六世紀前半の常陸南部の動静について、小田氏の動きを中心に検討してきた。この頃の小田氏は、古河公方家の内紛に際して政氏→高基→義明と各勢力を渡り歩いた。これは周囲の動静に影響されたものであり、特に義明との関係は少なくとも天文始め頃まで続いたが、小弓方の勢力は常陸から離れており、義明と結ぶ効果があったとはいいがたく、逆に屋代要害を巡る合戦では敗戦し、信太庄方面への影響力を失うことにもなった。更に享禄年間頃になると、片や小弓方、片や古河方に属していても、互いの利害によって合戦と和睦を繰り返すようになり、公方家対立の常陸への影響は薄れつつあったが、小田氏についてはその後も公方家の動きと積極的に結ぶ姿勢がうかがえ、それは公方家の支援を期待した動きであったと考えられよう。

当該期の常陸国では、特に小田・大掾・江戸氏がそれぞれ中核として三つ巴の状態となり、そこに周囲の勢力が情勢に応じて敵味方となって争う構図が作られてきた。政治がその状況の中で、佐竹氏や宇都宮氏と結んだ背景には、複雑な政治関係の中で、結城氏や大掾氏に対抗するための動きであったとみられる。そして政治は宇都宮氏の支援に下野へ出陣して結城氏や那須氏と争う一方、国内では行方郡や小川城などへの進出を図り、同地域と深い関係を持つ大掾氏を牽制したが、結果としてこの方面への勢力拡大は失敗に終わった。

この三つ巴の状況に変化が訪れるのが弘治末年から永禄年間であり、家中の内紛を克服した佐竹氏が北から介入してくるようになったことで、三つ巴の形は崩れ、佐竹氏を交えた新たな状況が生まれていくこととなる(72)。

当該期の小田氏や大掾氏、或いは江戸氏については、個別の文書の年次比定などの基礎的研究がほとんど進んでおらず、残された課題は多い。小田氏だけでなく周辺諸氏の当該期の動向について見直しながら、当該期常陸の全体像をつかむ必要があると思われるが、その点は今後の課題としたい。

註

(1) 糸賀茂男「戦国期の小田氏」(『筑波町史 上巻』第二章第三節、一九八九)。
(2) 黒田基樹「小田氏の発展と牛久地域」「小田氏領国の構造と土岐氏の領域支配」(『牛久市史 原始古代中世』第八章第二、三節、二〇〇四)など。
(3) 市村高男『東国の戦国合戦』(吉川弘文館、二〇〇九)。
(4) 拙稿「古河公方御連枝足利基頼の動向」(本書第三部第二章、初出は佐藤博信編『中世東国の政治と経済』岩田書院、二〇一六)。
(5) 「長享の乱」については、則竹雄一『古河公方と伊勢宗瑞』(吉川弘文館、二〇一三)、山田邦明『享徳の乱と太田道灌』(吉川弘文館、二〇一五)などを参照。

（6）註（1）を参照。

（7）「岡見系図」（岡見徹男氏所蔵、『牛久Ⅱ』第六章第六号）。

（8）註（2）を参照。

（9）小田政治については、系図類から没年が天文十七年（一五四八）、享年が五十六と確認できる（「小田一流系譜 上 小田系図」東京大学史料編纂所所蔵謄写本、『牛久Ⅱ』第六章第二号）。ここから逆算すると、生年は明応二年（一四九三）となる。なお、政治を堀越公方足利政知の子とする説があるが、これを示す史料は残っておらず、また政知は延徳三年（一四九一）に没していることを考えても、政治を政知の子とみるのは難しい。享徳の乱に際し、政治の曽祖父持家と祖父朝久、父成治は多くの時期を古河公方方として活動しており、堀越公方との交流があったことも定かではないことを考えるならば、政治は成治の実子とみて良いと思われる。

（10）「真壁文書」小田政治書状（『真壁Ⅰ』第四一号）。当該期の真壁氏については、拙稿「十六世紀前半の常陸真壁氏」（本書第三部第三章）を参照。

（11）「当家大系図」によれば、久幹は永正四年（一五〇七）の没とされる（『真壁Ⅳ』一二一頁）。この点、宇都宮成綱が「道瑚遠行」への弔意を表した書状を出している（「真壁文書」宇都宮成綱書状『真壁Ⅰ』第五九号）が、この書状は古河公方家の政氏と高基の対立が一旦和睦した後のものと考えられ、永正四年のものと想定でき、同時に久幹がそれまでに没していたと考えられる。

（12）「真壁文書」足利政氏書状（『真壁Ⅰ』第四二号）。

（13）佐藤博信「東国における永正期の内乱について―特に古河公方家（政氏と高基）の抗争をめぐって―」（同『続中世東国の支配構造』第一部第四章、思文閣出版、一九九六、初出は『歴史評論』五二〇、一九九三）、鴨志田智啓「足利高

基・政氏抗争の再検討」（『戦国史研究』五二、二〇〇六）。

(14) なお、この時点で顕家の名はみえない。政氏が小田政治にも後詰を求めていることを考えるならば、顕家の滅亡は広く考えて永正元年（一五〇四）十月から同三年五月の間と考えられ、政治は後顧の憂いなく小山の後詰に向かうことができる環境にあったと考えられる。

(15) 註(13)佐藤論文を参照。

(16) 「秋田藩家蔵文書 十」佐竹義舜書状写（『牛久Ⅰ』第三章第七〇号）。

(17) 「真壁文書」足利高基書状（『真壁Ⅰ』第四三号）。

(18) 「須田隆允氏所蔵文書」足利高基書状（『戦古』第五二二号）。

(19) 「古文書 五」足利高基感状写（『戦古』第五三一号）。

(20) 「秋田藩家蔵文書 十四」岩城由隆書状写（『牛久Ⅰ』第三章第七五号）。

(21) 市村高男「戦国期における東国領主の結合形態」（同『戦国期東国の都市と権力』第一編第二章、思文閣出版、一九九四、初出は『歴史学研究』四九九、一九八一）。

(22) 拙稿「戦国期常陸大掾氏の位置づけ」（本書第二部第二章、初出は『日本歴史』七七九、二〇一三）。

(23) 「古文書 五」足利高基感状写（『戦古』第五三〇号）。

(24) 「真壁文書」足利基頼書状（『真壁Ⅰ』第六六号）。

(25) 註(4)拙稿を参照。

(26) 「臼田文書」足利高基書状（『牛久Ⅰ』第三章第八五号）。

(27) 『鹿島治乱記』（『群書類従 第二十一輯』四九～五三頁）、「鹿島当禰宜系図」（『群系七』一八七～一九一頁）。

(28) 既に永正十四年(一五一七)六月、政治は「東条庄地頭方鍛冶大工職」を九郎兵衛なる人物に与えており(「岡澤九郎兵衛家文書」小田政治判物写『牛久Ⅰ』第三章第七四号)、この頃には東条庄の周辺地域まで進出していたものとみられる。

(29) 「真壁文書」足利基頼書状(『真壁Ⅰ』第六三号)。

(30) 市村高男「中世龍ヶ崎の地形と歴史」(『龍ヶ崎市史別編Ⅱ 龍ヶ崎の中世城郭跡』第一章、一九八七)。

(31) 「東京大学史料編纂所所蔵幸田成友氏旧蔵文書」足利高基書状(『戦古』第五四三号)。

(32) 「真壁文書」大掾忠幹起請文(『真壁Ⅰ』第六七号)。

(33) 「真壁文書」大掾忠幹書状(『真壁Ⅰ』第六八号)。

(34) 拙稿「大掾忠幹に関する一考察」(本書補論二)。

(35) 「異本塔寺長帳」享禄四年条(『会津坂下町史Ⅲ』五六〇頁上段)。

(36) 「文禄慶長御書案」足利道哲書状写(『戦古』第一三七五号)。

(37) 「水戸諸寺過去帳抄」十二日条(東京大学史料編纂所所蔵謄写本)。該当部分は「薬王院過去帳」に拠る。

(38) この点、年未詳ながら小田政治が小弓公方家の重臣逸見祥仙に対して出した書状が注目される。政治の祥仙宛書状は二通残っているが(「国立国会図書館所蔵逸見文書」小田政治書状写『牛久Ⅰ』第三章第八八、八九号)、それぞれ花押形が異なり、その年次は離れたものとみられる。逸見祥仙が天文七年(一五三八)十月の国府台合戦で戦死することを考えるならば、政治の改判の下限はそれ以前と考えられよう。逸見文書については、滝川恒昭「小弓公方家臣・上総逸見氏について―国立国会図書館所蔵「逸見文書」の紹介―」(『中世房総』六、一九九二)を参照。

(39) 「文禄慶長御書案」足利晴氏書状写(『戦古』第六四四号)。

(40)「今宮祭祀録」享禄四年条(『高根沢町史 史料編Ⅰ』六一六頁)。
(41)「義篤家譜」(原武男校訂『佐竹家譜 上巻』東洋書院、一九八九、一五二頁下段)、「東州雑記」(『喜連川町史 史料編二』二七九頁下段)。この妹は、義昭を生んだ直後に二十四歳で病死し、道号を心伝、法名を妙安といったとされ、逆算すると妹の誕生は永正五年(一五〇八)となる。
(42)「義昭家譜」(『佐竹家譜 上巻』一六二頁上段)。
(43)「秋田藩家蔵文書 十」小田政治書状写(『牛久Ⅰ』第三章第九八号)。写ではあるが、本文書の花押形は改判前のものとみられる。
(44)荒川善夫「興綱の時代―重臣芳賀氏との抗争―」(同『戦国期北関東の地域権力』第一部第一章、岩田書院、一九九七、初出は『季刊中世の東国』一二、一九八七)。
(45)荒川善夫「俊綱(尚綱)の時代―地域権力への道と挫折―」(註(44)荒川著書第一部第二章、初出は『日本歴史』四五〇、一九八五)。
(46)「東京大学白川文書」小山高朝書状(『牛久Ⅰ』第三章第九三号)、「早稲田大学図書館所蔵白川文書」小山高朝書状(同第九四号)、「今宮祭祀録」享禄四年条(『高根沢町史 史料編Ⅰ』六一八頁)。
(47)「日輪寺文書」小田政治判物写(『牛久Ⅰ』第三章第一〇七号)は、「中郡庄之勧進之事」について記されたものであり、小田氏が中郡庄まで勢力を伸ばしていたことがわかる。
(48)「国立国会図書館所蔵逸見文書」小田政治書状写(註(38)の第八八号)、「日輪寺文書」小田政治判物写(註(47)に同じ)。
(49)「西蓮寺仁王門修理墨書銘」(『牛久Ⅰ』第三章第九六号)。本史料については、『重要文化財西蓮寺仁王門修理工事報告

書』(重要文化財西蓮寺仁王門修理委員会、一九五九)を参照。

(50)「烟田旧記」(『安得虎子』二〇二頁下段〜二〇三頁上段)。

(51)『園部状』(『続群書類従　第二十一輯下』一八七〜一九〇頁)。本書についての専論としては、梶原正昭「二つの合戦状―『長倉状』と『園部状』をめぐって―」(同『室町・戦国軍記の展望』和泉書院、一九九九)がある。

(52)平田満男「戦国期の玉造地方」(『玉造町史』第三章、一九八〇)。

(53)「大場家文書」大場大和等連署状(『茨県Ⅱ』水府志料所収文書第一九二号)は、文禄元年(一五九二)三月に大場氏等が、「老父在世之比」の合戦について、恐らく彼らの父親などから聞いたことを記したものと考えられる。本文中「天文五年丙申」とあるため、天文五年(一五三六)の合戦とする考え方もできるが、文中に登場する小田氏治の生年や大掾氏との関係から、実際には天文十五年頃の合戦と考えられる。「天文五年」の記述は、干支も誤っていないことから、本書を作成する前の聞き取り段階で誤りがあった可能性が考えられる。

(54)「鳥名木文書」足利晴氏書状(『戦古』第七六四号)は、晴氏の花押形から天文十四年(一五四五)以降のものと考えられるが、晴氏は鳥名木入道に対し、「然者郡中各二取合一候故、乱入以外之内被二聞召及一候」と述べており、この頃の行方郡で戦乱が起こっていたことは間違いない。

また、小田氏の勢力が行方郡にそれなりの影響力を持っていたことは、前述の行方西蓮寺仁王門の修理に小田氏が関わったこと(註(49)を参照)や、当該期の行方郡内諸氏の中に、山田治広(「矢田部家譜」山田治広書状写『牛久Ⅰ』第四章第六号)や下河辺治親(「水府志料附録　廿五」国立国会図書館所蔵)のように、小田政治の「治」の字を受けた可能性のある人物が一定数確認できることからも間違いないと思われる。なお、鹿島城の鹿島治時についても、元服時期等を考えるならば、小田政治の「治」の字を受けた可能性が想定できる。

(55)「歴代古案 二」北条氏康書状写(『牛久Ⅰ』第三章第九九号)。
(56)当該期の情勢については、黒田基樹『関東戦国史 北条VS上杉55年戦争の真実』(角川ソフィア文庫、二〇一七、初刊は洋泉社、二〇一一)を参照。
(57)「真壁文書」足利晴氏書状(『真壁Ⅰ』第七一号)。
(58)註(55)に同じ。
(59)「東京大学白川文書」大山義在書状(『牛久Ⅰ』第三章第一〇一号)。
(60)註(50)に同じ。
(61)安達和人「「二月十日付大山義在書状」と天文期東国の政治情勢」(『戦国史研究』六九、二〇一五)。
(62)荒川善夫「那須氏と那須衆」(同『戦国期東国の権力構造』第一編第二章、岩田書院、二〇〇二、初出は『那須文化研究』四、二〇〇〇)。
(63)「小田一流系譜 上 小田系図」(註(9)に同じ)。
(64)黒田基樹「常陸小田氏治の基礎的研究―発給文書の検討を中心として―」(『国史学』一六六、一九九八)。
(65)「鹿島神宮文書」真壁道俊書状(『鹿島Ⅰ』第五五号)。
(66)本文書については、註(10)拙稿を参照。
(67)その後、道俊は沙弥道与を称している(「鹿島神宮文書」真壁道与書状『鹿島Ⅰ』第二六号)。これは書状の封紙に「樗蒲軒沙弥道与」とある点から間違いなく、ある時期に道俊を道与と改めたと考えられる。
(68)「東京大学白川文書」佐久山資信書状(『牛久Ⅰ』第四章第一五号)、「集古文書」北条氏康感状写(『牛久Ⅰ』第四章第一三号)、「大藤文書」結城政勝書状(『牛久Ⅰ』第四章第一六号)など。

（69）「東京大学白川文書」大掾慶幹書状（『白河』第八三六号）。

（70）「常陸国市川家文書」大掾慶幹感状写（個人蔵）。

（71）「佐竹文書」北条氏康書状（『牛久Ⅰ』第四章第四一号）。ただし、大掾氏とは早くも翌年の春までに和睦が破れ、氏治は三村（現石岡市三村）に侵攻し、大掾貞国（慶幹の子）を破った（「百家系図　五三」小田氏治感状写『牛久Ⅰ』第四章第五九号、「古文書　五」小田氏治感状写『牛久Ⅰ』第四章第六〇号、「秋田藩家蔵文書　四八」小田氏治感状写『牛久Ⅰ』第四章第六二号など）。

（72）佐々木倫朗「謙信の南征、小田原北条氏との抗争」（高橋修編『佐竹一族の中世』高志書院、二〇一七）。

〔付記〕本稿は、「洞」研究会第二回例会（平成二十九年一月二十八日、於茨城県総合福祉会館）における報告の一部を成稿したものである。

補論二　戦国初期の大掾氏

―大掾忠幹の発給文書から―

はじめに、今回検討する史料を掲げる。

〔史料1〕（真壁文書）

就二塩味之儀一［　　　　］令二御意見一候、以二慮外之義一不レ令二同心一候処、至レ于レ時落着本意至極候、然者、江戸但馬守如二以前一当方へ申寄候共、於二政治御懇切之上一、不レ可レ准二彼覚悟一候、若此段令二違却一者、八幡大菩薩、鹿嶋百余所大明神、筑波三所之権現、惣而日本国中大小神祇可レ蒙二御罰一物也、恐々謹言、

十一月十三日　　忠幹（花押）

真壁右衛門佐殿(1)

〔史料2〕（真壁文書）

就二小田当方一和一、先度以レ使条々承候、雖二不レ始事候一、難二申尽一候、仍彼一書事、越不レ進候共不レ可レ有二別条一候、雖レ然令二遅々一候時者、可レ有二御疑心一候間、速進候、然者先日申届候子細、中書有二御談合一小田へ被二仰越一、於二其上一爰元落着可レ然候、御懇ニ候間者、何事も不レ可レ有二其曲一候、恐々謹言、

十一月十六日　　忠幹（花押）

真壁金吾(2)

史料1・2は、常陸府中城(現石岡市)の大掾忠幹が、[3] 真壁城(現桜川市真壁町古城)の真壁家幹に宛てた起請文と書状で、大掾・小田氏間の和睦と大掾・江戸氏間の手切れに関するものである。この年未詳の二通について、寺﨑理香氏は、江戸氏と大掾氏の対立と関連して永正十四年(一五一七)頃と比定し、[4] また安達和人氏は小川城(現小美玉市小川)の園部氏の去就をめぐる大掾・小田氏の対立と関連して、天文十六年(一五四七)頃のものとみて論を組み立てている。[5] しかし、これらの考えは、何れも周囲の動向に当て嵌める形での年次比定といえ、文書の中身に焦点を当てた比定はなされていない。本論ではこの二通の年次を、内容の側から改めて検討しつつ、不明な点の多い当該期常陸南部の動静をみていきたい。

はじめに、受給者である真壁家幹の名乗りに着目する。[6]「真壁文書」に残る古河公方足利晴氏の書状の宛所をみると、初期の書状では「右衛門佐」宛、[7] 天文一桁代の改判後は「安芸守」宛となっている。[8] 即ち家幹は、天文年間の初めまでに「右衛門佐」から「安芸守」へ名乗りを改めたと考えられる。[9] この点、史料1・2の名乗りは、「右衛門佐」或いはその唐名「金吾」であり、家幹がそのように名乗っていた天文初期以前のものと考えられ、右衛門佐を「宗幹」(＝家幹)とみる安達氏の年次比定は成立しない。

続いて中身を検討する。鍵となるのは史料1の「江戸但馬守如二以前一当方へ申寄候共、於二政治御懇切之上一、不レ可レ准二彼覚悟一候」という記述である。大掾氏と小田氏の和睦に当たり、大掾忠幹は江戸通泰がこれまでのように当方に音信を通じてきても、小田政治と和睦を結ぶ以上はこれに与しないことを述べており、和睦以前の状況として、大掾氏と江戸氏が友好的な関係にあったことがわかる。これについて、永正〜天文年間頃の大掾・江戸・小田氏の関係を見直していくこととする。

大掾忠幹と小田政治は、古河公方家における「永正の乱」に際し、高基方と政氏方に分かれ対立するが、政治が真壁治幹（家幹の父）の仲介で高基方に転じたことで一時停戦に至った(10)。しかし乱以前から続く両者の対立関係は、南奥の岩城氏が同盟を結ぶ佐竹氏の「洞」への影響を危惧する程に根深いものであった(11)。そして永正末年、小田氏が高基方から小弓公方義明方に転じたことで対立が再燃。大掾氏は真壁氏や江戸氏・宍戸氏、そして高基の弟でこの時期常陸府中周辺に在った足利基頼らと連携し、小田氏を始めとする小弓方と争いを展開することとなる(12)。

さて、吉田薬王院文書に残る「薬王院御堂御柱立吉日覚写(13)」には、大永～享禄頃の大掾氏と江戸氏の関係を確認できる記述がある。

〔史料3〕（吉田薬王院文書）

御堂御柱立吉日之事
十月八日　日よう　しつしゆく
太永八年戊子九月吉日
大永七年丁亥年六月十一日夜焼亡云
同年ノ七月一日水曜十八日癸巳○材木取始巧匠木道召置
同年十二月十二日乙卯日釿のてうな始
大永八年戊子年小屋《木屋》入同年十月八日
丙子柱立、是マテ符中○前嶋豊後守○大工
符中与○江戸依御不和大《ダイハ》輪計り○上ヨリ
野口治部少輔大工ニテ
享禄二年己丑年八月九日壬申棟上

享禄三年庚刁年十月八日丁丑刁時入仏

本史料は、大永七年（一五二七）六月に吉田薬王院が焼亡したことに伴う御堂造営の記録である。寺崎氏は八行目の「丙子柱立」の「丙子」を永正十三年の干支とした上で先述の指摘をしているが[14]、これは前行の「同年十月八日」にかかると考えられ、その日に柱立が行われたと考えられることから、寺崎氏の見解には従えない。そもそも、御堂造営自体が大永七年六月の焼亡をきっかけとし、翌七月から作業が始まったことを考えても、造営の記録の途中に突然永正年間に柱立があったという話が入るとは考えがたい[15]。すなわち、大永八年（享禄元年〔一五二八〕）十月八日の柱立までは、大掾氏と江戸氏が共同で造営に携わり、大掾氏から派遣された大工の前嶋豊後守が中心となって行っていたが[16]、柱立以後に大掾・江戸氏の関係が不和となり、その結果大掾氏は造営から手を引き、前嶋氏もこれに従って撤退したとみられる。この状況に対し江戸通泰は、自らの手元に居た野口治部少輔を新たに造営の中心に据え、それ以後の作業を単独で行い、建物を完成させたと考えられる。

この時の大掾・江戸氏の対立の背景は不明といわざるを得ないが、何れにせよ大掾忠幹は享禄元年十月以降、友好関係にあった江戸通泰と対立することとなり、逆にそれまで対立してきた小田政治と和睦を結ぶこととなった。そして、その和睦が真壁家幹を介して史料1・2によってまとまったと考えられ、二通の年次は享禄元年と比定できよう。

なお、寺崎氏が着目された、史料2の後半部に現れる「中書」なる人物について、寺崎氏は簗田高助とする。筆者も同意見であるが、この和睦と関連する事項について、古河方の簗田高助が、小弓方の小田政治と交渉していた事実は、当該期の古河・小弓の関係や、公方家の内紛の常陸国内への影響を考える上で重要な点であろう[17]。

和睦後の享禄四年二月には、府中近郊の鹿子原（現石岡市鹿の子）において、江戸通泰と小田政治が合戦を繰り広げたといわれるが、(18) 鹿子原が府中城の近地であることを考えると、大掾氏も小田氏と結んで江戸氏と戦っていた可能性が高いと思われる。その後、遅くとも天文三年までに小田氏と江戸氏は和睦を結んでいるが、大掾氏と江戸氏もこの時に和睦を結んだ可能性が考えられる。この頃の江戸氏は、佐竹氏の内紛である部垂の乱に際し、佐竹義元や高久義貞、南奥の岩城氏と結び佐竹宗家と対峙する姿勢をみせており、(19) 小田氏や大掾氏との対立の継続は望まない状況にあったことが、和睦成立の一因と思われる。

史料1・2によって結ばれた大掾・小田の友好関係は、その後も継続し、少なくとも天文十二年頃まで続いたとみられる。(20) しかし、小川城の園部氏の去就を巡り、(21) また行方郡における主導権争いから、(22) 天文十五年までに両者は手切れをして再び対立することとなり、激しい合戦を繰り広げていくこととなるのである。

以上、真壁文書に残る大掾忠幹の発給文書の年次比定から、当該期の大掾・小田・江戸氏の関係をみてきた。大永後半から享禄・天文期の常陸では、古河公方家の対立から離れ、それまで包摂されてきた近隣諸氏間の対立が表面化するようになっていった。これは常陸国が公方家の対立において後背の地であったことで、諸氏がそれぞれ独自に行動をしていたことが要因と思われる。(23) そして大掾・小田・江戸氏は対立と融和を繰り返しながら、自らの勢力の拡大を図り、周囲の勢力は彼らと時に結び、時に対立しながら所領の確保を図っていくこととなるのである。

本論では、年未詳の文書の比定により、戦国初期の常陸の動静について検討した。戦国期の常陸地域に関する実態解明はいまだ途上であるが、更なる研究の進展を期待し、また多くのご意見を頂きたく思う。

註

（1）「真壁文書」大掾忠幹起請文（『真壁Ⅰ』第六七号）。
（2）「真壁文書」大掾忠幹書状（『真壁Ⅰ』第六八号）。
（3）大掾忠幹は、清幹の子とされ、現存する系図では「高幹」とみえるが、史料上でその名は確認できない。筆者は、史料1・2の存在や、『鹿島治乱記』（『群書類従　第二十一輯下』四九〜五三頁）に「府中忠幹公」（五一頁下段）とみえる点から、系図上の「高幹」＝「忠幹」と考えている。
（4）寺﨑理香「関東足利氏発給文書にみる戦国期常陸の動向―基頼・晴氏文書を中心に―」（『茨城県立歴史館報』四一、二〇一四）。
（5）安達和人「「二月十日付大山義在書状」と天文期東国の政治情勢」（『戦国史研究』六九、二〇一五）。
（6）真壁家幹の実名については、拙稿「古河公方御連枝足利基頼の動向」（本書第三部第二章、初出は佐藤博信編『中世東国の政治と経済』岩田書院、二〇一六）の註（33）を参照。
（7）「真壁文書」足利晴氏書状断簡（『真壁Ⅰ』第八〇号）。
（8）「真壁文書」足利晴氏書状（『真壁Ⅰ』第七五号）。
（9）拙稿「十六世紀前半の常陸真壁氏」（本書第三部第三章）を参照。
（10）「真壁文書」足利高基書状（『真壁Ⅰ』第四三号）。
（11）「秋田藩家蔵文書　七」岩城由隆書状写（『茨県Ⅳ』第一二号）。
（12）「真壁文書」足利基頼書状（『真壁Ⅰ』第六六号）。足利基頼については、註（6）拙稿を参照。
（13）「彰考館所蔵吉田薬王院文書」薬王院御堂御柱立吉日覚写（『茨県Ⅱ』第一二一号）。

(14) 註(4)に同じ。「丙子」の解釈については、『石岡市史 下巻』第Ⅲ編第三章(池田公一執筆、一九八五)も同様の見方をしている。

(15) また、江戸通泰が但馬守を称するのは、大永三年(一五二三)から同七年六月の間とみられ、それ以前は彦五郎を称していた(「臼田文書」足利高基書状『茨県Ⅰ』第四四号、「彰考館所蔵吉田薬王院文書」江戸通泰書状写『茨県Ⅱ』第五一号)。この点、史料1では「江戸但馬守」としており、ここから考えても寺﨑氏の説は成立しない。

(16) 市村高男氏は、薬王院造営における大掾・江戸氏の活動について、大掾・江戸氏の友好関係と、水戸・府中の古くからの関係に基づく慣行によるものではないかと述べている。市村高男「戦国期番匠についての考察」(永原慶二編『大名領国を歩く』吉川弘文館、一九九三)を参照。

(17) この頃の関東情勢については、黒田基樹「関東享禄の内乱」(同『戦国期山内上杉氏の研究』第四章、岩田書院、二〇一三、初出は佐藤博信編『関東足利氏と東国社会』岩田書院、二〇一二)を参照。

(18) 「異本塔寺長帳」享禄三年条(『会津坂下町史Ⅲ』五六〇頁上段)。

(19) 「秋田藩家蔵文書 十」伊達稙宗書状写(『茨県Ⅳ』第一四一号)。部垂の乱については、山縣創明「部垂の乱と佐竹氏の自立」(高橋修編『佐竹一族の中世』高志書院、二〇一七)を参照。なお、この稙宗書状の年次について、寺﨑氏・山縣氏は部垂の乱の時期のものとしている。筆者も概ね同意見であり、加えて、「江戸彦五郎」の名がみえ、江戸氏において、但馬守を名乗っていた通泰から子の忠通への代替わりが行われていたと考えられることから、通泰の没した天文四年以降、同八年の間の文書とみられる。

(20) 「西蓮寺仁王門修理墨書銘」(『牛久Ⅰ』第三章第九六号)から、行方郡の西蓮寺(現行方市西蓮寺)の仁王門の修理が天文十二年(一五四三)に行われ、府中と小田の大工が共に修理に関わったことが確認できる。先に見た吉田薬王院御堂の造営の事例を考えるならば、この時期まで大掾氏と小田氏の関係は良好であったと思われる。

(21)『園部状』(『続群書類従　第二十一輯下』一八七〜一九一頁)。

(22)「大場家文書」大場大和等連署状(『茨県Ⅱ』水府志料所収文書第一九二号)、「鳥名木文書」足利晴氏書状(『茨県Ⅰ』第三五号)。

(23)註(6)拙稿を参照。

第二章　戦国期常陸大掾氏の位置づけ

はじめに

戦国期の北関東地方の研究は、近年着実に論考を増やしつつある。しかし、史料的制約もあり、その研究蓄積には著しい偏りも生じている。特に当該期の常陸国に関する研究は、「秋田藩家蔵文書」などの史料を豊富に残す佐竹氏に関する論考が数を増やしているといえる一方で[1]、それ以外の諸氏に関する研究は全体として低調な状況にある。今回検討する常陸大掾氏（以下、大掾氏）についても、室町中期までの検討は進んでいるが[2]、そこから戦国期にかけての検討は一九八五年の『石岡市史』刊行以降、ほとんどなされていない現状にある[3]。

本章では、特に佐竹氏との関係を再検討することによって、従来佐竹氏に従属していたとされる戦国期大掾氏の立場を見直すとともに、当該期の常陸、関東情勢をあらためて確認していくことにしたい。

一　先行研究と史料の検討

戦国期の大掾氏については、主に佐竹氏に関する研究の中で述べられてきた。『茨城県史　中世編』において佐々木銀弥氏は、「佐竹氏、大掾氏間の関係は一般的な主従性的関係とは異なって、佐竹氏中心の領主連合、いわゆる「佐竹洞中」への一応の参加と言った緩い関係に止まり、佐竹氏と必ずしも行動を共にするとは限らなかった」[4]と、大掾氏が一応ではあるが「佐竹洞中」へ参加していたとする。

市村高男氏は「洞」が佐竹氏の勢力の在り方に対応して変化するものとした上で、遠藤文書の伊達政宗による記述から、「佐竹氏が奥七郡を越えて勢力を拡大した段階には、常陸府中の大掾氏もその「洞」の一員と認識されるようになっていたのであった」[5]と述べている。また、他の論考においても「永禄七年には小田氏との戦勝の余勢をかって、弟昌幹を大掾慶幹の養子として送り込み、大掾氏を傘下におさめようとしたのであった。もとよりこの試みは、大掾氏一族・家臣の反発によって失敗し、二年後には慶幹の弟貞国の嗣立をみるが、これ以降、大掾氏に対する佐竹氏の影響力強化の趨勢は否定し得ない事実となった」[6]、「すでに清幹は、佐竹氏の軍事指揮に属する存在となりながら、書札礼においては依然として対等の立場をとりつづけていた」[7]と、大掾氏の従属化の転機を永禄年間とし、清幹期には佐竹「洞」に属していたとしている。

今泉徹氏も市村氏と同様に、遠藤文書の記述から天正年間（一五七三〜九二）の大掾氏が「佐竹洞中」に属しているとし、同輩書の書札礼については実態と書札礼の扱いがかけ離れているとする。今泉氏はそこから、「佐竹洞中」に属する館・国人クラスの領主は、所領宛行や軍勢催促・成敗を受ける存在である一方、鎌倉府体制以来の家格制が適用されるものであると述べ、その上で、分国レベルの「洞中」とはすなわち「国家」であり、その中には直接の支配がなされる「家中」と「非家中」の者があり、「非家中」に対しては家格による待遇を与えることで分国として支配したと述べている[8]。また、佐竹氏の婚姻政策を検討する中でも、「館の家格を持つ配下の有力国衆」と大掾氏が佐竹氏の配下にあったとしている[9]。

ここまでの三者は共通して、戦国期の大掾氏が佐竹氏に従属する立場（佐竹「洞」中）にあったと述べている。しかし、これは佐竹氏に視点を置いて検討した結果であり、大掾氏側からの検討というのはこれまでなされていない。[10]よって本章では、大掾氏に視点を移して検討することによって、あらためて両者の関係を考えていく。

最初に、先行研究において大掾氏を佐竹「洞」中であるとする根拠となった史料をみていく。

〔史料1〕（山﨑輝子氏所蔵赤松文書・抜粋）

佐竹義重、上山川迄打着、常州一国之諸士馳集、[11]

史料1は、天正六年の小川岱合戦に際し、北条氏照が古河公方足利義氏の重臣簗田持助に宛てた史料の中の一文である。先行研究はここから、「佐竹氏が常陸の諸家を統率している」と後北条氏側が認識していたとした。確かにこの合戦には、大掾氏も幼主清幹の代理として家臣を参陣させたことが「小川岱状」[12]から確認できる。

市村氏は「実際に佐竹氏が常陸一国の領主層を軍事指揮下に置くようになっていたことを、実態に即して伝えたものであったといってよい」[13]とし、佐竹氏の勢力が常陸一国に及んでいたとしている。しかしこれは、佐竹氏を中心とする反後北条氏を目的とした軍事同盟である「東方之衆」の参陣を示しており、常陸一国を指揮下においたとはいえない。常陸国内の小田氏や岡見氏・土岐氏・菅谷氏といった反佐竹氏・親後北条氏の勢力は参陣しておらず、[14]「常州一国諸氏馳集」という状況にはほど遠い。むしろ本史料には、後北条氏が佐竹氏を過大評価している面があるといえよう。

〔史料2〕（遠藤文書・抜粋）

佐竹ニ而者、府中（大掾清幹）と江戸殿（重通）間ニ干戈出来、義重自身有二出張一、一和之雖二御意見候一、江戸殿悉手詰故、時宜相切、府中へ義重打向被レ及二弓矢立一候由ニ候、佐竹洞中悉取乱候、然間仙道口無二意義一候、[15]

史料2は、天正十六年三月に伊達政宗が家臣の遠藤信康に出した書状の中で、この時期の常陸国内における江戸重通と大掾清幹の第二次府中合戦に関する記事である。この合戦には、後述するように佐竹氏が江戸氏方として参陣している。(16)

今泉氏は、伊達氏側の認識が「江戸、大掾氏が佐竹「洞中」の一員」であるとした上で、当時の大掾氏が「佐竹洞中」に属していたと述べているが(17)、遠方の伊達氏の認識が即座に当時の佐竹氏と大掾氏の関係とイコールであるとは考えがたい。また、「洞中悉取乱」という状況は、洞中同士の争いによるものとは限らず、洞内外の争いによっても起こる可能性があると思われる。

〔史料3〕(「秋田藩家蔵文書 七」・抜粋)

雖レ然、符中(大掾忠幹)・小田(政治)被二取合一候故、御洞之人事も不二相調一候哉(18)、

史料1・2から時代はさかのぼるが、永正十四年(一五一七)頃と比定できる書状で、陸奥の岩城由隆が佐竹氏重臣の大山氏に対し、当時の常陸情勢を尋ねているものである。

当時の佐竹氏は幼主義篤が家督を継いだ直後(19)の不安定な情勢下にあった。またこの時期の佐竹氏と大掾氏・小田氏との関係を見出せる史料は確認できない。本文書は、佐竹「洞」中の勢力が常陸国内の問題(大掾忠幹と小田政治の対立)によって何かしらの影響を受けているかを、隣国の岩城氏が大山氏に聞いていると考えるのが妥当であろう。

これら三通の史料について検討を加えたが、いずれも共通して佐竹氏や常陸国から離れた立場の人物の文書であり、彼らの認識が佐竹氏と大掾氏の関係を直接示すことにはならないと考える。

二　史料からみた大掾氏の立ち位置

大掾氏の位置づけを考えるにあたり、まずは書札礼上の大掾氏の位置づけを確認する。

書札礼上の大掾氏の立ち位置については、すでに市村氏・今泉氏により、永正期（一五〇四～一一）里見氏や天文～永禄期（一五三二～七〇）佐竹氏の書札礼集をもとに検討がなされており、大掾氏の書札礼は佐竹氏や結城氏・千葉氏などの「屋形」クラスと同格であったことが指摘されている[20]。この指摘は大掾氏関連の文書からも裏付けられ、妥当と考えられる。

しかし、市村・今泉両氏とも、戦国期大掾氏に対する書札礼は、実態とかけ離れたものであると述べている。これについては、大掾氏と佐竹氏に関する史料から両者の従属関係がみえるかどうかを検討する必要がある。よって、当時の状況を検討することで両者の関係と大掾氏の位置づけを考えていく。

1　永禄期の佐竹氏による大掾氏への介入

天文期の後半から永禄期の前半にかけて、大掾慶幹は小田城の小田氏治との対立から、北条氏康や結城政勝、白河結城晴綱などとの関係を構築していった[21]。このことは、後北条氏の一門である北条綱成が白河結城晴綱に送った書状の中に「結城政勝・大掾方依二弓矢之手成一、人数可レ被二指越一存分ニ候[22]」と、結城氏と並んでその名がみえることからも明らかであり、後北条氏にとって大掾氏は、結城氏とともに当時の北関東における貴重な同盟者であった。

その方針が大きく転換するのは、永禄五年（一五六二）八月の後北条氏と小田氏間の和睦であった[23]。この時、結城氏などとともに大掾慶幹もまた小田氏治と和睦を結んだが、これ以後、慶幹の跡を継いだ大掾貞国は、佐竹氏をはじめとする北関東諸家と関係を結んでいくこととなる[24]。そしてこの時期、佐竹義昭（当時は源真と号しているが、義昭で統一）が主導し、大掾氏に対して圧力をかけていく姿勢を史料から確認できるのである。

永禄六年二月、前年に結んだ大掾氏との和睦を破棄した小田氏治は大掾氏領へ侵攻し、府中南部の三村（現石岡市三村）で合戦を繰り広げた。この合戦は大掾方の敗北に終わったが[25]、これによる小田氏の伸張を重くみた佐竹義昭は永禄六年十二月に大掾慶幹の女（貞国の姉妹）を後妻として娶り、翌年六月には貞国の後見として府中城へ入城する[26]。さらに義昭は弟三郎を貞国の養子とし、貞国を隠居させて強引に家督を継がせ昌幹と名乗らせることで、大掾氏を佐竹氏の支配下に収めようとした[27]。そのもくろみは一時的には成功し、永禄八〜九年にかけて昌幹が大掾氏当主として活動していることが確認できる。しかし、結果として永禄九年六月、昌幹は府中を追い出され、貞国が家督に復帰することとなった[28]。

昌幹が追放され、佐竹義昭の計略が失敗した理由としては、当の義昭本人が永禄八年十一月に死去したことで[29]、昌幹が後ろ楯を失ったことが一つに挙げられよう。ところで、昌幹の支配を示す史料として次のものがある。

〔史料4〕（秋田藩家蔵文書　四八）

青田之内青柳・加生野・ほそや預ニ中付候者也、

永禄九年丙寅

弐月十日　　昌幹（花押影）

福地彦太郎との（貞久）[30]

文中にみえる青田（現石岡市青田）はもともと小田氏領であった。永禄九年正月、上杉輝虎が佐竹氏などとともに小田氏を攻めた際[31]、大掾氏が小田氏から獲得した所領と思われる。昌幹がこの地に佐竹氏から連れてきた家臣である福地氏を配置しようとしたことは、佐竹氏が昌幹を介して府中周辺に自らの支配を確立するための動きとも考えられ、この動きに対し大掾氏の家臣団は反発を抱いたものと思われる。特にこの時期の佐竹氏は、後北条氏に敗れて流浪していた太田資正、梶原政景父子を片野城（現石岡市片野）へ入城させ[32]、また真壁城の真壁久幹に対し柿岡城（現石岡市柿岡）を進上するなど[33]、大掾氏領近辺への佐竹氏主導による武将の配置を行っていた。このような佐竹氏の動きは、対小田氏の戦略とはいえ、大掾氏が持つ独立性を強く脅かす行動でもあり、大掾氏家臣団の危機感を煽るものだった。そこで彼らは、自分たちの生存と主家の独立を守るために、佐竹氏からの養子昌幹を追放し、佐竹氏による圧力からの脱却を図ったのであろう。

その後、貞国が家督を再相続した後も、大掾氏と佐竹氏が友好的な関係を有していることは、永禄十二年の手這坂合戦に際し、大掾貞国が太田資正や真壁氏幹とともに小田氏攻撃に関わっていることからも明らかであるが[34]、両者はあくまでも共通の敵である小田氏の存在があった上で同盟関係にあったといえよう。

2　天正前期の大掾氏と佐竹氏

天正五年（一五七七）十月、大掾貞国が死去し[35]、家督は当時五歳の息子清幹が相続した。永禄末年からこの時期までの大掾氏の動向は、佐竹氏などとともに後北条氏に対抗するために結ばれた軍事同盟「東方之衆」の一翼を担う存在となったこと以外[36]、史料的制約が大きく不明な点が多い。しかし、家督を継いだ清幹が自立した行動を取るにはほど遠い年齢であったことは間違いなく、貞国没後しばらくは一族や重臣が大掾氏の家政を運営していたとみられる。ここでは「佐竹文書」に収載されている次の書状に注目する。

〔史料5〕（「佐竹文書 一坤」）

其以来者依レ無二題目一不二申通一候、覚外之至候、仍而信長御仕合付而武・上之様子菟角申廻候、勿論之雖二申事候一、御味方中へ能々有二御相談一、此刻一通御調可レ然迄候、聊無二御由断一様義重へ御意見畢竟御前可レ有レ之候、惣別者使以雖二可レ申候一、還而可二御六ケ敷一候間、無二其儀一候、全非二無沙汰一候、御吉事重可二申宣一候間令レ略候、

恐々謹言、

兵庫頭《竹原》

七月二日　　義国（花押影）

「充所裁剪テナシ」(37)

史料5の発給者である「兵庫頭義国」が誰であるかはこれまで言及されていないが、この人物は大掾氏一族であり、清幹の叔父にあたる竹原義国（貞国の弟）と考える(38)。彼は竹原城（現小美玉市竹原）の城主であったとされる人物であるが(39)、幼主清幹に代わり、叔父である彼も大掾氏の家政の運営に関わっていたとみられ、本書状もその過程で佐竹氏との連絡のために送られたものと考えてよかろう。

続いて宛所については、すでに「佐竹文書」収載以前に切断されており不明である。しかし、「聊無二御由断一様義重へ御意見畢竟御前可レ有レ之候」という文言から、その宛所は義重と直に話ができる人物で、佐竹氏においてかなり格の高い者であったと推測できる。

内容を要約すると、織田信長から武蔵・上野についての情報が伝えられたのを受け、「御味方中」と相談の上で後北条氏への備えを整えるべきであるということを、本来ならば義重へ直接伝えるところであるが、今はそれができない（義重がこの時、太田を留守にしていたためであろうか）ので、そちら（宛所の人物）から義重へ伝えるようにと頼んでい

る、ということになる。信長と武田勝頼が争っていた当時、後北条氏が上杉氏内部で起こった「御館の乱」への対応をめぐる武田氏との対立から織田氏と結んだのに対し、(40)「東方之衆」は武田・上杉氏との関係を強めていった。(41)しかし一方で「東方之衆」は織田氏とのパイプも維持しており、天正九年春には織田氏と武田氏の和睦(甲江和与)の仲介を佐竹氏が行っている。(42)この和睦は結果として成立しなかったが、織田氏が「東方之衆」諸氏と連絡を取っていたことは疑いない。(43)また、信長からの情報を受けて出された史料5は天正八〜九年のものと考えられる。

そして本書状から、当時の佐竹氏と大掾氏の関係は密接なものであったと考えられ、佐竹義重への意見を大掾氏一族の竹原義国が佐竹氏家臣を通じて述べるなど、両者は協力して後北条氏の圧力を撥ね退けようとしていたことがうかがえる。書状の文言を使うならば、大掾氏は佐竹氏にとって「東方之衆」という軍事同盟における「味方中」の一人であり、その関係は対等であった。(44)

3　天正十三〜十六年の第一次・第二次府中合戦

成長した清幹は「東方之衆」の一員としての行動をみせており、ともに「東方之衆」に属しながら対立を続けていた下野の宇都宮国綱と那須資晴の和睦を求める書状を国綱に送っていることなどが史料上確認できる。(45)しかし一方で清幹も、やはり「東方之衆」に属する水戸城の江戸重通と激しく争うようになっていく。宇都宮氏と那須氏、大掾氏と江戸氏のように「東方之衆」間の対立が起こった背景には、「東方之衆」があくまで後北条氏に対抗するために成立した軍事同盟であり、近隣諸家間の所領問題などを包摂する形で同盟を結んでいたことがあると考えられる。

さて、大掾氏と江戸氏の合戦は、和睦を挟んで大きく二度に分けられる。

〈第一次府中合戦(天正十三年八月〜同十四年十一月)〉

合戦のきっかけとしては、主に隣接地域間の紛争が挙げられる。両軍は園部川の中～下流域周辺で一年以上にわたり断続的に合戦を繰り広げた。江戸氏には宍戸・行方武田氏などが、大掾氏には芹澤・真壁氏などが味方し、戦いは一進一退の様相を呈した。[46]

この間、佐竹氏は合戦には介入せず、両者の和睦を仲介しようとしていた。[47] しかし、佐竹氏単独での仲介は和睦に結びつかず、最終的には結城氏を交えた共同での仲介により、天正十四年十一月に和睦が成立、両軍が兵を退くことで合戦は終結した。[48]

市川悠人氏は宇都宮氏と那須氏の和睦を佐竹氏と結城氏が仲介した事例から、「東方之衆」は基本的に対等な関係であったと述べている。[49] 大掾氏と江戸氏の和睦に関しても、佐竹氏単独での仲介が失敗し、結城氏を交えての仲介で実現したことを考えるならば、この時期の佐竹氏と大掾氏は「東方之衆」における「味方中」の関係にあり、お互い対等の立場に立っていたといえよう。

〈第二次府中合戦（天正十六年一月頃～五月）〉

一度は和睦が結ばれた大掾氏と江戸氏であったが、[50] 約一年後に和睦は破棄され、両者は再び争うこととなる。この「符中・江戸但馬守再乱」[51] に際しては、これまで直接介入を控え、和睦の仲介に動いていた佐竹氏が江戸氏の要請を受け、江戸氏方に立って大掾氏を攻撃したことが、先の合戦との大きな違いであった。佐竹氏が二月中旬頃まで両者の和睦に奔走していたことは、次の史料から確認できる。

〔史料6〕（真壁文書）

急度申入候、太田へ指越申候者、只今申尾罷帰候、其身申分者、昨日十六、中西迄義宣御出馬候、義重まで来廿日被㆓打出㆒候由申候、爰元為㆓御心得㆒申上候、然者佐又（北義憲）以㆓書札㆒被㆓申宣㆒候条、令㆓進覧㆒候、雖㆘無㆓申迄㆒候㆖、

御懇切之御返答可ㇾ為二御肝要一候、御吉事重々奉ㇾ略候、恐々謹言、

真壁

弐月壱七日　　氏幹（花押）

府中江参人々御中[52]

史料6は、真壁氏幹から大掾清幹に出された書状である。佐又（北義憲）から清幹への書状が真壁氏幹を通じて渡され、氏幹は清幹に「御懇切之御返答」をするよう述べている。真壁氏は佐竹氏の有力な同盟者であった一方、大掾氏の同族（常陸平氏）でもあり、また氏幹自身は清幹の舅にあたるなど、大掾氏との関係も深い人物であった。そして佐竹氏は真壁氏と大掾氏の「縁」を頼り、真壁氏を介して大掾氏と交渉し、江戸氏との和睦実現を図ったのであろう。[53]しかし史料6には、前日の段階ですでに佐竹義宣が中西（那珂西城）まで進軍したことや、義宣の父義重も出陣の用意をしている話もみえる。[54]江戸氏が佐竹氏に支援を求めていたことを考えると、和睦が実現しなければ、佐竹氏はそのまま江戸氏とともに大掾氏を攻撃しようと考えていたとも思われる。そして、結果として和睦は成立せず、佐竹氏は出陣させた軍の矛先を大掾氏に向けるのである。

竹原で合流した佐竹・江戸連合軍は、小川城（現小美玉市小川）を拠点に田余砦（現小美玉市田木谷）に攻めかかり、府中城下にも攻撃を仕掛けた。[55]またこの戦には、鹿島郡の鹿島清秀や烟田通幹なども佐竹方として参陣していたことが確認できる。[56]対する大掾清幹は、それまで「東方之衆」として対立してきた北条氏直に支援を求め、これを受けた氏直の父氏政は、氏直自ら常陸へ出陣する意志がある旨を常陸牛久城の岡見治広に伝えたが、[57]結果として後北条軍は常陸へ出兵しなかった。清幹は真壁氏幹や芹澤国幹などの支援を受けて応戦したものの、数で勝る佐竹・江戸連合軍の前に敗北し、五月に和睦を結んだという。[58]

この合戦の勝敗を決定づけたのが、四月二十五日の田余砦陥落であった[59]。翌二十六日、佐竹義宣は、この時の攻防で戦功を挙げた家臣に対して受領状や官途状を多く発給している[60]。ここから、大掾氏との合戦を佐竹氏が重要視していたこと、この戦いでの勝利が佐竹氏の今後にとって非常に重要であったことがわかり、受領、官途状や感状をまとめて発給したことがその勝利の大きさを物語っていると考えられる。

すなわち、この時期の佐竹氏と大掾氏の関係も、佐竹「洞」中に大掾氏が属するものではなく、これまで同様「東方之衆」の中における「味方中」という対等のものであり、また大掾氏の動向は時に佐竹氏の動向に強い影響を及ぼすものであったといえる。この時期、奥州の伊達政宗が佐竹氏と結ぶ芦名氏などに攻勢を仕掛け、また下野では、後北条氏と結ぶ壬生氏・皆川氏や那須氏と宇都宮氏が激しい合戦を繰り広げるなど、佐竹氏の周囲は激しい混乱の下にあった[61]。その中で佐竹氏が大掾・江戸氏の対立に直接介入したのは、「一家同位」の関係にあり、佐竹「洞」の一翼を担っていた江戸氏を助けるとともに[62]、南下する伊達氏と対峙するにあたり江戸氏と対立する大掾氏を討つことで、常陸南部の安定を図る狙いがあったと考えられる[63]。しかし、佐竹氏が府中城の城下まで攻め込みながら和睦を結んで帰還した背景には、伊達政宗が芦名義広(佐竹義重の次男)を攻撃すべく出陣したことがあった。佐竹義宣は大掾氏と和睦した直後に兵を返し、閏五月には奥羽へ出陣、六月に伊達勢と郡山で合戦を繰り広げている[64]。

第二次府中合戦後もたびたび小競り合いを繰り広げた江戸氏と大掾氏であったが[65]、それとは対照的に、佐竹氏と大掾氏の関係は合戦前と大きく変化することはなく、友好的な関係を維持していた。それは天正十七年十二月、伊達政宗に対抗して南奥に出陣していた佐竹義宣に対し、清幹が在陣慰労の書状を送っていることや[66]、府中合戦で大掾氏に味方した芹澤国幹が佐竹氏に従軍していることからも明らかであろう[67]。

4　天正十八年の小田原合戦における大掾氏の動向

豊臣秀吉による小田原合戦に際しての大掾氏の動向は、秀吉のもとへ参陣しなかった事実を除いて不明な点が多い。近世の地誌や系図などでは、大掾氏は後北条氏方に味方したとされるが、これを示す一次史料は確認できない(68)。

秀吉が小田原への出陣を表明した天正十七年十一月当時、佐竹義宣は前述の通り、伊達政宗との対立から南奥に在陣していた(69)。義宣の太田帰城は翌天正十八年正月下旬、高田専修寺を介して情報を得た宇都宮国綱からの連絡を受け(70)ての行動であり、その後二月中旬～三月頃には太田を発ち、常陸南部や下野の後北条氏方諸城を攻略していくこととなる。

この時、佐竹義宣は大掾清幹にも出陣依頼を出したと思われる。しかし、清幹は出陣せず、四月になって義宣に対し次のような書状を送った。

〔史料7〕（「松蘿随筆　集古一」）

急度令レ啓候、仍京都へ為二御手合一其表御在陣肝要至極候、小田原逐日折角之由、方々同篇候、此辰之関東御動座無レ疑候、累年別而申合筋目与言、身上之儀可レ然様京都へ御詫言任置候、余吉期二後音一、不レ能二細筆一候、恐々謹言、

卯月十玖日　清幹（大掾）（花押影）

佐竹殿（義宣）(71)

史料7は、天正十八年と比定される佐竹義宣宛の清幹書状である。この書状の文面から、大掾清幹は当時の豊臣秀吉の動きをある程度認識し、自らも秀吉方に付く考えを持っていたこと、また「身上之儀可レ然様京都へ御詫言任置

候」とあることから、清幹が秀吉への取りなしを佐竹義宣へ依頼したことがわかる。この動きは清幹が有していた外交権を佐竹義宣に譲渡する行動といえ、大掾氏が佐竹「洞」から外れた存在であるからこその動きであったといえよう[72]。清幹は江戸重通との対立から所領を離れることができなかったために[73]、「東方之衆」の仲間であり、また秀吉と密接に交流していた佐竹氏を頼ったと考えられる[74]。

佐々木銀弥氏は、「名門、旧族系の領主は、小田氏もそうであったように、時代の大勢を見通す慧眼ももたず、積極的に領主連合を結成したり参加することもなく、ついには滅亡せざるをえなくなった点では、前述の小田氏と大掾氏はほぼ軌を一にしていたといえるかもしれない[75]」と述べ、大掾氏の政治理解に疑問を呈しているが、小田原参陣の有無を除けば、大掾清幹はある程度秀吉の動きを把握していたといえる。

しかし、佐竹義宣はこの清幹の依頼を黙殺した。八月一日、義宣は豊臣秀吉より常陸・下野合わせて二一万六七五八貫文の安堵を受けた[76]。これは佐竹氏の所領である常陸北部だけでは到底足りない数字であり、大掾氏や江戸氏、鹿行地方諸氏の所領をも合わせた数値であろう[77]。この安堵によって常陸の一国支配が認められ、秀吉という強大な後ろ楯を得た佐竹義宣は、江戸氏や大掾氏一族の討伐を意識するようになり[78]、その考えが天正十八年末〜十九年初頭にかけての佐竹氏による常陸平定政策につながっていくこととなった。同年十二月、佐竹氏はまず水戸城を攻略し、江戸重通父子を下総結城氏のもとへ逐い、そのまま南下して府中城へ攻め入った。清幹はこれに応戦するも敗れて自害し、ここに大掾氏は滅亡したのである[79]。

おわりに

これまで佐竹氏に従属する立場にあったといわれてきた当該期の大掾氏であるが、実際には佐竹氏と対等の立場で活動しており、その指示に従うような立場ではなかった。また、佐竹氏が大掾氏の上位に立つという認識・行動を示す一次史料は見いだせず、実態と書札礼がかけ離れていたと断定することはできない。

大掾氏が軍事的に佐竹氏に従っているようにみえる背景として、一つには天正期の当主清幹が家督相続当時幼少であり、主体的な行動を取れなかったことが挙げられる。また、天正六年（一五七八）の小川岱合戦以後、「東方之衆」という形の後北条氏に対する軍事同盟において、佐竹氏がその中核として活動していたことも理由の一つであろう。しかし、佐竹「洞」と「東方之衆」がイコールでないことは明らかである。そして、大掾氏は宇都宮氏や結城氏・那須氏などと同様、佐竹「洞」とは一線を画した立場で、「東方之衆」の一員として佐竹氏に協力する形で活動していたのであり、大掾氏は佐竹氏とともに後北条氏と戦う「味方中」の一人であったといえよう(80)。

また、大掾氏が佐竹氏の下につくような理解は、常陸が佐竹氏によって統一されたという認識によって生まれたものであろう。しかしそれは、後北条氏や伊達氏など、佐竹氏と距離を取っていた側の史料や、近世に佐竹氏を主役として作成された二次史料(81)、軍記物などに影響されている部分が大きいように思われる。よって、佐竹氏や「東方之衆」の一次史料を中心に、あらためて佐竹氏の「洞」の範囲やその形態を再検討し、佐竹氏以外の常陸の在地勢力、また「客将」とされる太田資正・梶原政景といった人物の実態を考えていく必要があるが、これらは今後の課題である。

註

（1）戦国期佐竹氏研究については、福島正義氏・藤木久志氏などによって先鞭が付けられて以後、着実に論考が増えている。近年でも、佐々木倫朗氏が『戦国期権力佐竹氏の研究』（思文閣出版、二〇一一）で自らの論考をまとめられたのをはじめ、多くの論考が発表されている。

（2）平安～室町中期までの大掾氏に関する研究内容は多岐にわたっているが、ここでは代表的なものを挙げるにとどめる。網野善彦「南郡惣地頭職の成立と展開」（『網野善彦著作集　第四巻』岩波書店、二〇〇九、初出は『茨城県史研究』一一、一九六八）、石井進『日本の歴史 十二 中世武士団』（小学館、一九七四）、水谷類「鹿島社大使役と常陸大掾氏」（同『中世の神社と祭り』第一章、岩田書院、二〇一〇、初出は『茨城県史研究』四二、一九七九）、糸賀茂男「成立期の常陸平氏」（同『常陸中世武士団の史的考察』第一部第一章、岩田書院、二〇一六、初出は『史学』五〇、一九八〇）、義江彰夫「中世前期の国府―常陸国府を中心に―」（『国立歴史民俗博物館研究報告』八、一九八五）、松本一夫「常陸国における守護及び旧属領主の存在形態」（同『東国守護の歴史的特質』第三部第一章、岩田書院、二〇〇一、初出は『国史学』一四〇、一九九〇）、清水亮「南北朝・室町期の常陸平氏と鎌倉府体制」（高橋修編著『常陸平氏』戎光祥出版、二〇一五、初出は『日本歴史』六三七、二〇〇一）など。

（3）戦国期の大掾氏については、石岡市史編さん委員会編『石岡市史 下巻』第Ⅲ編（志田諄一・池田公一執筆、石岡市、一九八五）の検討にとどまる。糸賀茂男「中世国府の盛衰と大掾氏」（石岡市文化財関係資料編纂会編『常府石岡の歴史―ひたちのみやこ千三百年の物語―』石岡市教育委員会、一九九七）において糸賀氏は、「例えば戦国期といわれる一六世紀の府中・大掾氏についての史料的整備は甚だ未熟である」と、研究の現状を述べている。この現状は現在もほとんど変わっていない。

（4）『茨城県史 中世編』第四章第二節（佐々木銀弥執筆、茨城県、一九八六）。

（5）市村高男「戦国期における東国領主の結合形態」（同『戦国期東国の都市と権力』第一編第二章、思文閣出版、一九九四、初出は『歴史学研究』四九九、一九八一）。

（6）市村高男「戦国期常陸佐竹氏の領域支配とその特質」（註（5）市村著書第一編第三章）。

（7）市村高男「中世領主間の身分と遺構・遺物の格―戦国期の書札礼の世界から見た若干の提言―」（『帝京大学山梨文化財研究所研究報告』八、一九九五）。

（8）今泉徹「戦国大名佐竹氏の家格制」（『国史学』一七七、二〇〇二）。

（9）今泉徹「佐竹氏の常陸統一と北関東諸氏の縁組」（『地方史研究』三三四、二〇〇八）。

（10）先行研究においては、従属という言葉の定義も研究者によってさまざまであるが、ここでは大掾氏が佐竹「洞」に属し、その命令に従う立場にあったのかを考える。

（11）「山﨑輝子氏所蔵赤松文書」北条氏照書状（『戦北三』第一九九四号）。

（12）「小川岱状」（内閣文庫所蔵、『関城』第五章第三節第九七号）。

（13）註（6）市村論文を参照。

（14）『旧記集覧』所収文書」北条氏照書状写（『戦北三』第二〇一一号）。

（15）「遠藤文書」伊達政宗書状（『仙台市史資料編一〇 伊達政宗文書一』第二二三号）。

（16）「佐竹文書」江戸重通書状写（『福島県の古代・中世文書』第三四号）。

（17）註（8）今泉論文を参照。

(18)「秋田藩家蔵文書 七」岩城由隆書状写(『茨県Ⅳ』第一二号)。
(19)「義篤家譜」(原武男校訂『佐竹家譜 上巻』東洋書院、一九八九、一五一頁)。
(20)註(7)市村論文、(8)今泉論文を参照。
(21)「東京大学白川文書」大掾慶幹書状(『白河』第八三六号)。
(22)「東京大学白川文書」北条綱成書状(『戦北二』第五一三号)。
(23)「佐竹文書」北条氏康書状(『千秋佐竹』第三四五号)。
(24)「芹沢文書」大掾貞国書状(『茨県Ⅰ』第二七号)。これに対し小田氏治は後北条氏との関係を強めていく。黒田基樹「常陸小田氏治の基礎的研究—発給文書の検討を中心として—」(『国史学』一六六、一九九八)を参照。
(25)「秋田藩家蔵文書 四八」小田氏治感状写(『茨県Ⅴ』第二七号)、「和光院和漢合運」(『牛久Ⅱ』第一章第六九号)。
(26)「烟田旧記」(『安得虎子』一九六頁下段、一九八頁下段)。
(27)「烟田旧記」(『安得虎子』一九八頁下段)。同書では昌幹の府中入りを「乙丑(永禄八年)十二月十六日」とするが、佐竹義昭は同年十一月三日に没している(後掲註(29)参照)。昌幹が義昭没後に府中に入るとは考えがたく、「烟田旧記」の月日と義昭の府中在城期間から、永禄七年(一五六四)のことと思われる。
(28)「烟田旧記」(『安得虎子』一九八頁下段)。
(29)「義昭家譜」(『佐竹家譜 上巻』一六八頁)。
(30)「秋田藩家蔵文書 四八」大掾昌幹判物写(『茨県Ⅴ』第六〇号)、『八郷町史』第二編第四章(佐々木倫朗執筆、八郷町、二〇〇五)を参考に、一部修正を加えた部分がある。昌幹については、十王町史編纂委員会編『図説十王町史』第三章第三節(佐々木倫朗執筆、十王町、二〇〇四)、笹岡明「戦国期在地領主の伝承と実像—山尾小野崎氏を事例として

―」（吉成英文編『常陸の社会と文化』ぺりかん社、二〇〇七）を参照。
(31)「明光院記」（『牛久Ⅱ』第一章第七一号）。
(32)「烟田旧記」（『安得虎子』一九五頁下段）。
(33)「真壁文書」佐竹義重書状（『真壁Ⅰ』第八二号）。
(34)「烟田旧記」（『安得虎子』一九六頁上段）。
(35)「常陸日月牌過去帳」（高野山清浄心院所蔵、『牛久Ⅱ』第三章第一号、二六五頁）。
(36)註(12)に同じ。「東方之衆」については、荒川善夫『戦国期北関東の地域権力』（岩田書院、一九九七）、同『戦国期東国の権力構造』（岩田書院、二〇〇二）、市川悠人「戦国期領主佐竹氏と「東方之衆」」（『立教史学』二、二〇一〇）を参照。
(37)「佐竹文書　一坤」竹原義国書状写（佐々木倫朗「史料紹介「佐竹文書　一」」『鴨台史学』一〇、二〇一〇、第四七号）。
(38)比定の理由としては、「正宗寺本諸家系図」（東京大学史料編纂所所蔵謄写本）に貞国の兄弟として「兵庫頭」の名がみえること、本文書の花押形（東京大学史料編纂所所蔵影写本にて確認）が「水府志料　一五」義国書状写（『茨県Ⅱ』第二七二号）の花押形（内閣文庫所蔵本にて確認）とほぼ一致すること、「吉田薬王院文書」上乗院道順書状写（『茨県Ⅱ』第一〇二号）から天正期に「竹原兵庫頭」の活動がみえることの三点が挙げられる。
(39)『美野里町史　上巻』（美野里町、一九八九）。また鈴木芳道氏は、戦国期に常陸で発生した絹衣相論を検討する中で、「竹原兵庫頭」が義国かその息子である可能性を指摘している（鈴木芳道「戦国期常陸国江戸氏領絹衣相論に窺う都鄙間権威・権力・秩序構造」『鷹陵史学』二五、一九九九）。
(40)織田氏と後北条氏の関係については、奥野高広「織田政権と後北条政権」（佐脇栄智編『後北条氏の研究』吉川弘文

館、一九八三、初出は『國學院雜誌』八〇―一一、一九七九）を参照。

(41)「藩中古文書」武田勝頼書状写（『戦武五』第三一七六号）。当該期の武田氏と「東方之衆」の関係については、丸島和洋「武田氏の対佐竹氏外交と取次」（同『戦国大名武田氏の権力構造』第二章、思文閣出版、二〇一一、初出は『年報三田中世史研究』七、二〇〇〇）を参照。

(42)「歴代古案　一」跡部勝資書状写（『戦武五』第三一八八号）。

(43)『信長公記』（奥野高広・岩沢愿彦校注、角川書店、一九六九）の巻十二には、天正七年四月に下妻城の多賀谷重経が信長に馬を進上したとある（二六八頁）。

(44)「味方中」文言については、村井章介「新法度にみる戦国期結城領の構造」（荒川善夫編著『下総結城氏』戎光祥出版、二〇一二、初出は『茨城県史研究』四三、一九七九）、笹嶋憲一「戦国期結城氏の領域支配の構造について」（前掲荒川編著、初出は『茨城史林』一一、一九八七）などを参照。

(45)「小田部庄右衛門家文書」大掾清幹書状写（『栃木二』第一三二号）。

(46)合戦の経過については、『茨城町史　通史編』第四章第三節（野内正美執筆、茨城町、一九九五）を参照。

(47)すでに天正十四年（一五八六）七月以前の時点で佐竹氏側は和睦を提案していたことが史料から確認できる（「磯山家文書」北賢哲書状『八郷町史』第二編第四章第一号）。

(48)「芹沢文書」大掾清幹書状（『茨県Ⅰ』第五一号）、「秋田藩家蔵文書　一七」多賀谷重経書状写（『茨県Ⅳ』第二号）。

(49)註（36）市川論文を参照。

(50)「秋田藩家蔵文書　三」大掾清幹書状写（『茨県Ⅳ』第六三号）。

(51)「秋田藩家蔵文書　九」佐竹義重書状写（『茨県Ⅳ』第一五号）。

(52)「真壁文書」真壁氏幹書状(『真壁Ⅰ』第九五号)。

(53)「縁」については白川部達夫「戦国期の頼みと公儀」(『東洋学研究』四四、二〇〇七)を参照。大掾氏と真壁氏の縁を頼る例としては、享禄元年(一五二八)十一月、真壁家幹が仲介した大掾忠幹と小田政治の和睦(「真壁文書」大掾忠幹起請文『真壁Ⅰ』第六七号)がある。

(54)在陣中の感状発給から、義重が参陣したのは間違いない(「秋田藩家蔵文書 二〇」佐竹義重書状写『茨県Ⅳ』第三七号など)。

(55)註(16)に同じ。

(56)「烟田旧記」(『安得虎子』二〇八頁下段)。

(57)「旧記集覧」北条氏政書状写(『戦北四』第三二八五号)。

(58)「烟田旧記」(『安得虎子』二〇八頁下段)に佐竹氏は出陣後八十一日、江戸氏は出陣後七十三日活動していたとあり、計算すると彼らの帰陣は五月上旬となる。

(59)「常陸国田島村伝灯山和光院過去帳」(今枝愛真「和光院過去帳新補について」『史学文学』四―三、一九六三)。

(60)「秋田藩家蔵文書 五」佐竹義宣感状写(『茨県Ⅳ』第二〇号)、佐竹義宣官途状写(同第九一号)など。

(61)この時期の伊達氏については、小林清治「政宗の和戦―天正十六年郡山合戦を中心に―」(同『伊達政宗の研究』第Ⅰ部第五章、吉川弘文館、二〇〇八年、初出は『東北学院大学東北文化研究所紀要』三八、二〇〇六)を、下野については荒川善夫「国綱の時代―地域権力から豊臣大名へ―」(註(36)荒川著書第一部第四章)を参照。

(62)佐竹氏と江戸氏の関係については、註(5)市村論文、藤木久志「常陸の江戸氏」(萩原龍夫編『江戸氏の研究』名著出版、一九七七、初出は『水戸市史 上巻』第八章、一九六三)を参照。

(63) 佐竹氏が伊達氏対策を重視した背景には、伊達氏が南下することでこれまで獲得してきた南郷や白河領に接近することや、義宣の弟義広が芦名氏に養子入りしていたことがあろう。
(64) 註(61)小林論文を参照。
(65)「稲葉安次郎文書」中原吉親条書(『真壁Ⅱ』第一号)。
(66)「佐竹文書」大掾清幹書状(『千秋佐竹』第二七九号)。
(67)「芹沢文書」大掾清幹書状(『茨県Ⅰ』第三九号)。
(68) 註(3)『石岡市史』を参照。「常陸大掾氏譜」(東京大学史料編纂所所蔵謄写本『常陸三家譜 二』)や「大掾氏」(内閣文庫所蔵『常陸名家譜 一』)など、近世成立の系図類には、後北条氏の重臣松田氏が府中を訪れ、大掾氏一族や江戸氏と盟約を結んだという話がある。
(69) 註(66)、「秋田藩家蔵文書 二〇」佐竹義宣書状写(『茨県Ⅳ』第四六号)。
(70)「佐竹文書」宇都宮国綱書状写(『栃木三』第一四号)。
(71)「松蘿随筆 集古一」大掾清幹書状写(茨城県立図書館所蔵松蘿館文庫)。
(72) 小田原合戦に際し、豊臣方が作成した「関東八州諸城覚書」(「毛利家文書」『群馬県史 資料編 七』第三五七三号)において、佐竹氏や結城氏・宇都宮氏などとともに、大掾氏も「府中ノ大掾」と独立して記されている。豊臣氏は、天徳寺宝衍をはじめ関東出身者から情報を得た上で、大掾氏を独立した立場と認識していたのであろう。
(73) 江戸重通も小田原へ参陣せず、多賀谷重経と連絡を取っていることが確認できる(「水府志料 五」多賀谷重経書状写『茨県Ⅱ』第三二号)。
(74)「佐竹文書」豊臣秀吉書状写(『千秋佐竹』第一〇号)。佐竹氏と秀吉の関係については、福島正義「佐竹氏と織豊政

権」（『歴史手帖』七―二、一九七九）を参照。

（75）註（4）を参照。

（76）「佐竹文書」豊臣秀吉朱印状写（『龍ヶ崎』第四章第一節第一号）。この時の安堵については、市村高男「戦国末～豊臣期における検地と知行制―常陸国佐竹氏を事例として―」（本多隆成編『戦国・織豊期の権力と社会』吉川弘文館、一九九九）を参照。

（77）秀吉から安堵を貰う二日前の七月二十九日、義宣は一族の東義久に対し鹿島一郡を与えた（「奈良文書」佐竹義宣書状『茨県Ⅴ』第二九号）。この安堵は鹿島郡に存在する鹿島氏らの存在を無視するものであると同時に、秀吉に対し、常陸一国が自らの所領であることをアピールする行動であった可能性がある。

（78）「秋田藩家蔵文書　一七」佐竹義宣書状写（『茨県Ⅳ』第五〇号）。

（79）註（3）『石岡市史』を参照。この時の大掾氏攻撃に関する一次史料は管見の限り確認できず、「高野山過去帳」（東京大学史料編纂所所蔵謄写本『諸寺過去帳　中』）から、清幹が天正十八年（一五九〇）に佐竹氏に討たれて死亡し、この時十八歳、法名は宗真であったことがわかるにとどまる。

（80）村井氏は、軍団編成の系列である「味方中」は、領域編成の系列とは次元が異なるものであり、単線的に系列化するのは正しくないと述べている（註（44）村井論文）。このことを踏まえるならば、佐竹氏は「東方之衆」の盟主的存在として活動する中で、大掾氏など「東方之衆」構成勢力の上位に立ったようにみえるが、それはあくまでも軍事上の一時的なものであり、それをもって大掾氏が佐竹氏の支配化、佐竹「洞」中にあったとはいえないと思われる。

（81）例えば、近世の秋田藩によって作成された「義重公北条家江御対陣御人数覚」（『国典類抄　十』秋田県立秋田図書館編、秋田県教育委員会、一九七九、三六九～三七一頁）など。

〔付記〕本稿は、平成二十三年度国史学会大会第二部会で報告した内容を加筆修正したものである。

第三章　大掾清幹発給文書の検討
―花押形の変遷を中心に―

はじめに

中世を通して常陸府中(現茨城県石岡市)を拠点として周辺を治めてきた大掾氏の戦国期の動向については、『石岡市史　下巻』(1)の刊行以後も、不明な点が多く残されている。その状況が続く大きな理由の一つに史料的制約が挙げられる。(2)天正十八年(一五九〇)十二月の佐竹氏による府中攻めで大掾氏が滅亡したこともあり、同氏の発給・受給文書の残存量は多くはなく、(3)また府中攻めの際や、その後現代に至るまでの間に、石岡の街ではたびたび大規模な火災が発生し、その中で史料の多くが失われてしまったとみられる。加えて、現存史料についても近世の写が多いこと、無年号で年次比定の難しい史料が多く残っていることが、当該期の大掾氏の実態を解明する上で足枷となっていると思われる。そこで本章では、最後の当主となった清幹の発給文書の年次比定を通じ、戦国期の大掾氏や東国の政治状況を探る一つのきっかけとしたい。

検討を始める前に、清幹について触れておく。系図類によれば、清幹という人物は、大掾氏の当主の中に二人存在する。(4)すなわち、享徳～文明年間(一四五二～八七)頃にかけて活動したとみられる人物と、天正年間に活動した人物であるが、(5)今回は後者の清幹をみていくこととする。

この清幹は元亀四年（天正元年〈一五七三〉）、大掾貞国の子として生まれた。幼名は「松久丸」といったとされるが[6]、一次史料から確認することはできない。烟田通幹・林氏の室に入った姉が二人確認でき[7]、系図上では他にも男の兄弟があったとされるが、男の兄弟については史料にはみえない。天正五年十月に父貞国が没し、わずか五歳にして家督を継いだ[8]。幼少であったことから、叔父の竹原義国や家臣等が家政を取り仕切っていたとみられ[9]、家督を継いだ翌年に勃発した小川岱合戦では、幼少であるため家臣が参陣したことが「小川岱状」[10]にみえる。正室は真壁氏幹の女で、天正九年十二月に婚姻を結んでいる[11]。元服時期は不明だが、婚姻を結んだ天正九年末以降のある時期の元服と推定できる。没年は天正十八年十二月、佐竹氏との合戦に敗れ、府中城下で自害したといわれるが、この合戦に関する一次史料は大掾方、佐竹方共に残っていない。享年は十八、法名は宗真という[12]。

一　発給文書の概要

清幹の発給文書は管見の限り三一点（要検討を含む）が確認されており、それをまとめたのが後掲の表2である[13]。以下は表2を用い、引用に際してはその文書番号によって示していく。

表2　大掾清幹発給文書一覧

№.	文書名	年	月	日	署名	花押	位置	宛所	出典	刊本	備考
1	書状写	天正12年	4	4	清幹	A	日下	行方主馬正殿	水府志料一三	茨県Ⅱ―二〇五	
2	書状写	天正12年	11	15	清幹	A	日下	重喜斎	水府志料一三	茨県Ⅱ―二〇六	
3	感状写	天正12年	桜■	17	大掾清幹	判有	日下	行方主馬正殿	箕水漫録一四		要検討

4	書状断簡写	天正13年	2	11	清幹	A	日下	行方重喜斎殿	常陸遺文二		本文欠
5	書状写	天正13年	4	28	清幹	判	日下	宇都宮殿	小田部庄右衛門家文書	栃木二―一三二	
6	受領状写	天正13年	11	22	清幹	B	袖	小松崎豊後守	小松崎八右衛門家文書	茨県Ⅱ 水府志料二七一	
7	書状	天正13年	12	4	清幹	B	日下	芹澤兵部大輔	芹沢文書	茨県Ⅰ―五二	
8	書状	天正13年	12	11	清幹	B	日下	兵部大輔殿	芹沢文書	茨県Ⅰ―五三	
9	感状写	天正13年	12	28	清幹	B	日下	市川将監殿	常陸国市川家文書		
10	書状	天正14年	3	25	清幹	B	日下	芹澤兵部大輔殿	芹沢文書	茨県Ⅰ―四八	
11	官途状写	天正14年	4	15	清幹	B	袖	鈴木助七郎	水府志料一五	茨県Ⅱ―二六六	
12	書状	天正14年	5	19	清幹	B	日下	兵	芹沢文書	茨県Ⅰ―四九	
13	書状写	天正14年	5	25	清幹	B	日下	佐竹殿	南行雑録二	関城―一三八	
14	官途状写	天正14年	8	7	清幹	判	袖	山口新左衛門尉との	安得虎子十一	安得虎子二九八	
15	書状	天正14年	8	27	清幹	B	日下	芹澤兵部大輔殿	芹沢文書	茨県Ⅰ―五〇	
16	書状	天正14年	9	4	清幹	B	日下	太田源介殿	『平成十三年古典籍展観代入札会目録』	同書九八二	
17	書状	天正14年	11	1	清幹	B	日下	芹澤兵部大輔殿	芹沢文書	茨県Ⅰ―五一	
18	書状写	天正15年ヵ	2	6	清幹	判	日下	山田左近将監殿	安得虎子六	安得虎子一七二	

19	書状写	天正15年	7	6	清幹	無	なし	矢野修理亮殿	秋田藩家蔵文書三	茨県Ⅳ―六三	
20	感状	天正16年	5	1	清幹	C	日下	桜井大隈守殿	桜井啓司家文書	真壁Ⅲ―三	
21	受領状写	天正16年カ	8	4	清幹	C	日下	市河豊後守殿	常陸国市川家文書		
22	受領状写	天正16年	9	3	清幹	C	袖	貝塚豊後守との	水府志料一二	茨県Ⅱ―二一三	
23	受領状写	天正16年カ	11	14	清幹	C	日下	前嶋雅楽助殿	水府志料附録三二		
24	受領状写	天正16年カ	12	18	清幹	C	日下	屋口平衛門殿	矢口平右衛門家文書		
25	官途状写	天正17年カ	1	1		C	袖	屋口源四との	矢口平右衛門家文書		
26	官途状写	天正17年カ	3	28	清幹	D	日下	小松崎内蔵頭殿	水府志料一二	茨県Ⅱ―一八六	
27	書状	天正17年	4	2	清幹	D	日下	木滝治部少輔殿	烟田文書	鉾田―一五〇	
28	書状	天正17年	9	5	清幹	D	日下	芹澤土佐守殿	芹沢文書	茨県Ⅰ―三九	
29	書状	天正17年	12	11	清幹	D	日下	佐竹殿	佐竹文書	千秋佐竹二七九	
30	書状写	天正18年	4	19	清幹	D	日下	佐竹殿	松蘿随筆集古一		
31	一字状写	年未詳	12	23	清幹	E	日下	佐谷善次郎殿	秋田藩家蔵文書一五	茨県Ⅳ―一二	

全て無年号文書であり、年次は花押形と内容から比定している。「安得虎子」の数字は頁数。

内容としては、官途状や受領状・感状といった合戦の戦功を賞した文書が大半を占める。これは近世に家の由緒として残されたものが多かったことによると思われる。

次に受給者についてみていくと、下野宇都宮城（現栃木県宇都宮市）の宇都宮国綱宛（5号）が現存する唯一の常陸国外への発給文書であり、残り三〇点は全て常陸国内への発給である。内訳としては、太田城（現常陸太田市中城町）の佐竹氏（義重・義宣）とその家臣矢野氏宛が計四点（13・19・29・30号）、佐竹氏の客将といわれる、片野城（現石岡市片野）の太田三楽斎（資正）の子源介（景資、後に資武）宛が一通（16号）、行方郡の内、芹澤城（現行方市芹沢）の芹澤氏宛が七点（7・8・10・12・15・17・28号）、玉造城（現行方市玉造甲）の玉造氏の庶子家（1・2・3・4号）や、その家臣とみられる貝塚氏（22号）、山田城（現行方市山田）の山田氏（18号）宛が計六点、正室の実家である真壁城（現桜川市真壁町古城）の真壁氏の家臣桜井氏宛（20号）、鹿島城（現鹿嶋市城山）の鹿島氏の重臣で鹿島社惣追捕使職にあった木滝氏宛（27号）が各一点、そして自らの直臣とみられる人物に宛てたものが一〇点（矢口氏（24・25号）、小松崎氏（6・26号）、市川氏（9・21号）、前嶋氏（23号）、佐谷氏（31号）、鈴木氏（11号）、山口氏（14号））となっている。ここから、文書の残存状況にもよるが、当時の大掾氏は芹澤氏をはじめ行方郡と関係が深かったことがうかがえよう。

続いて書札礼をみていく。里見氏や佐竹氏の書札礼を検討した市村高男氏・今泉徹氏によれば、大掾氏は佐竹氏や千葉氏・宇都宮氏などの「屋形」クラスと同格であったことが既に指摘されている(14)。これらは大掾氏の文書からも確認でき、佐竹・宇都宮氏に清幹が発給した文書では、宛所が「佐竹殿」「宇都宮殿」で日付と同じ高さ、書留が「恐々謹言」という同輩書が用いられている。これに対し、一ランク下の「国衆」レベルとされる芹澤氏に対しては、宛所を「芹澤兵部大輔」と名字＋官途・受領名で日付の途中の高さから記す「下り書」の書札を用いており、佐竹・宇都宮宛と比べて薄礼であることが分かる。

また、清幹の文書は、現存する全てが無年号文書である。これらの文書の年次比定を行うことは、大掾氏の動向を解明するだけでなく、天正十年代の東国情勢を知る上で重要であろう(15)。

二　花押形の変遷と年次比定

清幹の花押は、現時点で六種類の形を確認できる（花押A～F）。これらの花押は、それぞれ全く異なる形をしており、花押の変遷は史料内容からの検討が必要であろう。なお、花押Fについてはこれを使った文書は確認できないため[16]、本検討の対象からは除外する。

内容から年次を比定していくと、清幹の花押形は以下のような変遷を遂げていったと思われる。

＜第一期　花押Ａ＞　天正十二年（一五八四）以前～天正十三年前半（1～4号）

花押Aは、管見の限りでは近世にまとめられた写本でのみ確認できる花押形である。まず、清幹発給の初見とみられる史料を掲げる。

〔史料1〕（「水府志料　一三」、1号）

此度於二芹澤一、其方下知以敵打捕之由、大慶候、猶当方被二相稼一候処、可レ為二祝着一候、委細塙右近可二申越一候、
恐々謹言、
四月四日　　清幹（花押影A）
行方主馬正殿

史料1は、芹澤（現行方市芹沢）での合戦に際し、行方主馬正（玉造幹佐）の戦功を賞した文書である。この文書は天正十二年と比定できるが、その理由として次の史料が挙げられる。

大掾清幹花押形一覧

花押A

花押B

花押C

花押D

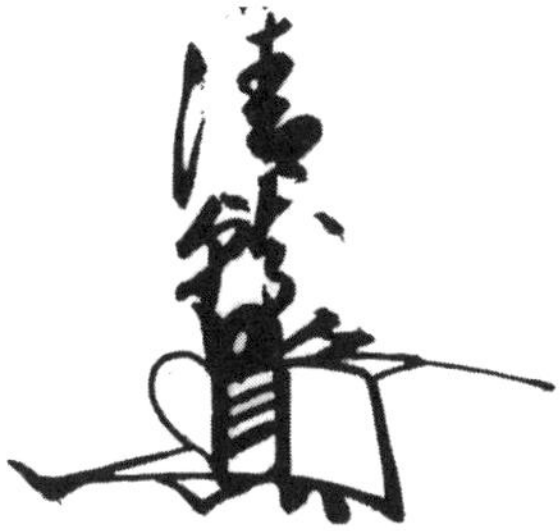

花押E

花押F

出典　A「水府志料　一三」（国立国会図書館所蔵、同館ウェブサイトより転載）、B・D「芹沢文書」（個人蔵、茨城県立歴史館寄託、茨城県立歴史館所蔵写真帳）、C「桜井啓司家文書」（大垣市立図書館所蔵、『真壁Ⅲ』391頁、三〇-二二〇号）、E「秋田藩家蔵文書　一五」（秋田県公文書館所蔵写真帳）、F「常陸遺文　タ」（静嘉堂文庫所蔵）。写真の掲載に当たっては、茨城県立歴史館及び文書所蔵者、秋田県公文書館、大垣市立図書館、桜川市教育委員会、静嘉堂文庫より許可を受けた。

〔史料2〕（「水府志料　一三」）

此度於二芹澤一、敵打動不レ及二是非一候、就レ之国司被レ下候、猶可レ致二忠進一候、謹言、

天正十二年

三月十九日　重（ママ）

貝塚駿河守との[17]

史料2は貝塚氏に宛てられた受領状である。指出の「重」について、『大日本史料』では「玉造重幹カ」と比定している[18]。現時点では、この受領状の発給者を断定することはできないが、宛所の貝塚氏が玉造濱村（現行方市浜）に在していたこと[19]、その後の江戸氏と大掾氏の合戦において大掾氏方として戦い、戦功を挙げていること（22号）から考えるならば、この「重」は玉造重幹の可能性が高いと思われ、また貝塚氏は玉造氏に仕えていた家であったのかも知れない。

そしてこの受領状から、天正十二年春に芹澤で合戦があったことが確認でき、史料1もこの芹澤合戦に際して清幹から発給された文書と推定できる[20]。この合戦については、大掾氏の戦った相手が佐竹氏であることが、「行方玉造家譜」などの系図や近世の所伝に残されているが[21]、この時実際に清幹と戦った相手が誰であるかは不明である。佐竹氏は同年四月に下野へ出陣し、後北条氏と沼尻において対峙しているが[22]、この時には大掾清幹も参陣したとみられ（16号）、前後の時期の大掾氏と佐竹氏の関係は武力衝突に及ぶようなものではなかったとみられる。なお、文中に使者として名がみえる「塙右近」は、天正九年頃に「小五郎」の名乗りでの活動がみられる昭義と同一人物とみられ[23]、その後数年の間に名乗りを改めたと考えられる。

続いて、4号は本文を欠く史料であるが、宛所の「重喜斎」は2号で清幹が許した斎名であることから、それ以後

の文書の断簡と推定できる。月日と花押形から2号が天正十二年、4号が天正十三年と比定でき、少なくとも天正十三年春まで花押Aを用いていたと考えられる。その後、花押Aから花押Bへの移行の時期については、5号の宇都宮国綱宛書状写の花押形が写されておらず不明なため、時期を確定することはできないが、天正十三年十一月には花押Bを用いていること(6号)から、天正十三年二月～十一月の間に花押Bへ移行したと考えられよう。

＜第二期　花押B＞　天正十三年(一五八五)後半～天正十四年(6～18号)

花押Bは現存する清幹の花押形で一番多く残っている形である。年次比定としては、次の二通の書状に注目する。

〔史料3〕(芹沢文書、12号)

度々如レ此之御注進、祝着不レ及二是非一候、仍南表之様子、皆川山城守南へ一和、此上結宮口へ与申候、南陣者、富田之近所有レ之由申来候、此上下筋替儀候者、御注進可レ為二本望一候、恐々謹言、

(天正十四年)五月十九日　清幹(花押B)

(別紙)
「　兵　五大力菩薩」

〔史料4〕(「南行雑録 二」、13号)

急度令レ啓候、就二南衆出張一、半途御在陣之由、肝要至極候、仍多修如二注進候一、皆山心替之由、至レ于二実事一者、不レ覃二是非一候、雖下無二申迄一候上、万無二御油断一儀専肝候、珍説候者、具御廻答尤候、委細追而可二申述一候条、令レ略候、恐々謹言、

(天正十四年)五月廿五日　清幹(花押影B)

佐竹殿

史料3は行方郡芹澤城の芹澤国幹に、史料4は太田城の佐竹義重に対し、それぞれ清幹が送った書状である。史料3では、皆川山城守（広照）と南（北条氏直）が和睦し、後北条軍は「結宮口」（下総結城と下野宇都宮を指すと考えられる）へ進軍し、現在は富田（現栃木市大平町富田）周辺まで進んだことが記されている。また史料3から六日後に出された史料4では、多修（多賀谷重経）の注進から、皆川広照の離反が事実であることが伝えられている。

天正年間の関東は、下野・常陸へ進出する姿勢を強化しつつある後北条氏と、佐竹氏を始めとする常陸・下野・北下総の諸勢力による軍事同盟「東方之衆」が対峙する状況にあった(24)。しかし、天正十二年の沼尻合戦後の立ち回りで優位に立った後北条氏は徐々に勢いを増し、「東方之衆」を離れ後北条氏に降伏する勢力も現れるようになっていた。皆川広照はこの時期の対後北条氏の最前線に所領を持っていたが、後北条氏の下野への攻勢が強まるのに対し、「東方之衆」内では、宇都宮氏と那須氏、大掾氏と江戸氏、益子氏と笠間氏などの間で対立、抗争が繰り広げられるなど、一枚岩で後北条氏と争うことができない状況にあった(25)。そして天正十四年五月、抗しきれなくなった広照は降伏することとなったのである(26)。この二通の文書はその時の動きが記されており、その花押がBの形であることから、天正十四年五月前後に使用された花押とわかる。

この時期の大掾氏は、「東方之衆」として活動する一方で、前述の通り衆の一員である水戸城の江戸重通と所領問題から激しく争いを始める(27)。それが天正十三年八月頃～同十四年十一月の第一次府中合戦と呼ばれる合戦である。この合戦に際し清幹が発給した文書からは、当時の合戦地が確認できるものもあり、またそれらが年号を有する江戸氏側の書状にみえる地名と一致していることから、これらの文書が天正十三～十四年に発給されたものと考えられる。

大掾・江戸氏の争いは、園部川周辺を巡って一年以上続き、また行方郡内でも合戦があったことが確認でき、その範囲の広さをうかがわせる。江戸氏には宍戸氏や行方武田氏が、大掾氏には真壁氏や太田氏・芹澤氏・玉造氏が味方していた。

その後、少なくとも天正十四年末まで清幹は花押Bを使い続けたとみられる。この頃の清幹は、江戸氏との対立を続ける一方、「東方之衆」の一員として、佐竹氏等とともに下野方面に進出し、後北条氏と戦ったと考えられよう。

＜第三期＞　天正十五年（一五八七）（19号）

花押B使用後、清幹の花押形の動向を示すのが、次の史料である。

〔史料5〕（「秋田藩家蔵文書　三」、19号）

去比者、江但当府へ無事付而為レ使来儀、遠路与云、一段大儀之至候、然者一色越進候、音信迄候、事々可レ有二
両口一候間、不レ能レ具候、謹言、

神役之間□〔無〕判形

七月六日　清幹

矢野修理亮殿

史料5は、佐竹氏家臣である矢野重里へ出した書状の写である。この清幹の署名の脇に「神役之間□〔無〕判形」とあることから、この書状を出した年の清幹が「神役」、即ち鹿島社七月大祭の大使役に任じられていたことと、大使役の規定により、役を勤める間は発給文書に花押を据えることができないことが確認できる[28]。花押を据えない事例については、天正十年、十八年の真壁氏幹、年未詳だが玉造辰勝（宗幹カ）の書状が残っている[29]。大使役の勤仕に際しては、判形以外にも「鎧」「皮袴」の着用禁止や「三年如在」といった規定があり、これらは戦国後期に新たに制定された

ものと思われる[30]。

しかし、本史料は年未詳であり、その発給年次を考えなければならない。ここで着目すべきは、冒頭の「去比者、江但当府へ無事付而為レ使来儀」という文言である。この「無事」は天正十四年十一月に佐竹氏と結城氏による共同仲介によって締結された清幹と江戸重通の和睦を指すものと考えられる[31]。ここから、本文書が佐竹氏家臣矢野氏に対し、和睦についての御礼を述べているものであること、また天正十六年正月以降、和睦が破られ大掾氏と江戸氏の合戦が再び始まることから、その年次は天正十五年であると比定でき、またこの年の清幹は花押を用いていないと考えられるが、史料5以外からそれを確認することはできないのが現状である[32]。

＜第四期　花押C＞　天正十六年（一五八八）（20～25号）

大使役を勤めた翌年、清幹は花押Cの使用を始めたと考えられる。この花押は真壁氏幹が天正前半に使用したものに比較的似ている花押であるが[33]、背景には舅である氏幹の影響があったのであろうか。

天正十六年正月、先に成立した和睦が破れ、大掾清幹と江戸重通は再び戦端を開いた。第二次府中合戦である。第一次合戦との大きな違いは、佐竹義重・義宣父子が江戸氏に味方して合戦に参加したことであった[34]。佐竹・江戸連合軍の前に清幹は抵抗するも敗北し、同十六年五月に和議を結び、合戦は終結した。この合戦最大の激戦地であった田余砦（「玉里」とも。現小美玉市田木谷）の攻防に関する清幹の感状が残っている。

〔史料6〕（桜井啓司家文書、20号）

尚々已上、

当乱中、抽二かせき一、就レ中於二玉里取出ニ一、辛労不レ及二是非一候、就レ之一ヶ所被レ下レ之候、

五月朔日　　清幹（花押C）

桜井大隅守殿

宛所の桜井大隅守（吉勝）は真壁氏の家臣であり[35]、真壁氏は佐竹氏と昵懇でありながら、この時の合戦に際しては大掾方に味方していた可能性が高い。そして、「於㆓玉里取出㆒、辛労不㆑及㆓是非㆒候」とみえることから、本文書は天正十六年三～四月にかけて繰り広げられた佐竹・江戸氏と大掾氏による田余砦攻防戦に際し[36]、清幹が発給した感状であり、その花押形から花押Cが天正十六年段階で使われていたことがわかる。

五月上旬、佐竹・江戸氏と大掾氏との間に和睦が成立したが、その後も清幹は江戸重通と散発的に合戦を展開していたようである[37]。翌天正十七年春頃まで合戦の戦功を記したものが残っているのはそのためであろう（21～23号）。この花押形の終見は現在のところ、天正十七年と比定できる正月一日付屋口源四宛の官途状（25号）である[38]。

＜第五期　花押D＞　天正十七年（一五八九）～天正十八年（26～30号）

天正十七年三月、小松崎氏に出した受領状（26号文書）以後、清幹の花押はCからDへ変化する。これについては、次の史料から年次を確認することができる。

〔史料7〕（芹沢文書、28号）

追而、小高之儀、天庵憑入候条、一昨日以㆓両使㆒佐へ被㆑及㆑届之由預届候、此度者如何辺可㆓事済㆒由存候、先以可㆑有㆓安心㆒候、已上、

急度申届候、長々奥口御在陣大儀之至候、帰陣無㆓其聞得㆒候之条、急速不㆑及㆑届候、全非㆓疎意㆒候、将亦其以来互ニ絶㆓音問㆒、覚外之至候、秋冬之間手透も至㆑有㆑之者、来越所㆑希候、委細期㆓後音㆒、不㆑能㆑具候、恐々謹言、

九月五日　　　　清幹（花押D）

　芹澤土佐守殿

〔史料8〕（「松蘿随筆　集古一」、30号）

急度令レ啓候、仍京都へ為二御手合一其表御在陣肝要至極候、小田原逐日折角之由、方々同篇候、此辰之関東御動座無レ疑候、累年別而申合筋目与言、身上之儀可レ然様京都へ御詫言任置候、餘吉期二後音一、不レ能二細筆一候、恐々謹言、

卯月十玖（九）日　　　　清幹（花押影D）

　佐竹殿

史料7は、史料3と同じく芹澤国幹宛の書状である[39]。文中に「長々奥口御在陣」とあることから、国幹がこれ以前の時期から南奥へ出陣していたことが確認できる。国幹が南奥へ出陣した背景には、天正十七年の伊達政宗の南下とそれに対する佐竹義宣の対応が関係しているとみられる。また、追而書の記述から、この時期の常陸南部では、行方小高氏が小田天庵（氏治）と結ぶ動きが確認できる。黒田基樹氏は、天庵が天正十七年末まで佐竹氏と盟約関係にあったものの、同十八年正月になって後北条氏に与して佐竹氏に敵対したと述べているが[40]、この頃の小田氏と後北条氏の関係を明確に示す史料は確認できない。とはいえ、史料7の動きは、小田城奪還に向けた天庵による挙兵の下準備であったとも考えられようか。

　続いて史料8は、佐竹義宣に対して出した文書であり、現在確認される清幹発給文書の終見である。文中の文言から、豊臣秀吉の小田原出兵に関する内容であることがわかるとともに、本文書が天正十八年に発給されたと考えられる。小田原合戦に際しての清幹の動向については、これまで近世成立の系図や所伝から、後北条氏に与していたとさ

れてきたが、[41]史料8により、清幹自身が天正十八年四月の段階で、秀吉の動きをある程度把握し、また佐竹義宣へ秀吉への取り成しを頼んでいたことがみえ、清幹の秀吉に味方する姿勢を確認できる。状況を把握しながら、清幹が秀吉の下へ参陣しなかった背景には、依然続いていた江戸氏との対立があったためであろうか。

その後、清幹が豊臣政権と交渉をしていたことは、近年発見された嶋清興の書状から明らかである。[42]しかし、人質拠出などを何らかの理由で行わなかった結果、大掾氏の所領は佐竹氏に安堵されることとなったとみられる。[43]所領安堵のお墨付きと、豊臣政権という後ろ楯を得た佐竹氏により、大掾清幹は天正十八年十二月下旬に府中城を攻められ、まもなく同城は落ち、自らは城下で自害し、ここに大掾氏は滅亡することとなったのである。[44]

以上、史料7・8から、花押Dが天正十七～十八年にかけて用いられたものであることが確認できた。この花押に類似する花押は、太田三楽斎が永禄後半に、毛利北条高広（芳林）や佐竹北賢哲（義斯）が天正年間に、真壁氏幹が天正末～慶長頃までそれぞれ用いているが、[45]清幹が誰の影響を受けてこの形を選んだかは不明といわざるを得ない。

＜花押Eについて＞

家臣とみられる佐谷善次郎に宛てた一字状（31号文書）の花押形（花押E）は、これまで述べてきた四種の何れとも異なる花押である。現在のところ、この文書以外に同一の花押を用いた文書は確認できていない。系統的にはCに近いようにもみえるが、写とはいえ別の花押であることは一目瞭然である。

本文書は「十二月二十三日」付で発給されているが、その時期については、清幹元服～天正十二年以前、同十五年、同十八年の何れかの時期と推定できる。[46]しかし、何れについても確たる史料は残っておらず、或いは前代清幹の発給である可能性も全くないとはいい切れず、本書状の年次比定は今後の課題としたい。

おわりに

以上、本章では大掾氏の基礎的研究の一環として、最後の当主清幹の発給文書の概要、花押形の変遷と年次比定について検討を行ってきた。十八歳の若さで没した清幹が、実質的な活動期間は十年にも満たない中で、一〜二年くらいの間隔で改判を繰り返し、五種類近くの花押を使用していたことが明らかとなった。

またここから浮かび上がってくるのは、清幹期の大掾氏が持っていた影響範囲の広さである。戦国期の大掾氏の勢力範囲は、若干の増減があるものの、現在の石岡市（片野・柿岡などを除く）と小美玉市・かすみがうら市・土浦市のそれぞれ一部に広がっていた。これらの所領は小田氏や江戸氏と争う過程で獲得、維持されたものであろう。しかし清幹発給文書では、それらに加えて行方郡との関係の深さをみることができる。戦国後期の行方郡については、江戸氏、そして同氏を介した佐竹氏との関係の強さがこれまで述べられてきたが[47]、大掾氏の影響力の大きさも決して無視できないものであったといえよう。

とはいえ、状況からの推測で比定を行っている部分も多く、当該期の情勢等を踏まえた上で、年次比定や各花押の使用時期、花押形選択の背景についての理解を深めていく必要があると思われる。また未発見の文書がみつかる余地も十分に残っており、今後も文書の収集と分析を続けていくこととしたい[48]。

註

（1）『石岡市史 下巻』第Ⅲ編第三章（志田諄一・池田公一執筆、一九八五）。

（2）糸賀茂男「中世国府の盛衰と大掾氏」（石岡市文化財関係資料編纂会編『常府石岡の歴史―ひたちのみやこ千三百年の物語―』石岡市教育委員会、一九九七）において糸賀氏は「例えば戦国期といわれる一六世紀の府中・大掾氏についての史料的整備は甚だ未熟である」とし、「この項では通常の通史めいた戦国史は展開できず、むしろ将来へ大いに課題を残す形での問題提起にとどめておきたい」と述べている。この状況はその後、拙稿「戦国期常陸大掾氏の位置づけ」（本書第二部第二章、初出は『日本歴史』七七九、二〇一三）において、戦国期の実態をある程度明らかにしたものの、依然として課題は多く残されている。

（3）管見の限りであるが、戦国期の大掾氏関連文書は、発給・受給を合わせても五〇点に満たず、またその半分以上が清幹の発給文書である。

（4）ここでいう大掾氏とは、いわゆる「建久四年（一一九三）の政変」によって、常陸平氏惣領家であった多気義幹が没落した後、源頼朝の支援を受けて台頭し、建保二年（一二一四）に府中地頭となった馬場資幹の流れを汲む家（馬場大掾氏）である。

（5）ただし、前者の清幹は系図類以外からその実名を確認することができない。

（6）『常陸誌料　一』所収「平氏譜」（東京大学史料編纂所所蔵謄写本）。この点、鎌倉末期の当主時幹の幼名が長寿、室町前期の当主満幹の幼名が永寿である点から、清幹の幼名は「松寿」であった可能性が考えられる。拙稿「中世前期常陸大掾氏の代替わりと系図」（本書第一部第一章、初出は『常総の歴史』四八、二〇一四）の註（10）を参照。

（7）「烟田旧記」（「安得虎子　六」『安得虎子』二〇〇頁上段、二〇一頁下段）。

（8）「常陸日月牌過去帳」（高野山清浄心院所蔵、『牛久Ⅱ』二六五頁上段）。

（9）「佐竹文書　一坤」竹原義国書状写（佐々木倫朗「史料紹介「佐竹文書　一」」『鴨台史学』一〇、二〇一〇、第四七号）。

（10）「小川岱状」（『関城』第五章第三節第九七号）。
（11）「烟田旧記」（註（7）二〇〇頁下段）。
（12）「高野山過去帳」（東京大学史料編纂所所蔵謄写本『諸寺過去帳 中』）。
（13）註（1）『石岡市史』では、この他に「天文二巳年三月日」付感状（吉見文書、『茨県Ⅱ』第一号）を挙げるが、天文二年（一五三三）という時期から考えて、この清幹は別家の人物と思われる。
（14）市村高男「中世領主間の身分と遺構・遺物の格—戦国期の書札礼の世界から見た若干の提言—」（『帝京大学山梨文化財研究所研究報告』八、一九九五）、今泉徹「戦国大名佐竹氏の家格制」（『国史学』一七七、二〇〇二）。
（15）天正年間の東国情勢については、市村高男『東国の戦国合戦』（吉川弘文館、二〇〇九）、池享『東国の戦国争乱と織豊権力』（吉川弘文館、二〇一二）などを参照。
（16）花押Fについては、「常陸遺文 タ」（静嘉堂文庫所蔵）、「松蘿随筆集古 三三」（茨城県立図書館所蔵松蘿館文庫）所収の花押集にのみみられる。
（17）「水府志料 一三」某受領状写（『茨県Ⅱ』第二一四号）。
（18）『大日本史料 第十一編之六』（東京大学史料編纂所、一九七〇、四五二頁）。また「集古文書 キ」（静嘉堂文庫所蔵）において、近世の国学者中山信名も同様の比定をしている。これに対し、近世の考証学者宮本元球は「常陸志料 八」（筑波大学附属図書館所蔵）において、江戸重通と比定している。
（19）「水府志料 一三」紅葉組玉造濱村（『茨県Ⅱ』三六四頁）。
（20）この他、3号文書も同様の合戦に際しての書状と思われるが、史料の文言や書札礼、或いは後掲註（21）の系図にみえる文言等から考えると、江戸時代に系図を元にして作成されたものである可能性が高い。この文書は差出を「大掾清幹」とするが、大掾氏と行方氏（玉造氏）間の書札礼からみて、清幹が自ら「大掾」の名字を記すとは考えがたい。

（21）「行方玉造家譜」（東京大学史料編纂所所蔵謄写本、『大日本史料　第十一編之六』四五二頁）、「行方玉造系図」（静嘉堂文庫所蔵）。史料1の受給者行方幹佐は、これらの系図によれば玉造氏の庶流であり、天正十九年（一五九一）の同氏滅亡後に田中氏を名乗ったという。

（22）沼尻の合戦については、註（15）市村氏著書、齋藤慎一『戦国時代の終焉』（中公新書、二〇〇五）、戸谷穂高「沼尻合戦―戦国末期における北関東の政治秩序―」（簗瀬大輔・江田郁夫編『北関東の戦国時代』高志書院、二〇一三）を参照。

（23）「烟田文書」塙昭義書状写（『鉾田』第一五一号）。

（24）「東方之衆」については、荒川善夫『戦国期北関東の地域権力』（岩田書院、一九九七）、同『戦国期東国の権力構造』（岩田書院、二〇〇二）、市川悠人「戦国期領主佐竹氏と「東方之衆」」（『立教史学』二、二〇一〇）を参照。

（25）宇都宮氏と那須氏については、註（24）荒川著書を、大掾氏と江戸氏については註（2）拙稿、藤木久志「常陸の江戸氏」（萩原龍夫編『江戸氏の研究』名著出版、一九七七、初出は『水戸市史　上巻』第八章、一九六三）を参照。

（26）「長沼文書」北条氏照書状（『戦北四』第二八〇五号）。皆川氏については、荒川善夫「皆川氏の動向と戦国的特質」（註（24）荒川著書第三部第二章、初出は『歴史と文化』三、一九九四）を参照。

（27）註（25）に同じ。

（28）大使役については、水谷類「鹿島社大使役と常陸大掾氏」（同『中世の神社と祭り』第一章、岩田書院、二〇一〇、初出は『茨城県史研究』四二、一九七九）、宮内教男「解題」（『鹿島Ⅰ』茨城県立歴史館、二〇〇八）を参照。

（29）「佐竹文書」真壁氏幹書状（『真壁Ⅲ』千秋文庫所蔵文書第二号）、「山戸茂氏所蔵税所文書」玉造辰勝書状（『茨県Ⅱ』第三七号）など。

(30)「鹿島神宮文書」鹿島七月御祭制札(『鹿島Ⅰ』第一〇八号)。
(31)「秋田藩家蔵文書　一七」多賀谷重経書状写(『茨県Ⅳ』第二号)。
(32)ただし、18号文書の山田左近将監宛書状写については、花押が「判」という形で確認できるが、文中にみえる清幹による行方武田氏攻撃が天正十四年(一五八六)九月のことであるとする所伝がある(「烟田旧記」註(7)二〇九頁上段)。本文書の日付は「二月六日」であり、前述の所伝と関連するものとすれば、天正十五年の文書の可能性がある。大使役でありながら花押や印を用いた例は、写に留まるが真壁氏幹の文書から確認できる(「石島文書」『真壁Ⅲ』第四号、「安得虎子　十一」『安得虎子』二九七頁下段など)が、大使役の規定との関係については改めて検討する必要があろう。
(33)「榎戸克弥家文書」真壁氏幹官途状(『真壁Ⅱ』第四号)。
(34)「秋田藩家蔵文書　一〇」佐竹義重書状写(『茨県Ⅳ』第一五号)、「佐竹文書」江戸重通書状(『福島県の古代・中世史料』第三四号)。
(35)『真壁Ⅲ』解説「桜井啓司家文書」を参照。吉勝は、主である真壁道無(久幹)から鹿島神流の免許を受けた兵法者でもあった。
(36)「常陸国田島村伝灯山和光院過去帳」(『群書類従　第二十九輯』二六八～二六九頁)。
(37)「稲葉安次郎文書」中原吉親条書(『真壁Ⅱ』第一号)。
(38)十二月十八日付屋口平衛門尉宛受領状(24号)は、その花押形から天正十六年(一五八八)と比定できる。この平衛門尉と源四は親子と思われ、父平衛門尉が清幹より石見守の受領を貰ったことを受け、源四は父がそれまで名乗っていた平衛門尉を名乗ることを許されたものと考えられよう。
(39)芹澤国幹は史料3を含め清幹が花押Bを用いている天正十三～十四年(一五八五～八六)頃には兵部大輔の官途を名

乗っていたが、その後天正十六年頃までに土佐守の受領に改めている。
(40)　黒田基樹「常陸小田氏治の基礎的研究―発給文書の検討を中心として―」(『国史学』一六六、一九九八)。
(41)　註(1)を参照。近世成立の大掾氏系図などでは、後北条氏の重臣松田氏が府中を訪れ、常陸平氏や江戸氏と盟約を結んだという話を載せている(「大掾氏」内閣文庫所蔵『常陸名家譜』、「色川三中旧蔵常陸大掾系図(異本)」静嘉堂文庫所蔵、など)が、拙稿「「南方三十三館」謀殺事件考」(本書第二部第四章、初出は『常総中世史研究』四、二〇一六)において指摘した通り、これらの動きは史実とは考えがたい。
(42)　「個人蔵文書」嶋清興書状(長浜市長浜城歴史博物館編『石田三成と西軍の関ヶ原合戦』第二一号)。拙稿「嶋清興書状にみる天正十八年の大掾氏と豊臣政権」(本書第二部補論Ⅲ)を参照。
(43)　市村高男「戦国末～豊臣期における検地と知行割―常陸国佐竹氏を事例として―」(本多隆成編『戦国・織豊期の権力と社会』吉川弘文館、一九九九)。
(44)　註(41)拙稿を参照。
(45)　「真壁文書」真壁氏幹書状(『真壁Ⅰ』第九五号)。
(46)　その他の年については、日付の前後で同形の花押を用いているため該当しない。
(47)　市村高男「戦国期における東国領主の結合形態」(同『戦国期東国の都市と権力』第一編第二章、思文閣出版、一九九四、初出は『歴史学研究』四九九、一九八一)。
(48)　本章の執筆過程で、石岡市教育委員会所蔵の写真帳から、矢口平右衛門家文書(24・25号)、小松崎八右衛門家文書(6号)の中に、これまで「水府志料」などの写本でのみ確認されてきた文書の原本があることを確認した。
また二〇一八年五月末、ネットオークションにおいて9・21号の市川氏宛の文書の写が含まれる「常陸国市川家文書」が売り立てられ、その存在が明らかとなった。

なお、写真帳の閲覧に当たっては、石岡市教育委員会の小杉山大輔氏のご高配を賜った。また「常陸国市川家文書」については、丸島和洋氏・木下聡氏より情報提供を頂いた。記して深く御礼申し上げたい。

第四章　「南方三十三館」謀殺事件考

はじめに

天正十九年(一五九一)二月、佐竹義重・義宣父子は知行配分と称し、鹿島・行方郡の領主たちを太田城へ招いた。これを受けて太田を訪れた領主たちは、二月九日、佐竹氏の兵によって謀殺され、二度と故郷の土を踏むことはなかった。彼らを殺害した佐竹氏は両郡へ出兵、謀略によって親族を討たれ、佐竹氏への復仇を誓う両郡の残党を打倒し、鹿島・行方郡を支配下に置いた。

これが、天正十九年二月〜三月にかけて常陸で起こった、佐竹氏による鹿島・行方郡に蟠踞してきた勢力、いわゆる「南方三十三館」(1)の謀殺事件として、近世以来語られてきた話の概略である。(2)しかし、その実態については、史料的制約が大きいこともあり、不明な部分が数多く残されている。この事件については、彼らの所在した地域の自治体史等での検討があり、(3)また専論として江原忠昭氏の論考がある。(4)江原氏は旧佐竹領に残る所伝などを基に、この事件について検討を加えた。本章はこの論考を踏まえつつ、特に「南方三十三館」各氏の人物比定を探っていくことを通し、改めて天正末年の常陸の状況をみていくこととする。

一　「南方三十三館」の実像

まず、「南方三十三館」という用語であるが、これは中世当時の用語ではなく、近世以降に作られた用語である。そもそも彼らが常にまとまって行動していたわけではなく、彼らの間でも利害から対立し、時に合戦を繰り広げていたことは、文書や「烟田旧記」[5]などからも明らかである。また、実際に三十三の館があったわけではなく、両郡に多数の領主が居たことを強調する意味で「三十三」という数字が使われたとみられる。[6]そして南方とは、近世常陸の中心地である水戸からみて、彼らの所領である鹿島・行方郡が南方にあったことから付けられた呼称と考えられる。

さて、佐竹氏によって謀殺された「南方三十三館」の諸氏について、「和光院過去帳」[7]は次のように記す。

〔史料1〕（「常陸国田嶋村伝灯山和光院過去帳」）

天正十九季辛卯二月九日

於佐竹太田生害衆　鹿島殿父子、カミ、嶋崎殿父子、玉造殿父子、

中居殿、釜田殿兄弟、アウカ殿、小高殿父子、手賀殿兄弟、

武田殿已上十六人、

まずは、ここに載せられた諸氏について、同時期の一次史料とつき合わせる形で、可能な限りではあるが人物比定を行う。「鹿島」は鹿島郡鹿島城（現鹿嶋市城山）の鹿島清秀とその子某。近世の系図や所伝では父の治時（天正四年〔一五七六〕二月没）[8]の名がみえ、[9]また現在の常陸大宮市山方の五輪塔に纏わる所伝では「清房」の名が伝わるが、一次史料から清秀であることは間違いない。[10]清秀は治時の三男といわれ、又六郎を称した。[11]その次にみえる「カミ」である

が、これは後述する清秀の室を指すものと思われる。「嶋崎」は行方郡島崎城（現潮来市島須）の嶋崎安定と子一徳丸。(12)安定も所伝によって別名が伝わる（安重・幹儀など）が、一次史料では安定のみ確認できる。(13)「玉造」は行方郡玉造城（現行方市玉造甲）の玉造重幹とその子某、(14)「中居」は鹿島郡中居城（現鉾田市中居）の中居秀幹、(15)「釜田」は同郡烟田城（現鉾田市烟田）の烟田通幹と弟某（所伝上は五郎）である。(16)「アウカ」は行方郡相賀城（現行方市根小屋）の相賀氏とみられるが、同氏については後述する手賀氏の流れとも、清和源氏の流れともいわれ、不明な点が多い。(17)「小高」は行方郡小高城（現行方市小高）の行方（小高）治部少輔とその子某。治部少輔は常陸介の子とみられる。(18)「手賀」は行方郡手賀城（現行方市手賀）の手賀氏兄弟（後掲史料2①にみえる刑部大輔・民部大輔。系図上では景国・高幹の名がみえる）、「武田」は行方郡木崎城（現行方市内宿）の武田七郎五郎（系図上では淡路守とも、実名は信房と伝わる）とみられる。この武田氏については、現在確認できる系図によれば、上杉禅秀の乱で没落した甲斐守護武田信満の弟信久が行方郡に入部した家とされるが、(19)既に南北朝期にこの地域で活動していた武田氏の存在も確認され、(20)この系統の末裔であった可能性も考えられる。

以上が「和光院過去帳」にみられる九氏一六人である。しかし、これ以外にも鹿島・行方両郡には多くの領主が存在した。続いてそちらについて検討を行う。天正末年の彼らに関するまとまった史料は管見の限り確認できず、時代的にややズレがある史料からの検討をせざるを得ないが、今回は次の三点を基に検討する。「喜連川文書」所収の史料2①「御書案」(21)、天正六年に作成され、その後同八年に妙覚坊秀舜なる人物が清書したとする奥書が残る②「小川岱状」(22)、天正十四年に佐竹氏家臣意汲が著した③「佐竹之書札之次第」(23)である。①は永禄～天正五年（一五五八～七七）、②は天正六年、③は天文から弘治年間（一五三二～五八）頃の内容を記したものとみられるが、何れも「南方三十三館」諸氏の名がまとまって載っていることから、本章ではこれらを用いて確認を行う。

〔史料2①〕（喜連川文書）

（前略）

一、行方郡中へ御書被レ成各々

行方《嶋崎》左衛門大夫　謹言、日下、　烟田又太郎　謹言
行方《小高》常陸介　謹言　武田七郎五郎　謹言
行方《玉造》常陸介　謹言　山田宮内太輔　謹言
手賀刑部太輔　謹言　《惣領》中居孫三郎　謹言
同　民部太輔　謹言　同　治部太輔　謹言
下河辺式部大夫　謹言　嶋置〔崎カ〕右衛門大夫　謹言
芹澤土佐守　謹言　鹿嶋左衛門大夫常陸介ニ受領
津賀左近大夫将監　謹言

（後略）

「義氏様御代中御書案之書留」で始まるこの史料は、古河公方足利義氏の関係文書と書札礼をまとめたものである。鹿島・行方郡の諸氏については、「行方郡中へ」とありながら、鹿島・烟田・中居・津賀氏と鹿島郡の勢力の名がみえており、中世～近世の人々が、鹿島・行方郡を一つのまとまりとして考えていたともいえようか。

さて、史料1で現れていない勢力としては、山田・下河辺・芹澤・津賀の四氏がある。山田氏は行方郡山田城主（現行方市山田）。天文末年頃に江戸氏に従った山田治広や、[24] 天正十四年の行方武田氏との合戦で戦功を挙げ、大掾清幹から官途状を受けた山田左近将監は一族であろう。[25] その出自については、常陸平氏行方流とも藤原氏流ともいわ

れ、判然としない。(26) 下河辺氏は行方郡八甲（行方）城主（現行方市行方）。天正年間の当主は氏親。(27) 鎌倉幕府の有力御家人下河辺氏の系譜を引き、氏親の祖父義親の頃に行方郡に入ったという。(28) 芹澤氏は行方郡芹澤城主（現行方市芹沢）。この頃の当主は国幹、芹澤氏は常陸平氏宗家の多気流を称し、十五世紀前半に所領のあった相模国を離れ、行方郡に入部したといわれる。また家伝として医療に携わっており、それを通じて他国の諸氏とも交流を結んでいた。(29) 津賀氏は鹿島郡津賀城主（現鹿嶋市津賀）。「和光院過去帳」には、天正十四年八月の江戸氏と大掾氏の行里川合戦で「ツガノ大炊頭」が討死したとあり、(30) 天正十九年当時はその子が家督にあったとみられる。

〔史料２②〕（内閣文庫所蔵「小川岱状」）

（前略）

義重へ御同陣ハ那須殿御父子・宇都宮殿、是ハ御病者ナレハトテ御代官ニ芳賀十郎、大掾殿ハ御幼稚故御代ト聞ケリ、

去程ニ鹿島・島崎・札・中居・武田・小高・下河辺・相賀・手賀・玉造・三村・竹原・江戸・宍戸・佐竹左衛門督義斯・同中務太輔義久・石神・額田・小場・戸村・太山・石塚・月居・野口・小川・武茂・松野・千本・茂木・笠間・益子・祖母井・真岡・上三川・多劫・塩谷・来連川・真壁・太田三楽斎・梶原源太・多賀谷・平塚・水谷父子・結城之旗本、都合其勢七千余騎ニテ、五月廿八日ニ佐竹殿之御陣ヲハ、小河岱ヘソ被遣、

（後略）

②は「小川岱状」にみえる、小川岱合戦で反後北条方として参陣した勢力を列挙した部分を抜粋したものであり、傍線部が「南方三十三館」の諸氏を指す。これまでみた家を除くと、札氏の名がみえる。札氏は鹿島郡札城主（現鉾田市札）。系図上では幹繁の名がみえる。彼については系図類で大掾清幹の弟や次男とされることがあるが、(31) 清幹の

年齢等からみて、事実とは考えがたい。

またこの部分の記載については、主力である佐竹・那須・宇都宮・大掾の四家に続いて、鹿島・行方諸氏と大掾氏一族（三村・竹原氏）・江戸・宍戸を挟み、佐竹一族と被官、宇都宮被官、親佐竹勢力（真壁・太田父子）、結城被官の順に記されており、鹿島・行方諸氏、そして大掾氏一族が佐竹氏の被官とは別とされている。当時の「南方三十三館」諸氏と佐竹氏の関係が、あくまでも軍事的なものに留まるという認識が存在したといえよう。

〔史料2③〕（秋田県公文書館所蔵「佐竹之書札之次第」）

（前略）

一、屋形様より行方衆、鹿嶋郷へもくたりかきなり、そはかきなし

恐々謹言と被遊、年始状なり、つねハきりかミなり、何も自かき也

一、行方衆ハ小高治部大輔殿、下川辺式部大輔殿、芹澤土佐守殿、玉造常陸守殿、手賀民部大輔殿、嶋崎左衛門大夫殿、麻生式部大輔殿、武田七郎五郎殿、

一、鹿嶋《かしま郡》左衛門大夫殿、中居式部大輔殿、烟田右衛門大夫殿、林弾正忠殿、札治部少輔殿、津賀大炊頭殿、

（後略）

③は「佐竹之書札之次第」の内、鹿島・行方郡に関する部分を抜粋したものである。著者の蘆雪斎意汲は、天文末～弘治年間頃に佐竹宗家の文書発給や授受に携わったとされ、その経験を基に作成された書札集とされる[32]。ここから、佐竹氏が鹿島・行方諸氏に対し下り書の書札を用いていたことがわかる。天正年間当時は代替わりをしたり、名乗りを変えていたりするものも多いが、戦国後期の鹿島・行方郡を考える上で貴重な史料といえよう。

先にみた者以外では、麻生・林氏の名がみえる。麻生氏は行方郡麻生城主（現行方市麻生）だが、天正十二年に嶋崎

氏との合戦に敗れ、当主之幹は所領を失い没落したといわれており、天正十八〜十九年の活動は明らかではない[33]。林氏は鹿島郡林城主（現鹿嶋市林）。弾正忠の官途を称し[34]、名は時国と系図等にみえるが、天正十七年に鹿島氏等との対立から彼が殺害されて断絶したとする所伝が残っており[35]、その後の活動は良くわからない。

この他、当時の行方郡には鳥名木城（現行方市手賀）の鳥名木氏があり[36]、また近世に鹿島・行方地域で作成された「南郡諸氏譜[37]」には、下吉影（現小美玉市下吉影）の野口氏、青柳（現鉾田市青柳）の武田氏（木崎城主武田氏と同族）、西蓮寺（現行方市西蓮寺）の小貫氏、小幡城（現行方市小幡）の小幡氏などの名が確認できる。その他、『新編常陸国誌』などの地誌にも、この地域に在った氏族の名をみることができるが、彼らに関する一次史料は管見の限りほとんど確認できないのが現状である。

二　謀殺の経過

ここまでみてきた、鹿島・行方合わせて二〇氏以上の勢力が、後世に「南方三十三館」と呼ばれた領主たちと考えられる。続いて、佐竹氏が何故彼らを謀殺するに至ったのかを考えるために、この時期の情勢をみていく。

1　天正十八年前半

天正十八年の豊臣秀吉による後北条氏攻めに際し、常陸の勢力の行動は大きく三つに分かれた。佐竹氏とともに秀吉方に参陣するもの、岡見氏・土岐氏のように後北条方に従うもの、そして秀吉の下へ参陣せず、かといって後北条氏にも従わない中立的立場のものである。「南方三十三館」では、嶋崎氏・烟田氏が佐竹氏とともに合戦に参加したものの、多くは三番目の立場を選択し、自領に残っていた。彼らがこのような決断をした理由について、近世の系図や地誌では、後北条氏と結んだという説を採るものが多くある。例えば『常陸三家譜』では次のようにみえる。

〔史料3〕（『常陸三家譜』所収「常陸大掾氏譜」浄幹の項）

通寿云

天正十八年関東ノ太守北条氏政ヲ攻テ秀吉小田原ニ下向、浄幹ハ氏政ニ属ス、北条家老松田尾張守府中ニ下向シテ、浄幹ノ一家ヲ小田原へ申約ス、行方郡、鹿島郡、水戸吉田、石川、真壁、小栗等ノ一族ヲ高浜ニ召ヨセ連判ス、(38)（後略）

秀吉の小田原攻めに際し、大掾清幹（浄幹と表記）が後北条氏方に属した事、後北条氏の家老松田尾張守（憲秀）が府中を訪れ、大掾氏一族と盟約を結ぼうとしたこと、これに応じた行方・鹿島・吉田・石川・真壁・小栗の諸氏が高浜（現石岡市高浜）に集まって連判したという内容である。しかし、これを示す一次史料は確認できず、また大掾清幹は佐竹義宣に秀吉への取り成しを依頼したこと、(39)真壁氏や嶋崎氏が佐竹氏に従い出陣し、秀吉に拝謁したこと、(40)烟田氏が忍城攻めに参陣したこと等から、(41)この話が事実とは考えられない。

佐竹氏とともに参陣せず、自領へ籠った者が多かった要因としては、周辺諸氏との対立や家臣団の内紛などが挙げられる。例えば水戸城の江戸重通の場合、天正年間の二度に亙る府中合戦以来続く大掾氏との対立があり、(42)加えて前年に起こった神生の乱に起因する家臣団の対立も抱えていた。(43)また鹿島氏の場合、永禄末年頃から親江戸氏派と親国分氏派の対立が続き、わずか二十年の間に氏幹・義清・通晴・貞信・清秀と家督が兄弟間で次々と移り、この間に江戸氏の鹿島侵攻がたびたび行われるなど、その勢力は弱体化していた。(44)その他の諸氏も、周辺勢力との関係が不参の一因となったと思われる。

しかし、この不参が佐竹氏にその後の主導権を握られ、やがて没落という結果を生むことになる。八月一日、秀吉は佐竹氏に対し次の朱印状を発給した。

〔史料4〕（「佐竹文書　五坤」）

常陸国并下野国之内、所々当地〔知〕行分弐拾壱万六千七百五拾八貫文之事、相二添目録別紙一、令レ扶二助之一訖、然上者、義重・義信〔宣〕任二覚悟一、全可レ令二領知一者也、

天正十八年庚寅八月朔日[45]　（朱印影）

佐竹常陸助殿

これにより佐竹氏は常陸・下野合わせて二一万六七五八貫文を安堵された。この数字は、常陸国内では結城秀康に与えられた藤沢や土浦といった旧小田氏領の一部や、多賀谷重経に安堵された下妻周辺を除いた土地である以上、佐竹氏が自力で領有していた地域（那珂川以北と旧小田氏領の一部）だけでは到底足りえず、江戸氏・大掾氏領や鹿島・行方郡を含んだ数字と考えざるを得ない。

この安堵について、藤木久志氏は、豊臣政権が義宣へ「洞中之さしいたし帳」を提出させ、それへの加判＝承認という形で行われたとする。そしてその範囲は、江戸氏・大掾氏や鹿島・行方郡の諸氏分を包括するものであり、小田原へ参陣しなかった彼らの主張を認めず、これら非佐竹領国部分をも「当知行分」として佐竹領知権に帰属させたとする[46]。

また市村高男氏は、安堵の二日前である七月二十九日、義宣が一族の東義久へ鹿島郡を与えた一方[47]、八月九日付の義宣書状では、石田三成との会談で、義久を府中へ据えるようにいわれたことを挙げ[48]、何れの動きも、大掾氏や鹿島氏の存在を無視した動きであると同時に、江戸氏・大掾氏や鹿島・行方諸氏の持つ領主権の否定が既定路線であった

こと、そこに三成が強い関与を示しており、八月一日の安堵にこれらの所領が全て包摂されている蓋然性が高いことを述べている[49]。

義宣が七月十六日付の黒印状で、家臣に対し自分の知行分に関する書立の作成を命じたことは間違いないが、現存する命令は奥七郡に所領を持っていた家臣の石井氏に伝来したもののみであり[50]、その命令がどの規模で出されたかはわからない。また、書立は八月一日の数日前に義宣に届けられ、それを基に作成された「洞中之さしいたし帳」が秀吉の下へ送られたと考えられるが、日付から考えても、わずか二週間でどこまで書立を集められたであろうか。少なくとも、小田原合戦に不参の江戸氏や大掾氏、鹿島・行方郡の諸氏が、佐竹氏家臣と同じように書立を出すことは考えがたく、また佐竹氏としても、彼らに書立を出させることはほぼ不可能なことであったと思われる。

この点は市村氏も疑問とし、書立を出せなかった地域については、義宣が「以₂自分之積₁」て処置したとするが[51]、不参組の所領に関しては、義宣が勝手に自領と主張した可能性は高いと思われ、或いはそもそも書立の提出も彼らに求めていなかったことも考えられる。大掾清幹が義宣に秀吉への取り成しを求めたのに対し、義宣がそれを黙殺したことは、その直後に石田三成が東義久を府中へ置くように義宣との会談で述べたことからも、清幹の話が豊臣政権側に伝わっていなかったとみて間違いない。また市村氏は大掾氏領や鹿島郡などを巡り、義宣と石田三成・東義久の間で確執があった可能性を述べている。豊臣政権における佐竹氏の立ち位置をそれぞれ考える中での対立があった可能性は十分考えられるが、何れにせよ江戸氏・大掾氏や鹿島・行方郡の諸氏の討伐という路線は、三者の共通理解であったとみられる。佐竹氏は豊臣政権という強大な権力との繋がりを利用し、これまで自らの力の及ばなかった地域を自らの勢力圏に取り込もうと図ったのである。

2　天正十八年後半

所領安堵により豊臣政権という後ろ楯を得た佐竹義宣は、同年十一月に上洛する。先に上洛していた父義重と交代という形であったとみられる。その直前、義宣は重臣真崎義伊に対し、次のような書状を発給した。

〔史料5〕（「秋田藩家蔵文書　一七」）

今度上洛付而、供之儀雖㆓侘言候㆒、江戸之為㆓仕置㆒指置候、於㆓何事㆒も和田安房守同前に可㆓走廻㆒事尤候、若兎角之仁候者、其調可㆑申候、行方郡之仕置任置候、佞人之儀候而申㆓上子細㆒候者、速可㆑及㆓糺明㆒候、恐々謹言、

霜月十日　　　義宣（花押影）

真崎兵庫助殿[52]

ここから、義宣が真崎義伊に対し、江戸氏と行方郡の仕置を命じていることがわかる。これは義宣が明確に彼らに対し何らかの処置を取ることを表明したと理解され、大掾氏や鹿島郡の仕置についても、別の書状が出された可能性が高い。

この命を受け、佐竹氏は父義重を中心として軍備を整え、翌十二月に兵を挙げ、まずは江戸氏を攻撃する。勝倉（現ひたちなか市勝倉）での合戦などを制し、水戸城を攻略したのは十九日のことという[53]。一連の戦で、江戸氏の重臣の多くや、宍戸氏当主の義綱（江戸氏一族鯉淵氏の出身）等が討死し、江戸重通は舅の結城晴朝の下へ逃れた。

勢いに乗る佐竹氏はそのまま南下し、大掾氏を攻撃する。木沢の合戦で大掾方を破り、府中城を攻め落としたのは二十二日とも二十八日ともいわれる[54]。大掾氏家臣の多くは討死したと伝えられ、当主清幹も城下で自害した。享年は十八[55]。彼の死により、中世を通じて常陸で活動してきた大掾氏は滅亡し、佐竹氏は水戸・府中を勢力下に収めた。

3　天正十九年正月〜二月九日

常陸において父義重を中心とした佐竹勢が府中城を攻めていた十二月二十三日、上洛中の義宣は従五位下侍従に任じられた(56)。またやはり上洛していたとみられる一族の東義久も、翌天正十九年正月二日に中務大輔に任じられている(57)。この任官を手土産として義宣は閏正月二十五日に帰城する。ちょうどこの間に、石田三成と義宣との間で次のような奉書が遣り取りされたといわれる。

〔史料6〕（『常陸編年　三十五』）

常陸国鎌〔烟〕田、玉造、下河辺、鹿島、行方、手賀、島〔嶋〕崎之面々、宜任㆓先例㆒可㆑令㆓成敗㆒之条、被㆓仰出㆒畢、依下知如㆑件、

月日　石田治部少輔三成

佐竹右京大夫殿(58)

烟田・玉造・下河辺・鹿島・行方（小高）・手賀・嶋崎のことについて、先例に任せ成敗するようにという内容である。この文書を『常陸編年』は、義宣と同時期に上洛していた東義久が石田三成に願い出る形で発給されたとする。日付を欠くが、江戸氏や大掾氏の名がみえないことから考えて、天正十九年正月以降と推定できる。しかし、既に佐々木倫朗氏が、形式や同時期の三成書状との比較を行った上で、「偽文書と判断すべきものと思われる(59)」と述べたように、実際に発給された文書の写とは考えがたい。

さて、帰国した義宣は、まもなく「南方三十三館」を太田城へ招いた。理由については明確ではなく、知行配分とする考え方が有力であるが、或いは義宣が無事に帰国し、また豊臣政権から正式に侍従に任じられたことなどを祝うためとも考えられる。何れにせよ、義宣からの要請に応じて、彼らの多くが太田へ向かった。子を連れていった理由

は不明だが、佐竹氏への顔見せという意味合いも考えられよう。

太田へ向かう途上、彼らは太田近辺の各所に滞留した。所伝によれば、山方城（現常陸大宮市山方）に鹿島清秀、上小川（現久慈郡大子町頃藤）に嶋崎安定が入ったという。しかし、彼らはそこで佐竹方の襲撃を受け、殺害されてしまったのである。この殺害劇を示す良質の史料は全くといっていいほど残っていないが[60]、史料1で掲げた「和光院過去帳」を含め、次のような記録類がある[61]。

〔史料7①〕（「烟田旧記」）

辛卯年右衛門太夫二月九日生涯ス、[62]

〔史料7②〕（「義宣家譜」）

（天正十八年二月）九日　玉造重幹（左衛門尉）を太田に誅す[63]。

〔史料7③〕（「六地蔵寺過去帳」）

桂林杲《シマサキ》白禅定門天正十九年辛卯、於上ノ小河横死、

春光禅《シマザキ》定門号一徳丸於二上ノ小川一生害、[64]

①は「烟田旧記」にみえる烟田通幹自害の記事、②は『佐竹家譜』に唯一記された玉造重幹殺害の記事である。②については天正十八年の出来事とし、また重幹の殺害場所を太田城とするが、近世秋田藩にも、この一件に関する史料がほとんど残っていなかったことがここからもうかがえる。或いは血生臭い殺害劇をマイナスイメージとして、家譜には載せなかったのかも知れないが、少なくとも玉造氏を殺害したことは佐竹氏も認めていた。③は「六地蔵寺過去帳」の嶋崎父子の記事で、天正十九年に上小川で「横死」「生害」したと記されており、何らかの事件があったことは間違いない。

また、中居秀幹や烟田通幹のように、襲撃の報を受けて逃走を図るも失敗して討たれたり[65]、逆に札氏や青柳武田氏のように佐竹氏の捜索から逃げ切ったりしたという所伝もあり[66]、二月九日の一日で事件が終結したとは考え難い。二月九日は事件の開始日であり、例えば大窪の正伝寺（現日立市大久保町）まで逃れた末に自害した玉造重幹の死はその後（十、十一日頃）であった可能性もあるだろう。

何れにせよ、この謀殺劇により、「南方三十三館」諸氏は壊滅的な打撃を蒙った。特に、先の小田原における秀吉への拝謁にも参加した嶋崎氏、忍城攻めへ参軍した烟田氏の殺害は、佐竹氏が両郡を自らの支配下とする明確な意思の下で行われたといえ、豊臣政権からその後何らの処罰を受けていないことを考えるならば、事前にこのような行動を取ることを認められていた可能性を指摘した市村氏の見解は、この一連の行動からも改めて妥当と考えられよう。

4　天正十九年二月中旬～三月

「南方三十三館」の大半を謀殺した佐竹氏は、すぐに鹿島・行方郡へ侵攻した。所伝によれば、鹿島へ町田備前守、烟田へ人見越前守、玉造へ宇垣伊賀守を派遣したといわれる[67]。まずはこの三人の比定を行うが、彼らは何れも「秋田藩家蔵文書　四七」にその名を確認できる。

町田備前守は、その後文禄四年（一五九五）と比定できる東義久判物から、鹿島郡の当麻村（現鉾田市当間）に一〇〇石を得ていることが確認でき、東義久の被官と考えられる[68]。同時期にやはり義久の被官として活動が見られる町田右馬助（後に摂津守）と同族とみられ、系図では兄弟と伝えられている[69]。鹿島郡は前述の通り義久の所領となっており、町田は義久の命を受けて一軍を率いたのであろう。

人見越前守については、慶長年間とみられる史料で、町田摂津守らとともに東義久より鉄砲二〇丁の軍役を課されたことが確認できる。[70] 当該期には、小野崎氏の一族で人見氏を継いだ藤道（主膳正）の活動がみえるが、その一族で義久に仕えた人物である可能性が考えられる。[71]

宇垣伊賀守は宇垣秀直のことで、文禄三年に鉄砲衆五〇人を義宣に預けられていることから、義宣の被官とみられる。[72] 元々は備前の出身で、天正年間頃に常陸へ流れてきたという。[73] 備前宇垣氏は徳倉城（現岡山市北区御津河内）の城主で、金川城（現岡山市北区御津金川）の城主松田氏の重臣であったが、永禄十一年（一五六八）、宇喜多直家によって主家が滅ぼされた際に宇垣氏も没落した。徳倉城主宇垣氏と秀直の具体的な系譜関係は不明であるが、[74] 所伝の通りとするならば、この時に秀直は備前から常陸へ流れてきたのだろう。秀直は元和二年（一六一六）に八十二歳で没したとされ、逆算すると天文四年（一五三五）生まれとなり、天正十九年当時は五十七歳であった。

以上の三人を大将として、佐竹氏は鹿島・行方郡へ侵攻してきたとみられる。

この佐竹氏の軍勢に対する「南方三十三館」の残党は、自らの拠点で応戦した者、或いは一か所にまとまって抵抗しようとした者、佐竹氏を恐れ逃亡した者など、その動きは様々であったという。特に抵抗が大きかったといわれるのが鹿島城であり、清秀の室を大将として頑強に抵抗したという。佐竹氏はその抵抗の大きさに、大砲を据えて鹿島城の城壁を破壊した上で攻撃を仕掛け、これを落城させたといわれる。[75] 落城により清秀の室は自害したが、この徹底抗戦の姿勢が、「和光院過去帳」に「カミ」として名を載せる結果となったと考えられる。鹿島城以外でも、佐竹氏に対し頑強な抵抗を示した「南方三十三館」であったが、鹿島氏・嶋崎氏など有力諸氏の当主が先に謀殺されていたことや、佐竹勢の圧倒的な軍事力の前に城を攻め落とされ、或いは内通者によって落城し、また大軍の前に自ら城を開いて降伏するなど、抵抗は短期間で収束していった。

平定後の佐竹氏は、家臣を両郡に派遣して統治を行った。所伝によれば、行方小高に北義憲、堀之内に小貫大蔵、行方八甲城に荒張尾張守、鹿島宮中に東義久、鉾田に酒匂豊前守を配置したという。[76]この内、東義久は先にみたように義宣からの安堵状が残っており、また鹿島清秀が存命していた天正十九年閏正月十三日の時点で、「鹿島郡配当之砌」として江川弥右衛門尉に所領を与える旨の知行充行状を出しており、その後鹿島を治めたことは間違いない。[77]北義憲については、天正十八年八月に義宣の弟能化丸（後の貞隆）が岩城氏へ入ったことを受け、その後見として活動しており、活動の中心は南奥に移っていた。[78]その後も岩城家中の統制に活躍した彼の小高配置は疑問である。小貫大蔵は佐竹氏の重臣小貫頼久だが、義宣の側近である彼が、文禄年間には人見藤道や和田昭為とともに佐竹家の中枢で精力的に活動していたことは、この時期に多数出された連署知行充行状からも間違いない。行方郡には文禄四年八月に「小貫大蔵」単独の知行充行状が複数残っており、[79]このことが小貫氏の行方郡入りと後世に理解された可能性もあるが、何れにせよ頼久の拠点は行方郡ではなく水戸であったと思われる。残る荒張・酒匂氏については、その実態を確認することができない。鹿島郡については東義久による統治とみて間違いないと思われるが、行方郡の統治については、佐竹宗家の直轄地とされた可能性も含め、検討の余地があるだろう。

なお、佐竹氏は統治に当たり、「南方三十三館」の被官層を取り込み、円滑な運営を狙った。これにより、鹿島氏被官木滝氏や小神野氏・額賀氏、烟田氏被官井川氏、玉造氏被官大場氏などが東義久の家臣団に加わり、統治が進められたのである。[80]

一方、佐竹氏の一連の活動により、「南方三十三館」の諸氏はそれまで有してきた支配基盤を完全に破壊された。またこれにより、中世を通じて常陸平氏の一門が大使役を勤め、断続的に続けられてきた鹿島社の一大祭礼である「七月大祭」が、天正十八年を最後に長期に亙り断絶するなど、鹿島社にも大きな影響を与えることとなった。[81]没落した諸氏のその後については、所伝が多く残っているが、その血筋の多くはその後も受け継がれたという。鹿島氏の場合、清秀の後を下総矢作城主国分胤政（小田原合戦時に没落）の子胤光（母は鹿島治時の女で[82]、胤光は清秀の甥にあたる）が継ぎ、それまで鹿島氏当主が鹿島社から任じられてきた惣大行事職も継承したという[83]。また長く佐竹氏と親しい関係を構築していたために、謀殺から逃れることができた芹澤氏は、芹澤没落後に常陸を離れ、一時宍戸藩秋田氏に仕えた後に徳川家康から扶持を受けて故郷へ戻った。その子孫は水戸藩に仕え、一方で家伝の医療に携わったという[84]。同じく行方郡の烏名木氏は、天正十九年春の動向は不明であるが、後に麻生藩主となった新庄氏に仕官するなど[85]、生き残った諸氏の動向は様々であった。彼らの旧臣の中には、前述の通り佐竹氏や他家に仕官したり、在地の有力者となったりした者も多く、烟田氏のように血筋の途絶えた家が、旧臣の尽力によって名跡を復活させるなど[86]、天正十九年以前の主従関係も大事にされていた。

これらの事例から考えて、佐竹氏は当主を殺害し、彼らの統治基盤を破壊した一方で、彼らの血筋を根絶させるような行動はほとんど取らなかったといえる。彼らを族滅させることで、長くその勢力下にあった在地の反発を受けることを恐れたのであろうか。しかしそれ故に、彼らは地元で帰農したり、或いは他家に仕えたりと、様々な動きをしながら、その血筋を脈々と受け継いだ。また先祖の残した古文書や記録類は大切に保管・継承され、現代まで命を繋いだのである。

おわりに

天正十八年（一五九〇）十二月の江戸氏・大掾氏の討伐に始まり[87]、「南方三十三館」謀殺と鹿島・行方郡の平定、そしてこれと並行した額田城主小野崎昭通の追放によって、佐竹氏は常陸の大半を自らの所領とすることに成功するとともに、本拠地をそれまでの太田から交通の要衝でもあった水戸へ移した。そしてこの頃より始まった政治体制の改革を通じ、それまでの宗家を中心に佐竹三家（北・東・南）を両翼とする権力体制から、宗家と譜代・直臣層を中心とする権力体制の下で分国支配を開始したのである[88]。

一方、「南方三十三館」諸氏の多くもまた、その血筋を残し、鹿島・行方郡内の各地に生き残った。そしてその子孫たちは、佐竹氏、その秋田移封後の武田信吉・徳川頼宣の統治を経て、徳川頼房以後、水戸藩の治世下に両郡の大半が置かれる中で、旧主を懐かしみ、また自らの先祖たちの活躍を後世に伝えるために、たくさんの伝承が生み出され、またそれが受け継がれていったのである。

天正十八～十九年頃の常陸の情勢については、依然不明な点も多く残されており、未翻刻を含む関係史料の収集と検討、また地域に残された所伝の見直しなど、様々な方法により、それらを少しずつ明らかにしていくことができればと考えるが、それらは今後の課題である。

註

（1）史料によっては、「南郡三十三館」や「南領三十三館」などとも呼ばれ、統一された呼称でないことは確かであるが、本章では便宜上「南方三十三館」と呼称する。

（2）『新編常陸国誌』（中山信名著、色川三中修訂、栗田寛補、崙書房、一九七六、初刊は積善堂、一八九九）、『常陸編年』（中山信名著、『茨城県立歴史館史料叢書一五　常陸編年』茨城県立歴史館、二〇一二）。

（3）『玉造町史』第三章（平田満男執筆、一九八〇）、『鹿島中世回廊』（飛田秀世執筆、一九九二）、『鉾田町史　通史編上巻』第二編第四章（今泉徹執筆、二〇〇〇）、『北浦町史』第三編第二章（橋川栄作執筆、二〇〇四）、大石泰史編『全国

国衆ガイド―戦国の地元の殿様たち―』（星海社、二〇一五）の常陸国関係分（筆者執筆）など。
（4）江原忠昭「鹿島行方三十三館の仕置」（『常陸太田市史余録』五、一九七九）。この他関連する論考として、「南方三十三館」の城郭について検討した三島正之「南方三十三館について―縄張りからの視点―」（『中世城郭研究』創刊号、一九八七）がある。
（5）「烟田旧記」（「安得虎子　六」『安得虎子』一九三〜二一〇頁）。
（6）このような実数でない数字の呼称については、長塚孝「中世後期における地域概念の一事例―郷数表記による地域表示―」（『戦国史研究』二〇、一九九〇）を参照。
（7）『常陸国田嶋村伝灯山和光院過去帳』（『群書類従　第二十九輯』）、今枝愛真「和光院過去帳新補について」（『史学文学』四―三、一九六三）。
（8）『大蟲岑和尚語集』（『牛久Ⅱ』三七五頁）。
（9）「鹿島大宮司系図」（『群系七』一八四頁）、「鹿島惣大行事家文書」惣大行事系譜断簡（茨城県立歴史館寄託）など。
（10）「鹿島神宮文書」鹿島清秀書状（『鹿島Ⅰ』第一四八号）、惣大行事職補任符案（同第一九五号）。
（11）治時には、少なくとも氏幹（孫次郎）・義清（又三郎）・清秀（又六郎）・貞信（又七郎）・通晴（又十郎）という五人の子が居たとされる。そして、「木滝文書」の永禄二年（一五五九）の年号が記された金剛寺俊円の記録（岡泰雄『鹿島神宮誌』鹿島神宮奉賛会、一九三三、二〇八〜二一三頁）に「治時卅七、息氏幹十四、弟達三人有レ之」とあることから、清秀については氏幹の生まれた天文十五年（一五四六）以降、永禄二年以前の生まれであり、天正十九年（一五九一）当時は四十代前後と推定できる。
（12）『常陸国茨城郡六段田村六地蔵寺過去帳』（『群書類従　第二十九輯』）。

(13)「水府志料　一二」嶋崎安定判物写（『茨県Ⅱ』第一八二号）。
(14)「水府志料附録　三十」（内閣文庫所蔵）。
(15)「鹿島神宮文書」中居秀幹書状（『鹿島Ⅰ』第一四九号）。
(16)「烟田旧記」（『安得虎子』二〇五頁上段）、「平氏譜」（東京大学史料編纂所所蔵謄写本『常陸誌料　一』）。
(17) 行方市根小屋の前島氏所蔵史料によれば、戦国末期の当主を「手賀左近尉源之義元」と清和源氏の出自とし、相賀入道を名乗ったとする（「常陸の国相賀山城主手賀氏聞書之事」『麻生の文化』一、一九六九）。一方で、同氏の出自を常陸平氏行方流手賀氏の流れとし、また実名を詮秀とする所伝もある。また前述の史料によれば、「義元」は佐竹氏の襲撃を逃れ、妻の実家真壁氏の下に潜伏し、文禄四年（一五九五）に病死したという。また次男三郎四郎が佐竹氏襲撃時に自害したとされており、「和光院過去帳」の「アウカ」は彼であろうか。
(18) 近世の所伝では、治部少輔の父を「小高治部大輔」とするものが多いが、後述する史料2①の記述から、常陸介を名乗っていたことは間違いない。また常陸介は、「佐竹文書　一坤」小高義秀書状写（佐々木倫朗「史料紹介「佐竹文書　一」」『鴨台史学』一〇、二〇一〇、第四六号）にみえる義秀と同一人物と思われ、彼の子が治部少輔と考えられる。
(19)「諸氏譜」（東京大学史料編纂所所蔵謄写本『常陸誌料　六』）。祖とされる信久は、「円光院武田氏系図」や「武田源氏一統系図」（共に西川広平「武田氏系図の成立」峰岸純夫・入間田宣夫・白根靖大編『中世武家系図の史料論　下巻』高志書院、二〇〇七）などに「七郎」「号市部」とみえ、甲斐国市部（現山梨県笛吹市石和町市部）に在ったとみられる。
(20)「鹿島神宮文書」足利尊氏御判御教書（『鹿島Ⅰ』第一一二号）、武田高信請文（同第一一三号）。この武田氏については、清和源氏説・常陸平氏説など諸説があり、その出自を確定できない。
(21)「喜連川文書」御書案（『喜連川町史　第五巻（上）』第二部第二五号）。

（22）「小川岱状」（内閣文庫所蔵、『関城』第五章第九七号）。
（23）「佐竹之書札之次第」（秋田県公文書館所蔵、佐々木倫朗・今泉徹「『佐竹之書札之次第・佐竹書札私』（秋田県公文書館蔵）」『日本史学集録』二四、二〇〇一）。
（24）「谷田部家譜」山田治広書状写（『牛久Ⅰ』第四章第六号）。
（25）「安得虎子　六」大掾清幹官途状写（『安得虎子』一七二頁上段）。
（26）池永寿「山田一族の盛衰とその城館について」（『郷土北浦』五、一九七四）、『北浦町史』（註（3）に同じ）。
（27）「佐竹文書　一坤」下河辺氏親書状写（註（18）佐々木論文第四五号）。
（28）野内正美「戦国の世と麻生地方」（『麻生町史』第二編第二章第三節、二〇〇二）。
（29）芹澤雄二『芹澤家の歴史』（私家版、一九七二）、烟田幹衛「東常陸における在地勢力の動向―芹澤氏の対外施策をめぐって―」（『茨城史学』三四、一九九九）。
（30）註（7）に同じ。
（31）「常陸大掾系図」（静嘉堂文庫所蔵）など。
（32）註（23）佐々木・今泉論文を参照。
（33）註（28）を参照。没落後の麻生之幹は江戸崎城の土岐治綱を頼ったといわれる。
（34）「文禄慶長御書案」足利義氏書状写（『戦古』第一一九六号）。
（35）「常陸南領三十三館記」（茨城県立歴史館寄託「鹿島惣大行事家文書」）。
（36）鳥名木氏については、天文十年代に足利晴氏との関係がみられる（「鳥名木文書」足利晴氏書状『茨県Ⅰ』第三六号）が、それ以後、慶長年間に入るまでの動向を史料からみることはできない。

(37)「南郡諸士譜」(静嘉堂文庫所蔵)。
(38)「常陸大掾氏譜」(東京大学史料編纂所所蔵謄写本『常陸三家譜　二』)。この記事について、筆者の小宮山楓軒は「通寿云」と注記しており、谷田部通寿の話や史料に依拠して記している。
(39)「松蘿随筆　集古二」大掾清幹書状写(茨城県立図書館所蔵松蘿館文庫)。
(40)「佐竹文書」佐竹義宣・宇都宮国綱参礼次第注文写(『埼玉六』第一五五六号)。
(41)「烟田旧記」(『安得虎子』二〇五頁上段)。
(42)府中合戦については、拙稿「戦国期常陸大掾氏の位置づけ」(本書第二部第二章、初出は『日本歴史』七七九、二〇一三)を参照。
(43)江戸氏については、藤木久志「常陸の江戸氏」(萩原龍夫編『江戸氏の研究』名著出版、一九七七、初出は『水戸市史』第八章、一九六三)、柴辻俊六「常陸江戸氏の発展と滅亡」(『歴史手帖』一〇―三、一九八二)を参照。
(44)註(3)『鉾田町史』を参照。
(45)「佐竹文書　五」豊臣秀吉朱印状写(『龍ヶ崎』第四章第一節第一号)。
(46)藤木久志「豊臣期大名論序説」(同『戦国大名の権力構造』Ⅳ―1、吉川弘文館、一九八七、初出は『歴史学研究』二八七、一九六四)。
(47)「奈良文書」佐竹義宣書状(『茨県Ⅴ』第二九号)。
(48)「秋田藩家蔵文書　一六」佐竹義宣書状写(『茨県Ⅳ』第二一号)。
(49)市村高男「戦国末～豊臣期における検地と知行制」(本多隆成編『戦国・織豊期の権力と社会』吉川弘文館、一九九九)。

(50)「秋田藩家蔵文書　一五」佐竹義宣黒印状写(『茨県Ⅳ』第二一号)。

(51)註(49)市村論文の註(24)を参照。

(52)「秋田藩家蔵文書　一七」佐竹義宣書状写(『茨県Ⅳ』第五〇号)。真崎氏については、佐々木倫朗「真崎義伊(宣伊・宣治)に関する一考察」(『栃木県立文書館研究紀要』一六、二〇一二)を参照。

(53)「圷文書」佐竹義重官途状(『館と宿の中世―常陸大宮の城跡とその周辺―』茨城大学中世史研究会、常陸大宮市歴史民俗資料館編、二〇〇九、第五一号)など。ただし、この時に出されたとされる文書は、何れも花押形が当時の義重のものとは全く異なり、検討の余地がある。

(54)註(42)拙稿、『石岡市史　下巻』第Ⅲ編第三章(池田公一執筆、一九八五)。なお、木沢の合戦については、「常陸大掾清幹公御代御家人荒々記」(「矢口家文書」『石岡の地誌』第二〇号)など近世に作られた記録にみられ、この戦で大掾氏家臣の多くが討死したといわれていることから、佐竹氏の府中城攻撃に先立って繰り広げられた合戦と推定できる。本章では、「矢口家文書」の写真帳(石岡市教育委員会所蔵)に基づき「木沢」としたが、やはり近世に成立したとみられる異本の翻刻では「水沢」とする(「常陸府中大掾幕下録　全」『石岡市史編纂史料』二、一九五八。この史料の原本は所在不明という)。ただし、水戸―府中間の何れかの場所と推定できるが、管見の限り、どちらの記載にも該当する地名や小字を確認することはできない。

(55)「高野山過去帳」(東京大学史料編纂所所蔵謄写本『諸寺過去帳　中』)。

(56)「義宣家譜」天正十八年十二月二十三日条(原武男校訂『佐竹家譜　上巻』東洋書院、一九八九、二六一頁)。

(57)註(56)、「秋田藩家蔵文書　四」口宣案写(『茨県Ⅳ』第二号)。

(58)『常陸編年　三十五』天正十九年条(註(2)『常陸編年』一九四頁)。

(59) 佐々木倫朗「書評『茨城県立歴史館史料叢書一五 常陸編年』」(『茨城県史研究』九七、二〇一三)。

(60) この点、明確な史料がないことを理由として、佐竹氏が鹿島・行方郡の諸氏を謀殺した事実はないとみることも可能かもしれない。しかし、近世にこの事件に関わる所伝が、鹿島・行方郡はもとより、佐竹氏の故地であり両郡からは遠く離れた奥七郡内の各地に残されていたことを考えるならば、実際に佐竹氏による血塗られた事件があったとみる方が蓋然性は高いと思われる。

(61) 史料7として掲げた他に、『常陸編年』の編者中山信名は次の史料を根拠の一つに挙げている(「水府志料 九」東義久書状写『茨県Ⅱ』第一四八号)。

白河静之由、御手柄大慶存候、鹿嶋之義骨折御察可レ給候、然而飯村弥吉其地へ落着之由、飯村義ハ筋目之家ニ候条、無二如在一可レ被レ成候、恐々謹言、

三月五日　義久

荒駿まいる

「鹿嶋之義」という文言から、鹿島清秀殺害に荒巻駿河守(秀縄ヵ)が関わったと中山はみているが(『常陸編年 三十五』天正十九年条、註(2)『常陸編年』一九三頁)、冒頭の「白河静之由」という文言を考えると、この文書は天正十九年のものではなく、天正白河の乱かその後佐竹氏から義広が養子入りした時期のものである可能性が高いと思われる。

(62) 「烟田旧記」(『安得虎子』二〇五頁上段)。

(63) 「義宣家譜」(『佐竹家譜 上巻』二四九頁)。

(64) 註(12)に同じ。

(65) 所伝に拠れば、中居秀幹は里野宮村(現常陸太田市里野宮町)、烟田通幹は常福寺村(現常陸太田市常福地町)でそれぞ

れ討たれたという。
(66)　註(4)江原論文を参照。
(67)　『戸村本佐竹系図』(東京大学史料編纂所所蔵謄写本)。
(68)　「秋田藩家蔵文書　四七」東義久判物写(『茨県Ⅴ』第二六号)。
(69)　「元禄家伝文書」町田氏系図(『佐竹家臣系譜』常陸太田市史編さん委員会、一九八二、三六五頁上段)。また「諸士系図」(同頁下段)によれば、備前守は秋田移封に従い、最初六郷(現仙北郡美郷町六郷)に、その後刈和野(現大仙市刈和野)へ移った後、没年不明だが八十四歳で死去したとされる。
(70)　「秋田藩家蔵文書　四七」東義久判物写(『茨県Ⅴ』第二四号)。今泉氏は「戸村本佐竹系図」に「人見越前」とみえるこの人物を人見藤道と比定した(註(3)『鉾田町史』を参照)が、藤道は当時主膳正であり、越前守とは別人である。
(71)　ただし、「諸士系図」人見氏系図(註(69)『佐竹家臣系譜』三四二頁)には、越前守の系統は記されておらず、藤道との具体的な関係は不明である。
(72)　「秋田藩家蔵文書　四七」佐竹義宣判物写(『茨県Ⅴ』第二号)。
(73)　「元禄家伝文書」宇垣氏系図(註(69)『佐竹家臣系譜』九八頁下段～九九頁上段)。同書によれば、宇垣氏は秀郷流松田氏の流れで、秀直の曽祖父秀国が宇垣を称したという。
(74)　この点、系図等で関係を見出すことはできない。ただし、備前宇垣氏も秀直・秀恒父子と同様に「秀」を通字としており(「秀緒」「秀家」など)、同族であった可能性は十分に考えられる。
(75)　『新編常陸国誌　巻九』(註(2)『新編常陸国誌』四九二頁下段)。
(76)　『新編常陸国誌　巻二』(註(2)『新編常陸国誌』三〇頁上段)、『新編常陸国誌　巻八』(同四一三頁下段)。

(77)「秋田藩家蔵文書　四」佐竹義久知行充行状写(『茨県Ⅳ』第六七号)。
(78)註(49)市村論文を参照。
(79)「水府志料　一二」佐竹義宣知行充行状写(『茨県Ⅱ』第一八三号)など。
(80)註(3)『鉾田町史』を参照。ただし、彼らの多くは、佐竹氏の秋田移封には従わなかったとみられる。
(81)『鹿島長暦』天正十九年条(国立国会図書館所蔵)。
(82)『大蟲岑和尚語集』(『牛久Ⅱ』三八八頁)。
(83)註(16)「平氏譜」、「当社惣大行事家之事」(静嘉堂文庫所蔵『鹿島事跡　九』、『鉾田』関連史料第四号)。
(84)註(29)を参照。
(85)「鳥名木文書」新庄直定宛行状(『茨県Ⅰ』第三八号)。
(86)「常陸国烟田系譜」(宮内庁書陵部所蔵、『鉾田』関連史料第二号)。註(3)『鉾田町史』を参照。
(87)額田小野崎氏攻めについては、高橋裕文「戦国期の額田小野崎氏と額田城合戦」(『常総の歴史』四五、二〇一二)を参照。
(88)佐々木倫朗『戦国期権力佐竹氏の研究』(思文閣出版、二〇一一)。

補論三　嶋清興書状にみる天正十八年の大掾氏と豊臣政権

平成二十七年（二〇一五）十一月、東京大学史料編纂所の調査チームによる大阪府内個人宅の調査において、嶋清興（左近）の書状が二通発見されたことは、翌年七月の新聞報道などで大きく取り上げられた。これらは、それまでその実像が不明確であった清興の発給文書であると同時に、天正十八年（一五九〇）の豊臣秀吉による小田原合戦から奥羽仕置への一連の軍事行動に関連した、常陸地域の勢力について記された点でも重要な史料といえ、この史料の検討は、当該期常陸の実態解明に繋がるものと考える。本章では発見された二通の書状の内、小貫頼久宛の書状を取り上げ、その内容の検討を通して当該期の常陸地域と嶋清興についてみていくこととする(1)。

まずは、史料を提示する。新聞報道等によれば、本史料は紀州藩の家老職を務めた家に伝来したとされるが、何故この家に小貫氏及び東義久宛の書状が伝わったのかは不明である。

〔史料1〕（個人蔵）

大掾殿我等かたへ被レ参被レ申様者、御女房衆京へ上被レ申事、行衛も可レ然ニも不二相構一、手前之調難レ成候間、義宣様御手元ニ被レ置様ニ御侘言有度との事候、中々成間敷事ニ候間、早々上被レ申可レ然と申候へ共、是非我等より書状を相副候之様ニ達而被レ申候条、乍レ恐如レ此候、如何思召候哉、先井清へ御談合候て、治少へ申候て見可レ申と被レ申候者、先可レ被レ仰候乍哉、是も御分別次第候、先々家中へハ用意之儀、急度被二申越一候て可レ然と申事候、然者早昨夕御触以後、夜中より其まゝ被二申越一候との事候、即使被レ進レ之候間、御存分被二仰聞一候て可レ被レ成二御返一候、恐々謹言、

七月十九日　清興（花押）

小大蔵殿

御陣所[2]

まず、発給者は「清興」とあり、共に発見された東義久宛書状に「嶋左清興」の署名及び同一の花押が確認できることから、石田三成の重臣である嶋清興とわかる。受給者の「小大蔵殿」は、文中に「義宣様」、即ち常陸太田城の佐竹義宣の名が確認できることから、その重臣である小貫大蔵丞頼久である。また文中に出てくる人名についてであるが、「大掾殿」は常陸府中城の大掾清幹、[3]「井清」は三成の家臣である今井清右衛門尉とみられる。今井清右衛門尉については、翌天正十九年のものとみられる、佐竹氏重臣の真崎義伊・人見藤道に宛てた清興との連署状の写が残っており、そこには「井清右不道（花押）」とみえることから、天正十八～十九年の間に出家し不道を称したとみられる。[4]そして「治少」は、清興の主君である石田三成である。

続いて、内容を検討する。一文目は大掾清幹が「我等かた」に伝えてきたことの内容が記されている。この頃の清興は、秀吉らの奥州進軍の先遣隊として、宇都宮周辺に在ったとみられる。大掾清幹はここで、女房衆の上洛を命じられたことについて、行先もわかっているけれども、こちらの準備が進んでいないので、佐竹義宣の下へ一旦置かせて欲しい旨を秀吉に取り次いで欲しいと求めてきたという。これに対し清興は、そのように対応するのは難しいので、早々に上洛させるようにする方が良いのではと話したが、是非とも我らの書状を副えて、お伝えして欲しいとい

われたので、恐れながらこのようになった、と述べている。ここからは、小田原合戦後に大掾清幹は豊臣政権と直接交渉をしていることがわかり、またその際、清幹は人質として女房衆の上洛を求められたことがわかる。

これまで、小田原合戦時の大掾氏の動きについては、系図や軍記物などにより、後北条氏と密約を結び、小田原へ参陣しなかったなどとされてきた。これについて筆者は、系図類の記述は事実とは異なる点が多いこと(5)、従来取り上げられてこなかった、四月十九日付の佐竹義宣宛大掾清幹書状の内容から(6)、清幹が豊臣政権の動きをある程度把握しながら、自らは対立する江戸氏との関係があって動けないため、佐竹義宣に秀吉への取り成しを求めたことにより、この行動は清幹が持つ外交権を義宣に譲渡した行為であるとした(7)。ただし、その段階では、大掾氏と豊臣政権の間に接点があったのかどうかを示す史料は確認できておらず、義宣は清幹の要請を黙殺したものと考えるに留まり、深い検討は行っていなかったが、今回の文書発見により、小田原合戦後の大掾氏と豊臣政権の間で、直接交渉があった事実がわかったといえる。

この清幹の申し出を受けた清興は、次の文でそれについて、自らの取った対応を記している。今井清右衛門尉と相談し、三成へ話をしようという意見であったので、まずは三成に話をしたところ、大掾の家中に対し、急ぎ上洛の準備を進めるよう連絡するべきだといわれたので、早くも昨日の夕方の御触の後、夜中の内にそのまま連絡をした、そちらにもこの手紙を持った使者が参上するので、そちらの意見を伝えた上で返して欲しい、と述べている。大掾氏への督促と並行して、佐竹氏側からの意見を聴取しようとしていたと考えられよう。

豊臣政権からの督促を受けた後、清幹が人質を派遣したかどうかについては、史料上確認できず不明といわざるをえない。しかし、直後の八月一日付で豊臣政権は佐竹氏に対し、次の安堵状を出している。

〔史料2〕(「佐竹文書　五坤」)

常陸国并下野国之内、所々当地〔知〕行分弐拾壱万六千七百五拾八貫文之事、相㆓添目録別紙㆒、令㆑扶㆓助之㆒訖、然上者、義重・義信〔宣〕任㆓覚悟㆒、全可㆑令㆓領知㆒者也、

天正十八年庚寅八月朔日（豊臣秀吉）（朱印影）

佐竹常陸助殿[8]

史料2は、秀吉から佐竹氏に宛てた朱印状の写であり、佐竹氏に対し「弐拾壱万六千七百五拾八貫文」がこの時安堵された。この数字は、佐竹氏の本領である奥七郡や、戦国期に手に入れた小田領の一部だけでは到底足りない数字であり、この所領には、江戸氏や大掾氏、更には鹿行諸氏の所領も含まれたものとみられる[9]。既に七月二十九日の時点で、義宣は一族東義久に鹿島郡を与えているが[10]、この動きは鹿島氏をはじめとする郡内の勢力を無視した動きといえる。既に佐竹氏は豊臣政権と何らかの話合いを行っていた可能性も考えられよう[11]。

この佐竹氏への安堵やその後の動きから考えるならば、清幹は最終的には人質を拠出しなかった可能性が高いと思われる。後述の佐竹氏による大掾氏攻撃に際し、豊臣政権は佐竹氏に対し何の処分等も課さなかったが、その背景には、大掾氏が人質の拠出という豊臣政権との交渉条件を履行しなかったことがあったとも考えられよう。

何れにせよ、豊臣政権という後ろ楯を獲得した佐竹氏は、それまで自らの直接支配を受けてこなかった勢力の討伐を、年末から翌年春にかけて実施した。天正十八年十二月、太田を発した佐竹勢は、水戸城の江戸重通を下総結城氏の下に逐い、そのまま大掾清幹の居た府中へ向け軍を進めた。大掾氏はこれに応戦したが、木沢の戦いで多くの将が討死し[12]、佐竹氏の勢いを止めきれずに府中城へ攻め込まれ、まもなく城は落城。清幹は城下で自害し、ここに鎌倉期以来府中を拠点に活動してきた大掾氏は滅亡することとなった。更に翌年二月、上洛していた佐竹義宣の帰国に合わせ、鹿島・行方郡の諸氏（「南方三十三館」）を太田に呼び出して謀殺した佐竹氏は、軍勢を派遣して両郡を手中に収

め、並行して額田城の小野崎昭通を攻撃、昭通を伊達政宗の下へ逐い、常陸を平定することに成功したのである。(13)

以上、新出の嶋清興書状から、天正十八年夏の大掾氏と佐竹氏について考えてきた。従来、小田原合戦前後の大掾氏の動きについては、確たる史料が少なかったことから、系図や軍記物に拠った見解が出されてきた。今回の史料発見は、これまで考えられていた以上に、大掾氏と豊臣政権が関わりを有していたことと、その後、大掾氏が滅亡する背景の一端を明らかにする、貴重な史料といえるだろう。

『茨城県史料』の編纂事業が中途にして終了した現在、茨城県外の地域に残る常陸関係史料に関する情報収集は、極めて厳しい状況にある。しかしながら、今回のように、思いもかけない所からの発見も十分にあり得ることであり、今後も、自らの可能な範囲での史料収集やその分析を進めることで、中世の常陸地域についてより深く考えていきたい。

註

(1)　この二通の文書は、長浜市長浜城歴史博物館の特別展「石田三成と西軍の関ヶ原合戦」(平成二十八年七月二十三日～八月三十一日)において展示された。筆者は八月六日に同展を見学し、その際に本文書もガラス越しではあるが実見した。

(2)　「個人蔵」島清興書状(長浜市長浜城歴史博物館編『石田三成と西軍の関ヶ原合戦』第二一号、以下『図録』とする)。

(3)　この点、『図録』の解説では「大掾貞国、清幹父子」と比定する(一二五頁、森岡榮一執筆)が、貞国は天正五年(一五七七)に没している(「常陸日月牌過去帳」『牛久Ⅱ』二六五頁上段)。

（4）「常陸遺文　タ」今井不道・嶋清興連署状写（静嘉堂文庫所蔵）。
（5）拙稿「「南方三十三館」謀殺事件考」（本書第二部第四章、初出は『常総中世史研究』四、二〇一六）。
（6）「松蘿随筆　集古一」大掾清幹書状写（茨城県立図書館所蔵）。
（7）拙稿「戦国期常陸大掾氏の位置づけ」（本書第二部第二章、初出は『日本歴史』七七九、二〇一三）。
（8）「佐竹文書　五坤」豊臣秀吉朱印状写（『龍ヶ崎』第四章第一節第一号）。
（9）市村高男「戦国末〜豊臣期における検地と知行制―常陸国佐竹氏を事例として―」（本多隆成編『戦国・織豊期の権力と社会』吉川弘文館、一九九九）。
（10）「奈良文書」佐竹義宣書状（『茨県Ⅴ』第二九号）。
（11）これについて、註（5）拙稿では、「秋田藩家蔵文書　一六」佐竹義宣書状写（『茨県Ⅳ』第二一号）について、市村高男氏の見解に拠り天正十八年（一五九〇）のものと理解し（註（9）市村論文を参照）、文中の「一、ふ中ニハ東をさしおき申へき」から、この年の八月時点で三成が東義久を府中に置くべきであると述べたことから、この三成と佐竹氏の話し合いが、大掾氏や鹿行諸氏の存在を無視したものであること、その配置について、佐竹義宣と三成の間でズレがあったことを述べた。
しかし、本書状の後半には、「ふ中之儀ハ城を御直候間」とみえることに気づいた。これは天正十六年の府中合戦後の大掾氏による修築の可能性も想定はできるが、むしろ天正十八年十二月の佐竹氏による大掾氏攻めによって落城した府中城の修築とみる方が妥当性は高い。そうであれば、その年次は天正十九年以降となる。豊臣政権と佐竹氏の間で、江戸・大掾氏や鹿島・行方諸氏の持つ領主権の否定が既定路線であったとする拙稿での見解は変わらないが、天正十八年段階で三成の関与がどこまであったかについては、検討の余地があるかも知れない。

(12)　註(5)拙稿の註(54)を参照。

(13)　註(5)拙稿、高橋裕文「戦国期の額田小野崎氏と額田城合戦」(『常総の歴史』四五、二〇一二)を参照。

第三部　中世後期の常陸の諸勢力

第一章　室町期の常陸小栗氏

はじめに

室町期の常陸国の諸勢力に関する検討は、史料的制約の大きさもあり、自治体史ごとの検討以後は積極的に進んでいるとはいえない状況にある。本章では、小栗御厨（現筑西市小栗）を拠点とした常陸平氏一族の小栗氏の動向やその背景について検討を行い、当該期常陸の実態解明の端緒としたい。

小栗氏については、まず『協和町史』における糸賀茂男氏による通史的検討がある。(1) 糸賀氏は小栗城跡の発掘調査結果など考古学的な成果を取り入れその動向を復元したが、特に永享〜享徳年間（一四二九〜五五）頃の小栗助重による復権譚については、享徳の乱に際しての小栗城合戦などにおける上杉氏の立場などから、これに慎重な立場をとっている。

その後、杉山一弥氏は、常陸国の「京都扶持衆」を検討する中で、小栗氏にとっての一大事件である「小栗の乱」について論述した。(2) 杉山氏は、小栗御厨に隣接した幕府御料所中郡庄に着目し、ここを媒介として幕府の影響力の強い領域が常陸中西部に形成されていたこと、小栗氏の挙兵の背景には、小栗氏の拠点が、東に幕府御料所中郡庄がある中で、西からの下総結城氏などによる勢力伸張と対峙する厳しい政治的・地理的環境にあったことを指摘した。

また石橋一展氏は、応永年間（一三九四～一四二八）の幕府と鎌倉府の対立を検討する中で「小栗の乱」について述べ、乱以前に小栗御厨には扇谷上杉氏の勢力が伸びており、鎌倉府勢力の進出という脅威が小栗氏の身近に在ったこと、「小栗の乱」への公方持氏出陣を幕府が重要視し、その後の方針転換に繋がったことを指摘している。(3)

しかしながら、小栗氏そのものに関する基礎的事実の確定や、「小栗の乱」以後の小栗氏の動向については、検討する余地が多分に残されていると思われる。本章ではこれらの先行研究を踏まえつつ、当該期小栗氏の動向とその背景について、特に「小栗の乱」後の動静を見直すことで、鎌倉府と対立した関東の在地勢力の実態に迫るとともに、たびたび戦乱の舞台となった小栗という地域について考えていきたい。

一　小栗氏の系譜関係と応永年間の小栗氏

本節では、小栗氏の系譜関係を確認した上で、応永年間（一三九四～一四二八）の動静をみていくこととする。まずは南北朝～室町期の小栗氏の系譜を考えていくに当たり、現存の小栗氏関係の系図をみてみると、その系譜は直系で、重貞―詮重―氏重―基重―満重と繋がっている。(4)この内、一次史料で名前を確認できるのは、重貞・基重・満重のみである。(5)

江田郁夫氏は、東国大名の一字拝領をみる中で小栗氏にも言及され、詮重・氏重・基重がそれぞれ、足利義詮・尊氏・基氏からの一字とみるならば、実際の系譜は氏重―詮重―基重の流れ（詮重と基重を兄弟、同一人物の改名という可能性も示唆する）であったのではないかとみている。(6)世代を考えるならば、重貞の活動がみえる建武年間（一三三四～三八）から、満重の活動する応永後半までは約八十年余であり、直系で間に三人入るとみるには一世代多いとも思われる。一字拝領の相手については、江田氏の見解に異論はないが、足利義詮が観応の擾乱以前に鎌倉に在ったことを考えるならば、詮重の元服時期は、義詮の元服時期からみて康永三年（一三四四）～貞和五年（一三四九）までの間とみられる。[7] 同様に氏重も足利尊氏の在鎌倉期とすれば、文和元年（一三五二）～二年頃までに、基重は尊氏が京都へ戻り、基氏が公方として自立して以降、貞治六年（一三六七）の没までに、それぞれ一字を貰ったとみられる。

なお、小川剛生氏は、四辻善成の著した源氏物語の注釈書『河海抄』を、永和二年（一三七六）から康暦元年（一三七九）頃に善成自身の中書本から書写した「散位基重」について、写本の註釈に常陸鹿島社のことを記した独特の記事がみえ、常陸と関係がある人物とみられる点から、これを小栗基重と比定している。[8] ここから、小栗基重が京都の公家との文化的な交流を持っていたこと、彼の活動時期が十四世紀後半であったことがわかり、またこれらの点から考えるならば、詮重・氏重・基重の世代は、その何れかが兄弟であった可能性も考えられ、その系譜は左記系図のようになるかと推測される。

室町期小栗氏系図

重貞─┬─詮重
　　　└─氏重───基重───満重───助重

さて、応永年間頃の当主満重の動向が史料上最初にみられるのは、応永二十三年（一四一六）十月に勃発した上杉禅秀の乱である。『鎌倉大草紙』などによれば、この時、満重は禅秀方に属したといわれるが、[9] その活躍を一次史料で確認することはできず、満重は乱の中心であった鎌倉ではない場所に居た可能性が想定される。それを考える上で、次の史料をみていくこととする。

〔史料1〕（真壁長岡古宇田文書）

着到

真壁古宇田大炊助幹秀申軍忠事

右、去年十二月以来、於㆓常州在々所々㆒、属㆑于㆓惣領掃部助手㆒、為㆓御方㆒致㆓忠節㆒訖、今年正月廿二日、鎌倉江馳参者也、然早給㆓御証判㆒、為㆑備㆓末代亀鏡㆒、仍着到如㆑件、

応永廿四年正月　日

承了（花押影）(10)

史料1は、真壁氏一族古宇田幹秀が禅秀の乱に際し提出した着到状である。この中で幹秀は、惣領の真壁秀幹に従い、「常陸在々所々」で戦っていたと記している。この着到状から考えるならば、その相手として、小栗満重や大掾満幹が在った可能性が高いと思われ、満重は常陸で戦っていたものと考えられる(11)。

乱の終結により、禅秀とその一族、彼と結んだ鎌倉公方御連枝の足利満隆・持仲らは自害し、禅秀方諸氏の多くは持氏に降伏した。しかし、そこからわずか一年後の応永二十五年、満重は再び挙兵するのである。

〔史料2〕（皆川文書）

桃井左馬権頭入道并小栗常陸孫次郎等、依㆓陰謀露顕㆒、令㆓没落㆒上者、不日差㆓遣勢㆒、可㆑加㆓退治㆒之状如㆑件、

応永廿五年五月十日　（足利持氏）（花押）

長沼淡路入道殿(12)

〔史料3〕（『思文閣古書資料目録　第二五九号』）

去十三日於二常州小栗城一被レ疵之条、尤以神妙、向後弥可レ抽二戦功一之状如レ件、

応永廿五年六月廿日　（足利持氏）（花押）

宍戸弥五郎殿(13)

史料2は長沼義秀に宛て、桃井宣義と小栗満重が反乱を企図していたことが発覚し、彼らが逃亡したこと、討伐のために参陣を求める旨の文書であり、これ以前に反乱の計画があったといえる。杉山一弥氏はこの史料の記載の仕方から、反乱の主体は桃井氏であり、これは幕府の見解も同様であること、その背景には桃井氏の身分格式（足利一門）に連動するものがあり、また小栗氏が桃井氏と行動を共にした背景には、両者の姻戚関係などがあった可能性を示唆している(14)。桃井氏が足利一門であることは、既に湯山学氏・谷口雄太氏の検討から明らかになっており(15)、杉山氏の指摘は概ね妥当とも思われるが、桃井氏と小栗氏の間の関係は、史料上確認できない。

史料3は宍戸満里に宛てた御教書であり、逃亡した満重の居城小栗城を鎌倉府勢が攻撃した際、満里が鎌倉府方として参陣し、負傷したことが確認できる。この二通以外の史料は確認できないが、間もなく満重・桃井宣義は降伏したとみられる。この時期の持氏は、禅秀一族や禅秀派の有力武将である岩松天用（満純）・武田信満等を討ったものの、依然として上総の上総本一揆を始め、下野や武蔵の親禅秀派諸氏(16)、或いは佐竹義憲との対立を続ける常陸北部の山入与義など、隠然たる力を持つ敵対勢力が各地に存在しており、満重らの攻撃だけに力を注ぐ余裕はなかったと思われる。

二　「京都扶持衆」小栗満重と「小栗の乱」

一旦は降伏した満重について、その動向は定かではないが、この頃に幕府と結び、その扶持を得たとみられる。

〔史料4〕（本間美術館所蔵市河家文書）

（端裏書）
「市河新次郎殿　　　沙弥道瑞」

佐竹刑部大輔・常陸大掾・小栗常陸介・真壁安芸守等事、有二京都御扶持一之処、関東様御発向云々、早為二彼等合力一、相二催随逐与力人等一、令レ談二合細川刑部少輔并小笠原右馬助一、可レ被レ致二忠節一之由、所レ被二仰下一也、仍執達如レ件、

応永卅年七月十日　　　沙弥（畠山道瑞）（花押）

市河新次郎殿(17)

史料4は「小栗の乱」最末期の史料であるが、管領畠山道瑞が信濃の市河氏へ出した奉書である。この史料から、常陸において山入祐義・大掾満幹・真壁秀幹、そして小栗満重の四人が「有二京都御扶持一」、即ち幕府と結んでいたことがわかる。始めに、いわゆる「京都扶持衆」と呼ばれる彼らと幕府の関係が成立した背景をみていくこととする(18)。

まずは山入氏である(19)。佐竹氏の一族である同氏だが、応永十四年（一四〇七）の佐竹義盛死去に伴う佐竹宗家の家督相続問題において、当主与義は義盛の跡を継いだ龍保（義憲）及び彼の生家である山内上杉氏に反発して抗争を展開していた。禅秀の乱では禅秀方に与し、また乱後も佐竹義憲との対立を継続しており、そのような政治状況の中で幕府と結んだとみられる。この山入氏の姿勢は、公方持氏や鎌倉府と争うための動きとされるが、山入氏にとっては、あ

くまでも対立相手は佐竹義憲であり、鎌倉府に反抗する意思は強くなかったと思われる。また持氏の方も、山入氏を武力で叩くという意識をそれほど強く持っておらず、両者の和睦を図るなどしていたが[20]、幕府との対立が深まる中で、最終的には佐竹宗家に武力支援を行い[21]、また応永二十九年十月には、当主与義を鎌倉比企谷法華堂において殺害することとなる[22]。

続いて小栗氏だが、禅秀の乱では禅秀方に与し、その後、先にみた通り乱後も公方持氏と争う姿勢をみせていた。杉山一弥氏は小栗氏が幕府と結んだ背景として、隣接する幕府御料所中郡庄の存在と近隣の下総結城氏・下野小山氏の勢力伸張があったと述べ、その中で小栗氏は幕府と結ぶようになったと述べている[23]。この点については後述する。

また大掾氏について、筆者は以前書いた論文において、常陸における山内上杉氏の勢力伸張への対抗を期し、南北朝後期以後徐々に衰えていった大掾氏の勢力回復を図るために、当主満幹は犬懸上杉禅秀と結び、その末子（後の上杉教朝）を養子とし、禅秀の乱ではその縁もあって禅秀に従い、乱後も勢力回復のために幕府と結んだとした[24]。この点、「小栗の乱」に際し、満幹は京都への注進を行っていることがわかっている[25]。この情報取得には、中世初期より存在した、「常陸府中〜宇都宮ルート」の存在が想定できると同時に[26]、このルートが幕府御料所中郡庄と小栗、そして親幕府勢力宇都宮氏と大掾氏を繋いだのではないかと考えられる。

これら三氏に対し、真壁氏については禅秀の乱では史料1でみた通り持氏方であり、元の立ち位置が大きく異なる。これについては、禅秀の乱以前から幕府との関係が存在した可能性がある。

〔史料5〕（真壁文書）

（足利義満）（花押）

真壁刑部大夫入道聖賢当知行之地事、領掌不レ可レ有二相違一之状如レ件、

応永八年十二月卅日[27]

史料5は応永八年、真壁聖賢が時の将軍足利義満から所領安堵を受けたものである。この時期に真壁氏が安堵を受けた理由としては、この二年前の応永六年、和泉堺において大内義弘が幕府に対し挙兵した応永の乱に際し、これと結んだ時の公方満兼の行動に対する対抗策の一環であった可能性がある。[28]この場合、真壁氏が選ばれた背景は不明だが、杉山氏が指摘する幕府御料所中郡庄の存在は理由の一つになると思われる。同様のことは、やはり中郡庄に隣接する笠間郡の笠間氏についても、応永四年の鎌倉宝戒寺三聚院との「常陸国笠間十二ヶ郷」を巡る相論に際し、明徳二年(一三九一)に受けた「京都安堵下文」を支証に掲げており、[29]少なくともその時に幕府から安堵を獲得していたことがわかる。明徳二年は前年に土岐康行の乱が、この年には山名氏の一族間の対立を経て明徳の乱が勃発する時期の出来事であり、土岐氏や山名氏と当時の鎌倉府の連携は確認できないものの、既に康暦の政変に際し、公方氏満が挙兵を画策した前例があり、幕府が鎌倉府を意識していた可能性は考えられよう。

真壁・笠間氏の例を考えると、幕府は氏満以来たびたび反抗的な姿勢をみせる鎌倉府を見据え、御料所である中郡庄周辺の勢力を取り込み、鎌倉府への楔を打ち込もうとしていた可能性が考えられる。笠間氏は最終的に公方方に立ったものの、[30]その後も幕府との関係を持ち続けた真壁氏の「京都扶持衆」化は、このように極めて早い時期に始まったといえる。杉山氏は禅秀の乱における宇都宮持綱と幕府の関わりから、持綱を特別な存在とするが、[31]真壁聖賢の後を継いだ秀幹も、持綱同様関東における親幕府勢力として潜在的に存在し、禅秀の乱に際しても、幕府の持氏支持を受けて公方方として参陣したと考えられる。[32]逆にこのことは、小栗満重や大掾満幹等の旧禅秀方勢力が、禅秀の乱後の持氏による積極的な軍事行動に対抗するために幕府と結びついたことを示していよう。そして結びつきの背景には、幕府御料所である中郡庄の存在があったことは間違いないと思われる。

さて、幕府と結んだ小栗満重は、積極的に反抗勢力を討伐していた公方持氏に対し、再び挙兵する。この時期はこれまで応永二十九年のこととされてきたが(33)、次の史料からそれ以前の軍事行動が確認できる。

〔史料6〕(「喜連川家御書案留書」)

去九日於二野州佐貫庄一対二桃井左馬権頭入道并小栗輩一合戦之時、抽二戦功一之条、尤以神妙、向後弥可レ致二忠節一之条如レ件、

応永廿八年十月十三日　　　持氏 御判

佐野帯刀左衛門尉殿(34)

史料6は、持氏が佐野帯刀左衛門尉に対し、下野佐貫庄での戦功を賞したものである。ここから、応永二十八年十月の時点で、桃井宣義と小栗満重が軍事行動を起こしていたことがわかる(35)。満重が小栗を離れ、下野西部まで進出していたことも注目されるが、この合戦後に小栗に戻り、幕府の支援を受けつつ防備を固めたとみられる。

この桃井・小栗の二度目の挙兵では、宇都宮持綱や真壁秀幹も同時に兵を挙げた(36)。彼らは何れも「京都御扶持」を受ける勢力であり、その背後には幕府の存在が見え隠れしており、実際、御料所中郡庄の軍勢も加わっていたことが確認できる(37)。中郡庄と接する真壁・小栗、そして鬼怒川水系や「常陸府中〜宇都宮ルート」などで小栗と繋がる宇都宮と、常陸西部から下野東部にかけての地域に、親幕府勢力の一大拠点がこの時期存在したといえるだろう。

対する公方持氏はこの時期、甲斐の武田信長、常陸北部で佐竹義憲と対立を続ける山入与義等への攻撃を狙い、軍を分散していた。このため、小山田上杉定頼を大将とする軍を小栗へ派遣するのは、佐貫庄合戦から八か月後の応永二十九年六月であり(38)、またその軍勢も、当時の鎌倉府が出せる全ての兵力ではなかったと考えられる。この状況の中で、満重らは小山田上杉定頼や彼に従う小山満泰等の軍勢から小栗城を守り続け、戦いは長期化した。また小栗だけ

でなく、中郡庄東部の坂戸（現桜川市大泉字城山）や真壁城などでも合戦が繰り広げられたことが確認できる。(39)

しかし、その状況は応永三十年五月末、持氏が自ら小栗城へ向けて鎌倉を出陣したことで大きく変化する。(40)この間、武田信長を降伏させ、また山入与義を殺害し、その与党の籠る額田城を攻め落とすなど、着実に敵対勢力を潰していた持氏は、(41)満を持して幕府勢力と最も密接に関係する小栗方面への出陣を実現させたといえる。

持氏自ら出陣した鎌倉府とこれに応戦する「京都扶持衆」だが、そのような中で京都の幕府の動きについて、和氣俊行氏は「幕府の持氏対策は非常に迅速なものであった」(42)という評価を下している。しかし、満重等の挙兵から一年半余経った応永三十年初めまで、幕府の目立った動きはほとんどみえず、彼らは持氏との直接対峙を避けようとしていた。持氏の出陣の一報を受け、漸く重い腰を挙げたものの、この前後に幕府の取った行動は、真壁秀幹へ所領安堵の御判御教書を与えたり（同年二月）(43)、史料4にみえるように信濃の勢力の結集を図ったりするなど間接的なものが多く、大勢に影響を及ぼすものではなかったといえ、持氏の小栗攻撃を止めることは結果としてできなかった。

持氏は七月に小栗城付近へ着陣すると、すぐさま激しい攻撃を仕掛けた。徹底抗戦をしてきた満重であったが、この攻勢の前に守りきれず、八月二日に小栗城、そして真壁城は落城した。(44)小栗満重は自害し、宇都宮持綱は奥州へ逃れようと企図したものの、その途上で一族塩谷駿河守に討たれたという。(45)また真壁城に籠っていた真壁秀幹・慶幹父子や甥の朝幹は没落することとなり、(46)満重と行動を共にしてきた桃井宣義、或いは佐々木隠岐守といった人物は捕らえられて処刑されたと、京都側の史料には記されているが、桃井宣義については検討の余地があると思われる。

〔史料7〕（『大館記』所収「御内書案応永以来至永正」）

下二桃井左馬権頭入道・上杉五郎方へ旗一候、此上者早相二催一族・親類一、可レ被レ致二無二忠節一候也、

八月九日

岩松能登守　世良田兵部少輔(47)

〔史料8〕（「足利将軍御内書并奉書留」）

一、小栗退散事、無二是非一候、但依レ之不レ可レ有二退屈一、弥堅可レ踏レ国、差二下旗於桃井左馬権頭入道・上杉五郎両人一候、上杉五郎伊豆国可二打越一候、信州勢共差二遣上野国一候、此趣可レ有二存知一、関東者共、大略申二御請一候間、目出候也、

応永卅

八月十八日　御判

佐竹刑部大輔殿(48)

史料7・8は共に足利義持が岩松・世良田氏と山入祐義に宛てた御内書である。『兼宣公記』などから、幕府は遅くとも十七日以前に小栗落城の報を受けていたことがわかっている(49)。さて、この二通には「旗」、即ち武家御旗が「桃井左馬権頭入道（宣義）」と「上杉五郎（憲顕）」に渡されたとある(50)。杉山氏は御旗を検討する中で『看聞日記』応永三十年八月八日条に御旗が遣わされた記事が、同十一日条に御旗作製の記事がそれぞれみえ、実際は桃井宣義と今川範政に遣わされたことを指摘する(51)。ここから考えて、桃井宣義は小栗落城時に処刑されず、更に御旗を貰っていたことを踏まえると、落城以前に関東を離れて京都へ上っていたとも思われ、或いは処刑された桃井氏は彼の息子や一族であった可能性も考えられるだろう(52)。

さて、満重が何故挙兵を行ったのか。これについて『喜連川判鑑』は所領問題を挙げている(53)。石橋氏が指摘するように、小栗御厨には南北朝後期の段階で扇谷上杉氏被官恒岡氏が所領を持っていたことがわかっており(54)、鎌倉府勢力への脅威から満重が禅秀に味方し、その後幕府と結ぶようになったとも考えられる(55)。また杉山氏の述べるように、幕

府御料所中郡庄の存在、下総結城氏や小山氏の動向という周辺の環境に起因した可能性も大きいであろう。

小栗落城直後の時期、幕府は持氏の討伐姿勢を前面に押し出していた。それは御内書を各地へ発給したことや(56)、犬懸上杉禅秀の遺児憲顕を関東へ派遣するといった行動からもうかがえる(57)。しかし、既に関東における親幕府勢力は大幅に弱体化しており、相対的に持氏率いる鎌倉府の勢力は安定していた。また幕府内でも対鎌倉府の姿勢については、強硬派と融和派が存在しており、最終的には鎌倉府からの和睦要請を受け入れることに方針を転換したのである(58)。

対する鎌倉府としては、関東における反対派の大半、特に幕府と密接に繋がった常陸西部・下野南東部の勢力を叩き潰し、ある程度勢力を安定させたことで、これ以上幕府との戦闘を繰り返すことに意味を持たなかったことから、和睦を切り出したと考えられる。その結果として応永三十一年二月に成立した、いわゆる「応永の都鄙和睦」は、持氏有利の形で結ばれたといえるであろう。この点、亀ヶ谷憲史氏は、小栗落城後の幕府による攻撃姿勢を踏まえ、幕府有利の和睦という見方をするが(59)、先述したように応永三十一年時点で関東における親幕府勢力は、当主であった与義が鎌倉で殺害され、更に拠点の一つであった額田城を、鎌倉府の支援を受けた佐竹義憲に落とされるなど劣勢に追い込まれていた山入氏、庶流下那須氏との対立を続ける上那須氏、そして常陸中部に孤立した大掾氏を数える程度であり(60)、更に要衝中郡庄も失陥するなど、幕府有利の情勢とはいえないと思われる。

三　永享の乱、結城合戦と小栗助重

小栗城落城に際し、自害した満重の長男彦次郎助重については、「古文書　五」所収の記録に「常州」とみえ(61)、永享十三年（嘉吉元年〔一四四一〕）当時「卅五歳」であったとされ、逆算すると応永十四年（一四〇七）生まれと推定できる。小栗の乱当時十七歳であった彼は、鎌倉府の追討を逃れ、『鎌倉大草紙』(62)によれば、相模を経て三河へ落ち延びたとされる。しかし、永享後半の史料にその名を確認できるまでの動向は良くわからない。三河への逃亡説は、その後、説教節として有名な「小栗判官」(63)成立の下敷となった可能性が想定されるが、その前提として、小栗氏に関する文書が三河へ流れたことで、三河への逃亡説が生まれたことも考えられよう(64)。

さて、助重は永享の後半になり、陸奥篠川に拠を構えていた篠川公方足利満直の下に寄食していたことが、次の史料から確認できる。

〔史料9〕（「古文書　五」）

委細示給候、令二悦喜一候、抑佐々川殿様（足利満直）御祇候之由承候、目出候、御忠節段連々京都へ可レ致二注進一候、不レ可レ有二等閑一候、猶々細々申承候者、本望候、巨細伊丹修理亮可レ申候間、令二省略一候、恐々謹言、

　　三月三日　　　　上杉
　　　　　　　　　　治部大輔長張（純）

謹上　小栗殿(65)

史料9の署名の脇には「上杉」とあるが、その官途名「治部大輔」や、使者である伊丹修理亮が岩松氏の家臣としてその名をみせている点から、黒田基樹氏が指摘するように、発給者は岩松長純（後に家純）と考えられる(66)。

本文書の年次については、別系統の写とみられる「小栗系譜」(67)の写に「永享七」の付年号が確認でき、また黒田氏は嘉吉元年と比定している。これについて、岩松長純の元服時期や篠川公方足利満直の没年から考えると、永享八～十一年の間のものとみられる。また、岩松長純が小栗助重の所在を把握し、書状のやり取りを行ったことから考える

と、小栗没落後の一時期、助重が三河や美濃方面に在ったとみることも可能であろう。

さて、永享の乱において、小栗助重は管領細川持之より参陣命令を受け、足利満直と共に関東へ進軍した。

〔史料10〕（「古文書　五」）

関東之事既現形之上者、不日参㆓御方㆒可㆑被㆑致㆓忠節㆒由、所㆑被㆓仰下㆒也、仍執達如㆑件、

永享十年八月廿八日　右京大夫（細川持之）

小栗殿

「上杉治部大輔（教朝）下向之時」(68)

史料10は細川持之の奉書であり、「上杉治部大輔（教朝）下向之時」とみえることから、犬懸上杉教朝を通じてこの奉書が届けられたと考えられる。教朝は永享の乱、続く結城合戦に際し、常陸の諸勢力の糾合に関わった。その背景には、彼がかつて大掾満幹の養子であった事実があるとみられる(69)。また、ほぼ同内容の奉書が「小田一族中」宛で出されており、小栗氏宛のものも教朝の一連の動きの中で出されたと考えられる(70)。

この参陣要請の下、助重は満直に従い出陣し、持氏方と戦って戦功を挙げ、その戦功を賞した奉書が下された(71)。これにより、助重は小栗城を回復し、帰還したとみられるが、ここまでの助重は、幕府や上杉氏と積極的に連携し活動していたことがうかがえる。

ところが、永享十二年に勃発した結城合戦に際しての助重の行動については、検討の余地がある。

〔史料11〕（「古文書　五」）

結城館攻落之時、致㆓忠節㆒被㆑疵之条、尤被㆓感思食㆒之由、所㆑被㆓仰下㆒也、仍執達如㆑件、

嘉吉元年五月廿四日　右京大夫（細川持之）

小栗常陸彦次郎殿(72)

〔史料12〕（「古文書 五」）

正月一日於二結城一致二粉骨一、別駕親類被官人被レ成二下御書・御教書一候、目出候、依二御意一剰（到）于レ今遅々候也、就レ中二月十八日御注進状委細披露申候、小栗常陸彦次郎降参之事、上意無二子細一候、目出候、可レ致二忠節一之由、能々可レ被レ仰候、恐々謹言、

嘉吉元

三月十二日　貞国（伊勢）

東（氏数）下総守殿[73]

史料11は、結城合戦後に戦功を賞した細川持之の奉書であり、助重が幕府方として活躍したことを示している。しかし伊勢貞国が東氏数に宛てた史料12には「小栗常陸彦次郎降参之事」とみえる。ここから、二月に助重が降伏したことがわかると同時に、結城合戦において助重は当初結城方に属した事実が判明する[74]。

何故、助重が結城方に属したのか。これについて江戸後期の考証学者宮本元球は『常陸誌料』[75]において、春王・安王の軍勢に敗れ降伏し、それに従って結城城へ入ったと述べている。このことを考える上で、まずは春王・安王の結城合戦時の動向を再検討したい。

永享の乱後、春王・安王兄弟の潜伏先については、日光山・鹿島・筑波山など諸説が出されており、また彼ら以外の兄弟も関東に潜伏していた可能性が既に指摘されている[76]。可能性としては、日光山・鹿島の他、親公方派勢力の下を転々としたとみる方が、親上杉方勢力の捜索から逃れる上では妥当と思われる。何れにせよ、兄弟は永享十二年三月三日に挙兵し、四日には常陸の「吉所城」に入城したという。吉所城は中郡庄に在った木所城（現桜川市上城）とみられ、小栗の乱後に鎌倉府により接収された城と想定される。この近所には奉公衆でもあった宍戸氏の所領があり、

最終的に兄弟は宍戸氏の庇護下で挙兵の機会をうかがっていた可能性が高い(77)。

さて、挙兵後の春王・安王兄弟の進軍ルートについては、筑波山中禅寺別当筑波玄朝ら一族の軍忠を、享徳四年（一四五五）になって子の潤朝がまとめ提出した軍忠状にみることができるが(78)、その経路は次の通りとなっている。

三月三日：挙兵→四日：木所城→十三日：木所出立、小栗城→十八日：伊佐城→二十一日：結城城

挙兵後、木所→小栗→伊佐→結城と進軍したことがここからわかる。先にみた小栗の乱に際し、足利持氏は結城から小栗に向かってこのルートを逆に進んでおり(79)、ある程度整備された道が存在したとみられる。また各所間の距離はそれほど長いものではなく、挙兵に呼応する軍勢を待ちながらの進軍であったと考えられよう(80)。

この軍忠状によれば、春王・安王兄弟の軍勢は、三月十三日に木所城を出て、即日かは不明だがすぐに小栗へ入ったとみられる。助重の父満重と、兄弟の父足利持氏の関係を考えるならば、素直に助重が兄弟を招き入れるとは考えがたいが、軍忠状にはこの時、小栗で合戦があったことは確認できず、助重が何らかの理由で兄弟を入城、滞留させ、更に自らも同行して結城城に籠城したことは間違いないと思われる。

その後、結城城に籠城して幕府・上杉方と戦っていた助重は、籠城開始から一年弱が経った永享十三年二月に結城を退城し、小栗城へ戻った。その理由は不明であるが、直後の二月十六日には、結城方の佐竹氏や宍戸氏、筑波山衆徒に小栗城を攻撃されており、平和的に退城したとは考えがたく、或いは幕府・上杉方に転じるための脱出であった可能性もある。この時は助重が結城方を撃退し、筑波山衆徒の了達房栄尊を討っている。

四月に入り、結城城は遂に落城し、春王・安王は逃亡を図るも捕らえられて処刑され、また結城氏朝は自害した(81)。籠城した勢力の多くもこの時に討たれたが、幕府方の首注文では、宇都宮右馬頭（等綱）の軍勢に討たれた人物として「小栗次郎」の名があり(82)、助重と行動を共にしなかった一族が在ったことを示そう。

四　結城合戦後の小栗氏

結城合戦終結後の助重は、依然小栗に在ったとみられる。

〔史料13〕（「古文書　五」）

風度罷上罷成候故之事、恐悦候、仍小栗之内ニ廿所を可レ進候、中村内にも小楠江と申所七拾貫分所にて候、可レ進レ之候也、後々のせうもん之間、一筆進候、仍如レ件、

文安二年卯月十三日　常陸介助重判

小栗次郎三郎殿(83)

史料13は、小栗助重が一族の次郎三郎に対し、「小栗之内ニ廿所」と「中村内」の「小楠江」に七〇貫を与えるとするものである。ここから、この時期の助重が小栗に在し、所領管理を行っていたことは間違いないだろう。なお、宛所の小栗次郎三郎は、先に結城合戦で討死した次郎に連なる人物と思われる。

さて、助重が在ったとみられる小栗領であるが、宝徳年間の史料には次のような文書が確認できる。

〔史料14〕（國學院大學所蔵白河結城文書）

常陸国小栗六十六郷之事、任二先例一可レ有二知行一候状如レ件、

宝徳四年卯月二日

源義氏（花押）

白河修理大夫殿(84)

史料14は、源義氏が白河結城直朝に対し、「小栗六十六郷」[85]の宛行を約束した文書である。この文書について、戸谷穂高氏は、書留「如件」、「源…（花押）」、宛所「殿」の書札は、結城合戦時に足利安王丸が陸奥石川氏に宛てた軍勢催促状と同位であり、公方に準ずる者が国人層へ宛てた際に用いるものと述べた上で、発給者である「源義氏」を関東足利氏一族とし、彼が当時小栗周辺に何らかの権限を持っており、或いは同地に滞在していた可能性を指摘した。また、小栗を含む鬼怒川水系が、享徳の乱期の幕府・公方方双方にとって重要な地であったと述べている[86]。

ここで問題となるのは、助重の立場である。助重は少なくとも結城合戦後も小栗に在ったが、その後、享徳四年（一四五五）の小栗城合戦において、彼の活動が史料上確認できないことを考えるならば、助重は小栗御厨に在りながら、その直接的な領有権を保持していなかった可能性が考えられる。このような所領管理について、参考事例として、永享年間（一四二九〜四一）の真壁氏についてみていくこととする[87]。

先に述べた通り、応永三十年（一四二三）八月に小栗満重とともに没落した真壁秀幹・慶幹父子、そして甥の朝幹であるが、秀幹はその後早い時期に亡くなった。旧領復帰を目指す慶幹と朝幹は当初は二人で行動を共にしたが、やがて袂を分かち、朝幹の方は奉公衆であった筑波氏を頼り再興を狙った[88]。そして永享七年、真壁郡を公方足利持氏から「預置」かれる形で与えられ、真壁氏再興が成った[89]。しかし、この時点での朝幹は、奉公衆として御料所の代官的な立場にあったとみられ[90]、最終的には持氏の死により、朝幹は「預置」かれた御料所を自らのものとしたとみられる。

さて、このような朝幹の行動と同様のことが、小栗助重の所領にもあてはまるのではないだろうか。改めて、助重の活動をみていくこととする。

まず、助重に対し所領の「預置」をする主体は、上杉氏以外には考えられない。前述の通り、南北朝後期の時点で扇谷上杉氏の勢力が小栗御厨に進出しており、更に「小栗の乱」後の応永三十一年には、小山田上杉定頼によって

「北小栗御厨内小萩島郷」が鶴岡八幡宮に寄進されるなど、小栗御厨に上杉氏の強い影響力があったことは疑いないだろう。[91]永享の乱で上杉方に付いた助重が旧領へ復帰した背景には、上杉氏の勢力下に小栗御厨が在ったことがあると考えられるが、その復帰はあくまで上杉氏の代官的な立場であったと思われる。或いは、結城合戦で一旦結城方に与した後に降伏したことで、このような立場に変化した可能性も考えられるだろう。

このような助重の立場を考えたうえで、史料14の発給意義を考えるならば、鎌倉公方足利成氏との対立が強まる中で、若き関東管領山内上杉憲忠を支える家宰長尾景仲らが、南奥の白河結城氏を味方に引き込むために、庇護下に在った足利義氏の書状を送り、また見返りとして自らの勢力下にあった要衝小栗御厨を与える約束をしたといえる。この文書が出された宝徳二年(一四五〇)は、京都において親公方方の畠山徳本から親上杉方の細川勝元に管領職が交代した時期とも重なっており、[92]江ノ島合戦で公方方に敗れた上杉方の反転攻勢を進める中での動きと考えられるだろう。

五　享徳の乱における小栗城攻防戦

享徳三年(一四五四)十二月二十七日、鎌倉西御所において、公方足利成氏が関東管領山内上杉憲忠を謀殺、更に山内屋敷を岩松持国等が襲い、重臣長尾実景父子を討った。[93]以降三十年近くに渡り、関東を二分して繰り広げられた享徳の乱の勃発である。

鎌倉を出立した成氏は、相模島河原・武蔵分倍河原で上杉勢を破って進軍した。[94]一方、敗走する上杉勢の主力は、所領のある武蔵・上野ではなく、公方方の多い下総を突破して常陸小栗城へ入城し、両軍が対峙したのである。

ここで問題となるのは、何故彼らがわざわざ小栗へ入城したのかである。これについて戸谷氏は、①小栗や信太庄などの常陸南部・西部が上杉氏の基盤の一つであったとし、②「小栗の乱」、結城合戦における持氏遺児の逗留、戦後の小栗助重の所領回復などの事例から、同地が上杉方・公方方を問わず拠点となりえることを指摘した上で、小栗の地が宇都宮・日光山へと連動する鬼怒川水系の要地であり、同地の友軍（宇都宮等綱や親上杉方の日光山衆徒）と合流するための入城であった可能性を指摘する。(95) この見解は概ね肯定できる。また享徳四年三月頃に挙兵した真壁一族の真壁兵部大輔（氏幹）や、結城一族の山河兵部少輔（景貞）は、西上野の上杉氏領から常陸西部・下総北西部を繋ぐ上杉氏勢力のネットワーク（鬼怒川水系と日光山を中心とする山岳地帯で結ばれたルート）の一翼を担っていた可能性も想定できようか。

小栗で対峙した両軍は、享徳四年三月後半頃から本格的に戦端を開くこととなる。小栗城合戦については、久保賢司氏の詳細な検討がある。(96) 久保氏によれば、三月後半に攻撃を開始した公方方は、四月初めに「外城」を攻め落とした。(97) この時点での成氏は極めて楽観的な意識を有していたことが史料にもみえる。しかし、その後は籠城する上杉方の堅い守備に阻まれ、合戦は長期化することとなり、公方方は小栗に釘付けとされた。最終的に小栗城が落城したのは、閏四月を挟んで五月半ばのことであり、(98) 戦端を開いてから三か月弱に及ぶ攻防戦であった。

小栗落城後、城内に籠っていた上杉勢は再び敗走し、下野の天命・只木山に布陣してなおも抵抗を続けることとなる。この時の撤退経路としては、戸谷氏の指摘する鬼怒川水系を伝い、親幕府・上杉方として行動がみえる宇都宮等綱や日光山衆徒の一部を頼っての撤退であったと思われる。小栗から天命・只木山へ直線で至る経路に公方方の有力武将が点在していたことを考えるならば、その経路は大きく北へ迂回するような形であったのではないだろうか。

さて、小栗助重であるが、前述した通り、小栗城合戦において彼の活動は史料にはみられない。これは上杉勢の主力である長尾景仲等が入城したことにより、合戦の主将としての権限が彼らにあったためであろう。また小栗落城後の助重についても、確たる史料は残っていない。所伝によれば、小栗から逃れた助重が上洛、出家して宗湛を称した後、周文に絵画を習い（弟子に雪舟等陽があった）、その没後は御用絵師として幕府に仕え、文明十三年（一四八一）に没したとされる。しかし、宗湛と助重が同一人物であったことを示す一次史料は確認できず(99)、助重のその後は不明といわざるを得ないだろう(100)。

なお、享徳の乱後の小栗御厨であるが、下総結城氏や小田氏によって領有されることとなり、時には両軍の係争地となることもあり、小栗という地域の重要性がうかがえる(101)。また同地には助重没落後も小栗一族が残っていたとみられ、戦国期にもその名を確認することができるが、その勢力規模は極めて小さなものであったと思われる。

おわりに

以上、「小栗の乱」から享徳の乱にかけての小栗氏についてここまで検討してきた。応永年間（一三九四〜一四二八）、小栗氏は幕府と鎌倉府の潜在的な対立の中で、その影響を強く受ける地理的条件に在ったことで、その抗争に大きく巻き込まれることとなった。同時に小栗氏自身も、自領周辺に鎌倉府勢力が進出してくるという脅威に対し、自領を守るために行動し、その結果として満重が幕府と結んで鎌倉府と戦い、最終的には敗れて一時没落することとなった。

小栗没落後、満重の子助重は、親幕府方の篠川公方足利満直に寄食しながら、一方で京都との交流を行っていたとみられ、この行動がその後の永享の乱での活躍と旧領復帰に繫がった。この助重の行動は、幕府方からみるならば、四条上杉憲顕・犬懸上杉教朝の兄弟や只懸上杉憲国といった反鎌倉府方の上杉氏一族や、岩松長純（家純）・武田信長と共に、助重を対鎌倉府要員の一人として抑えようとしたともいえよう。

しかし結城合戦において、親幕府方であった助重は一転して結城方に立ち、結城城に十か月余籠城した。その後降伏して小栗に戻ったものの、この造反により、所領である小栗の所有権について何らかの措置があった可能性が想起される。その変化は、宝徳年間（一四四九〜五二）の足利義氏による白河結城直朝への小栗宛行などに繋がったと考えられるだろう。

そして享徳の乱において、小栗城は緒戦で敗れた上杉方の主力が入城したことで、再び戦いの舞台となった。小栗に在ったとみられる助重もこれに巻き込まれ、防戦の末に小栗城は落城し、助重は没落することとなった。ここに小栗氏は滅亡し、小栗に復帰することはなかったのである。

また、室町中期にたびたび大きな戦いの舞台となった小栗の地は、中世初期より存在した「常陸府中〜宇都宮ルート」と、戦乱の進軍経路となった常陸中部〜下総結城・古河方面へのルートという二つの中世常陸における主要道の合流地点であり、また鬼怒川水系に通じる水陸交通の要所であった。そしてそのことが、小栗が中世東国における重要地として表舞台に立つこととなった理由といえるだろう。

註

（1）糸賀茂男「鎌倉府と小栗氏」（『協和町史』中世編第二章、一九九三）。
（2）杉山一弥「室町幕府と常陸「京都扶持衆」」（同『室町幕府の東国政策』第四編第二章、思文閣出版、二〇一四）。
（3）石橋一展「禅秀与党の討伐と都鄙の和睦」（黒田基樹編著『足利持氏とその時代』戎光祥出版、二〇一六）。

（4）「小栗系図」（『群系四』五三～五四頁）。
（5）「円覚寺文書」渋川義季施行状案（『南関一』第一六三号）、「別符文書」別府幸忠軍忠状（『扇谷』第一〇号）など。
（6）江田郁夫「南北朝・室町時代の東国大名」（同『室町幕府東国支配の研究』第Ⅰ編第一章、高志書院、二〇〇八、初出は浅野晴樹・齋藤慎一編『中世東国の世界 Ⅰ』高志書院、二〇〇三）。
（7）この点、江田氏が小栗詮重とともに名を挙げた大掾詮国についても同様のことがいえる。拙稿「大掾浄永発給文書に関する一考察―観応の擾乱期の常陸―」（本書第一部第二章、初出は『常総中世史研究』二、二〇一四）を参照。
（8）小川剛生『武士はなぜ歌を詠むか　鎌倉将軍から戦国大名まで』（KADOKAWA、二〇一六、一四六～一四七頁）。
（9）『鎌倉大草紙』（『埼玉八』五四頁）。
（10）「真壁長岡古宇田文書」古宇田幹秀着到状案（『真壁Ⅱ』第三二号）。
（11）拙稿「南北朝～室町前期の常陸大掾氏」（本書第一部第三章、初出は『国史学』二一七、二〇一五）。
（12）「文化庁保管皆川家文書」足利持氏御教書（『二宮』第二六二号）。
（13）「『思文閣古書資料目録　第二五九号』」足利持氏御教書（同書第四四号、『茨県Ⅲ』一木文書第三号）。
（14）杉山一弥「上杉禅秀の乱後の犬懸上杉氏被官と禅秀与党」（『栃木県立文書館研究紀要』一九、二〇一五）。
（15）湯山学「鎌倉府の足利氏一門―桃井氏・畠山氏について―」（同『鎌倉府の研究』岩田書院、二〇一一、初出は『鎌倉』七二、一九九三）、谷口雄太「関東足利氏の御一家（一）」（黒田基樹編著『足利氏満とその時代』戎光祥出版、二〇一四）。
（16）註（14）に同じ。
（17）「本間美術館所蔵市河家文書」畠山道瑞奉書（『茨県Ⅴ』第二号）。

(18)「京都扶持衆」については、渡邊世祐『関東中心足利時代之研究』(新人物往来社、一九九五、初刊は雄山閣、一九二六)、田辺久子「京都扶持衆に関する一考察」(『三浦古文化』一六、一九七四)、渡政和「「京都様」の「御扶持」について―いわゆる「京都扶持衆」に関する考察―」(植田真平編著『足利持氏』戎光祥出版、二〇一六、初出は『武蔵大学日本文化研究』五、一九八六)、遠藤巌「京都御扶持衆小野寺氏」(『日本歴史』四八五、一九八八)、島村圭一「上杉禅秀の乱後における室町幕府の対東国政策の特質について」(前掲植田編著、初出は『地方史研究』二四九、一九九四)、杉山一弥「室町幕府と下野「京都扶持衆」」(註(2)杉山著書第四編第一章、初出は『年報中世史研究』三〇、二〇〇五)、註(2)杉山論文などを参照。ただし、外様衆や御供衆・御相伴衆などのような幕府機構として「京都扶持衆」があったわけではないことは、既に自明のこととは思われるが、ここで明記しておきたい。

(19) 山入氏についての専論としては、西ヶ谷恭弘「山入城の歴史とその背景」(水府村教育委員会編『山入城I―第1次発掘調査報告書―』、一九八九)がある。

(20)「喜連川家御書案留書」足利持氏御教書案写(『神県三上』第五六二九号)。

(21)「烟田文書」烟田幹胤軍忠状写(『鉾田』第一一二号)。

(22)「喜連川判鑑」応永二十九年条(『群系二』三三四頁下段)、「妙経寺文書」本門寺日現書状(『神県三下』第七一二二号)。

(23) 註(2)に同じ。

(24) 註(11)に同じ。

(25)『満済准后日記』応永三十年七月十二日条(『満済上』二四四頁)。

(26) 高橋修「「常陸守護」八田氏再考―地域間交流と領主的秩序の形成―」(地方史研究協議会編『茨城の歴史的環境と地

域形成』雄山閣、二〇〇九）。

(27)「真壁文書」足利義満袖判御教書（『真壁Ⅰ』第一一号）。

(28)清水亮「南北朝・室町期常陸国真壁氏の惣領と一族」（同編著『常陸真壁氏』戎光祥出版、二〇一六、初出は『地方史研究』二七七、一九九九）。

(29)「山戸茂氏所蔵税所文書」笠間家朝訴状案（『茨県Ⅱ』第九号）。

(30)「東京大学白川文書」上杉憲実施行状（『白河』第四六〇号）。

(31)註(18)杉山論文を参照。

(32)史料1で、古宇田幹秀は「去年十二月以来」真壁秀幹に従って戦ったと報告している。これは幕府の持氏支援が本格化した後に真壁秀幹が出陣したことを示していると考えられよう。

(33)註(22)に同じ。

(34)「喜連川家御書案留書」足利持氏御教書写（『神県三上』第五六三六号）。

(35)時期は下るが、永享六年（一四三四）八月に鹿島社大禰宜中臣憲親が提出した申状には、「去応永廿八年、常陸・下野御敵等蜂起之間」とあり、応永二十八年時点で常陸・下野の反公方勢力が挙兵したと認識されていたことは間違いない（「鹿島神宮文書」中臣憲親申状案『鹿島Ⅰ』第一三八号）。

(36)註(22)に同じ。

(37)『看聞日記』応永三十年八月二十日条（『看聞二』二八六頁）。

(38)「山川光国氏所蔵文書」足利持氏御教書（『茨県Ⅲ』第四号）。

(39)「一木文書」足利持氏御教書写（『茨県Ⅲ』第四号）、足利持氏御教書写（同第七号）。

(40)「喜連川判鑑」応永三十年条『群系二』三三四頁下段)、「別符文書」別府幸忠軍忠状(註(5)に同じ)。

(41)「喜連川判鑑」応永二十八年条、二十九年条『群系二』三三四頁下段)、「烟田文書」烟田幹胤軍忠状写(註(21)に同じ)、「鳥名木文書」鳥名木国義軍忠状(『茨県Ⅰ』第一〇号文書)。なお、山川千博氏は、額田落城後の山入祐義が小栗城に入城したとする。山川千博「東国の戦乱と「佐竹の乱」」(高橋修編『佐竹一族の中世』高志書院、二〇一七)を参照。しかし、額田と小栗の地理的関係や史料8の存在などを考えるならば、祐義は額田落城後山入城に逃れ、佐竹義憲と対峙していたものと思われる。

(42)和氣俊行「応永三一年の都鄙和睦をめぐって—上杉禅秀遺児達の動向を中心に—」(註(18)植田編著、初出は『史潮』新六二、二〇〇七)。

(43)「真壁文書」足利義持袖判御教書(『真壁Ⅰ』第二四号)。

(44)註(37)、「文化庁保管皆川家文書」足利持氏感状(『二宮』第二七六号)。

(45)『鎌倉大日記』応永三十年条(『神奈川県史編纂資料集　四』六九頁)。

(46)「秋田藩家蔵文書　一二」真壁朝幹代皆河綱宗目安写(『真壁Ⅰ』第一一七号)。

(47)「『大館記』所収「御内書案応永以来至永正」」足利義持御内書案(阿波谷伸子・大内田貞郎・木田和子・平井良朋・八木よし子・山根陸宏「大館記(三)」『ビブリア』第八〇号、五八頁下段)。

(48)「足利将軍御内書并奉書留」足利義持御内書案(桑山浩然編『室町幕府関係引付史料の研究』昭和六十三年度科学研究費補助金研究成果報告書、一九八九、第一号)。

(49)『兼宣公記』応永三十年八月十七日条(『史料纂集　兼宣公記　第二』九一頁)。

(50)黒田基樹「持氏期の上杉氏」(註(3)黒田編著)。

(51) 杉山一弥「室町幕府における錦御旗と武家御旗―関東征討での運用を中心として―」(註(2)杉山著書第一編第一章、初出は二木謙一編『戦国織豊期の社会と儀礼』吉川弘文館、二〇〇六)。
(52) ただし、その後の桃井宣義の動向は全く史料上に現れず、不明といわざるを得ない。
(53) 註(22)に同じ。ただし、当該部分に関する同書の記載は、結城合戦の時との混同が多く見られる(結城籠城の記事や憲実舎弟の出陣など)。
(54)「常陸志料雑記　五一」上杉顕定ヵ宛行状写(『扇谷』第一号)、上杉氏定宛行状写(同第二号)。
(55) 一方で、小川剛生氏は、先述した基重と四辻善成(彼は将軍義満の外祖母の弟)の関係などから、小栗氏が早くから京都との連絡を有していた可能性を指摘している(註(8)小川著書一四八頁)。いざ幕府と結ぶに当たり、満重が隣接の中郡庄との連携だけでなく、父基重の築いた連絡通路を利用したことは十分に考えられるだろう。
(56)「足利将軍御内書并奉書留」足利義持御内書案(註(48)第二号)など。
(57) 註(40)に同じ。黒田基樹氏は、上杉教朝がこの時点で元服前であることから、実際には出陣していないとする。註(50)黒田論文を参照。
(58) 註(42)に同じ。
(59) 亀ヶ谷憲史「足利義持期の室町幕府と鎌倉府」(『日本史研究』六三三、二〇一五)。
(60) 註(11)拙稿を参照。
(61)「古文書　五」結城陣図(『記録』第五七二号)。本文書群については、内閣文庫所蔵本により一部翻刻を改めた。
(62)『鎌倉大草紙』(『埼玉八』六三～六四頁)。
(63) 説教節『小栗判官』については多数の研究がある。瀬田勝哉「説経『をくり』の離陸―「引く物語」は何を語るか一」(『武蔵大学人文学会雑誌』四一―二、二〇一〇)などを参照。この論文については長塚孝氏のご教示を得た。

(64) 『寛政重修諸家譜』によれば、「古文書　五」所収の小栗氏関係文書は、三河出身の源姓小栗氏が提出したものであり、また同一の文書をやはり三河出身の平姓小栗氏が所有している。このことは、ある時期に小栗氏の文書が三河へ流れ、源姓と平姓二つの小栗氏の間で文書のやり取りが行われたことを示そう。

(65) 「古文書　五」岩松長純書状写(『記録』第五六七号)。

(66) 黒田基樹「総論　上野岩松氏の研究」(同編著『上野岩松氏』戎光祥出版、二〇一五)。なお、「上杉」は、史料10に「上杉治部大輔」に関する注記があることから、写の際に付された可能性が想定される。

(67) 岩松長純については、永享年間(一四二九~四一)に上杉氏の紹介で潜伏先の美濃から京都へ招かれ、足利義教の下において十八歳で元服したと『松陰私語　第二』(『史料纂集　松陰私語』一八~一九頁)にみえる。しかし同書には、禅秀の乱当時九歳ともあり、この場合長純の誕生は応永十六年(一四〇九)、十八歳で元服とすれば応永三十三年のこととなるが、時の将軍は義教ではなく義持であり、また応永の都鄙和睦が継続していた時期のこととなる。

この点、「土岐方御忍、暫御蟄留、御星霜打積、十八才ナリ」(同一九頁一~二行目)を、土岐氏の下での滞在期間が十八年間であったと読むならば、元服時の年齢は二十八歳となり、永享八年(一四三六)の出来事と考えられ、当時の政治情勢とも符合する。この場合、「爰岩松治部大輔嫡男生年十八歳」(同一九頁四~五行目)は、「十八歳」の前にあった「二」の字が、筆写の中で脱落した可能性が想定される。

(68) 「古文書　五」細川持之奉書写(『記録』第五六五号)。

(69) 清水亮「南北朝・室町期の常陸平氏と鎌倉府体制」(高橋修編著『常陸平氏』戎光祥出版、二〇一五、初出は『日本歴史』六三七、二〇〇一)。

(70)　「真壁文書」細川持之奉書写（『真壁Ⅰ』第二五号）。この史料と史料10を比べると、「早属二佐々川殿御手一、可レ被レ抽二忠節一之由」という文言の有無以外はほぼ同内容であり、篠川公方の下に在った助重と関東に在った小田氏や真壁氏の所在の違いが現れたと理解できよう。

(71)　「古文書　五」細川持之奉書写（『記録』第五六六号）。

(72)　「古文書　五」細川持之奉書写（『記録』第五六八号）。

(73)　「古文書　五」伊勢貞国書状写（『記録』第五六九号）。

(74)　註（61）の史料には、「嘉吉元年二月六日出城」と記されている。ここから、二月六日に結城城を出た情報が、二月十八日付の注進状で京都へ伝えられたと考えられる。ただし、嘉吉への改元が二月十七日であった点は、この史料を考える上で注意しなければならない。

(75)　『常陸誌料　二』所収「平氏譜」（東京大学史料編纂所所蔵謄写本）。

(76)　持氏の子供たちの動向については、萩原義照「中郡木所城址研究」（『岩瀬町史研究』二、一九七九）、佐藤博信「永享の乱後における関東足利氏の動向—とくに「石川文書」を中心として—」（同『古河公方足利氏の研究』校倉書房、一九八九、初出は『日本歴史』四八二、一九八八）、江田郁夫「武力としての日光山—昌膳の乱をめぐって—」（同『戦国大名宇都宮氏と家中』岩田書院、二〇一四、初出は『日本歴史』六三八、二〇〇一）、田口寛「足利持氏の若君と室町軍記—春王・安王の日光山逃避説をめぐって—」（註（18）植田編著、初出は『中世文学』五三、二〇〇八）、木下聡「結城合戦前後の扇谷上杉氏—新出史料の紹介と検討を通じて—」（黒田基樹編著『扇谷上杉氏』戎光祥出版、二〇一二、初出は『千葉史学』五五、二〇〇九）、谷口雄太「足利持氏の妻と子女」（註（3）黒田編著）などを参照。

(77)　宍戸氏については、風間洋「関東奉公衆宍戸氏について」（『鎌倉』八九、一九九七）を参照。

(78)「古証文 二」筑波潤朝軍忠状写(『神県三下』第一五九三号)。
(79) 註(40)に同じ。
(80) この時の筑波氏の場合、潤朝の叔父朝範が四日に、父玄朝が十三日にそれぞれ春王・安王兄弟と合流したという(註(78)を参照)。
(81) 前川辰徳「結城合戦再考」(荒川善夫編著『下総結城氏』戎光祥出版、二〇一二、初出は『結城戦場物語絵巻』の世界と那須の戦国』大田原市那須与一伝承館、二〇一一)。
(82)『鎌倉大草紙』(『埼玉八』九〇〜九六頁)。
(83)「古文書 五」小栗助重判物写(『記録』第五七〇号)。なお、平姓小栗氏の七郎左衛門家が所持していた文書の写では、助重の花押を写している(静嘉堂文庫所蔵『小栗譜・真壁伝記、同家記』)。
(84)「國學院大學所蔵白河結城文書」源義氏判物(『白河』第五三一号)。
(85) 実際に小栗に六六の郷が在ったわけではなく、小栗全域を指す意味で「六十六郷」と記されたと考えられる。このような表記については、長塚孝「中世後期における地域概念の一事例─郷数表記による地域表示─」(『戦国史研究』二〇、一九九〇)を参照。
(86) 戸谷穂高「享徳の乱前後における貴種足利氏の分立」(佐藤博信編『関東足利氏と東国社会』岩田書院、二〇一二)。
(87) 当該期の真壁氏については、小森正明「中世後期東国における国人領主の一考察─常陸国真壁氏を中心として─」(『茨城県史研究』六二、一九八九)、前掲註(28)清水論文、拙稿「室町〜戦国初期常陸真壁氏の基礎的考察」(戦国史研究会編『戦国時代政治史論集 東国編』岩田書院、二〇一七)を参照。
(88) 註(46)に同じ。

(89)「秋田藩家蔵文書　一二」真壁家親類家人連署言上状写(『真壁Ⅰ』第一一八号)。
(90)「秋田藩家蔵文書　一二」真壁朝幹代皆河綱宗重申状写(『真壁Ⅰ』第一一九号)。
(91)「鶴岡八幡宮文書」小山田上杉定頼寄進状(『扇谷』第一二号文書)。
(92)『執事補任次第』(『続群書類従』第四輯上)。
(93)『鎌倉大草紙』(『埼玉八』一〇七～一〇八頁)。久保賢司「上杉憲忠の西御門御所参上をめぐって―将軍と有力守護大名の関係にも言及して―」(黒田基樹編著『山内上杉氏』戎光祥出版、二〇一四、初出は『泉石』六、二〇〇二)を参照。
(94)「武家事紀　三四」足利成氏書状写(『戦古』第一一六号)。
(95)註(86)に同じ。
(96)久保賢司「享徳の乱における足利成氏の誤算―貴種の格付け、正官と権官、主君と家臣の関係についても―」(佐藤博信編『中世東国の政治構造』岩田書院、二〇〇七)。
(97)「正木文書」足利成氏書状写(『戦古』第四四号)。
(98)「正木文書」足利成氏書状写(『戦古』第六二号)。
(99)史料上からは、宗湛が小栗姓を名乗る人物であったことが確認できるに留まる(『蔭凉軒日録』寛正三年二月十五日条『増補続史料大成　第二十一巻(蔭凉軒日録　一)』三三四頁)。
(100)綿田稔氏は、宗湛と助重の同一人物説は否定するものの、宗湛が常陸小栗氏の一族であった可能性はあるとする。綿田稔「自牧宗湛」(『美術研究』三九三～三九五、二〇〇八)を参照。筆者も、寛正年間(一四六〇～六六)の時点で将軍足利義政の耳に届く程の実力を持っていた宗湛と、そこから十年も遡らない享徳年間まで常陸で武士として活動し、絵画を学ぶ余裕があったとは考え難い小栗助重が同一人物であるとみることは難しいと考えている。

(101)「東京大学白川文書」結城政勝書状(『白河』第八四〇号)など。

〔付記〕本稿は、千葉歴史学会平成二十六年七月例会(平成二十六年七月二十五日、於千葉経済大学)における報告を基に成稿したものである。

第二章　古河公方御連枝足利基頼の動向

はじめに

戦国初期の常陸南部については、「内海」論などの視点によるアプローチはあるものの、[1]全体としては自治体史による検討が中心であり、[2]その動静には不明な点が多く残されている。本章では、当該地域での幅広い活動がみられる足利基頼の動向を検討することで、当該期の常陸南部の情勢を考えていきたい。

最初に、基頼に関するこれまでの研究状況についてみていく。

まず挙げられるのが平田満男氏の専論である。[3]平田氏は基頼の発給文書を検討し、①常陸と関わりのある人物への発給が中心であること、②使者としてみえる町野能登守・淡路守を、政氏に仕えた蔵人入道能悦の一族と比定できること、③文書形式・内容が兄高基に準ずること、④享禄年間まで高基方、享禄四年(一五三一)に政氏、天文四年(一五三五)に高基が死去したこと、晴氏の公方就任による北条氏綱・氏康父子の影響力強化に対抗すべく、天文年間に義明方に属したこと、という四点を指摘した。

その後、基頼に関する検討は、主として古河公方或いは小弓公方の研究の中で間接的な言及が行われる状況に留まるが、[4]『猿島町史』において黒田基樹氏は、「足利家通系図」[5]にある、基頼が下総若林(現茨城県猿島郡境町若林)に葬られたとする記述から、同地に基頼が何らかの関わりを有した可能性を指摘している。(6)そして近年、寺﨑理香氏が基頼の発給文書の原本調査の成果を踏まえつつ、各文書の年次比定を行った論考を発表した。(7)寺﨑氏はその中で、基頼の花押の改判を永正十五年(一五一八)に高基方から義明方に転じた際とし、その後も常陸や北総の経営に力を注いだとする。

以上が基頼に関する主たる研究であるが、その具体的な動向や立場、特に古河方(高基方)から小弓方(義明方)に転じた時期などについては、諸説入り乱れているのが現状である。その要因として、基頼が活動した時期の常陸地域に関する史料の年次比定という基礎的検討が不十分な状況がある。そこで本章では、基頼の発給・受給文書の年次比定を改めて行うことを通し、彼の行動とその背景、当該期の常陸・下総の動静をみていくこととする。

一　足利基頼の出自

まずは足利基頼という人物の出自をみていく。彼の生年を示す史料は管見の限り確認できないが、兄である高基が文明十七年(一四八五)頃、義明が長享〜延徳年間(一四八七〜九二)の誕生とみられることから、少なくともそれ以降であることは間違いない。また永正年間(一五〇四〜二一)の半ばには活動がみられることから考えると、遅くとも明応年間(一四九二〜一五〇二)の前半には誕生していたと思われる。

基頼の父は第二代古河公方足利政氏、母は史料上確認できず不明である。また、兄弟姉妹については、兄弟に第三代の古河公方である高基、鎌倉鶴岡八幡宮若宮別当(雪下殿)であり後に小弓公方となる義明、関東管領上杉顕定の養子となりその後継者候補となった顕実、久喜甘棠院の開山となった貞巌があり、姉妹に鎌倉東慶寺第十六世となった渭継尼があった（「古河公方足利氏系図」を参照(8)）。

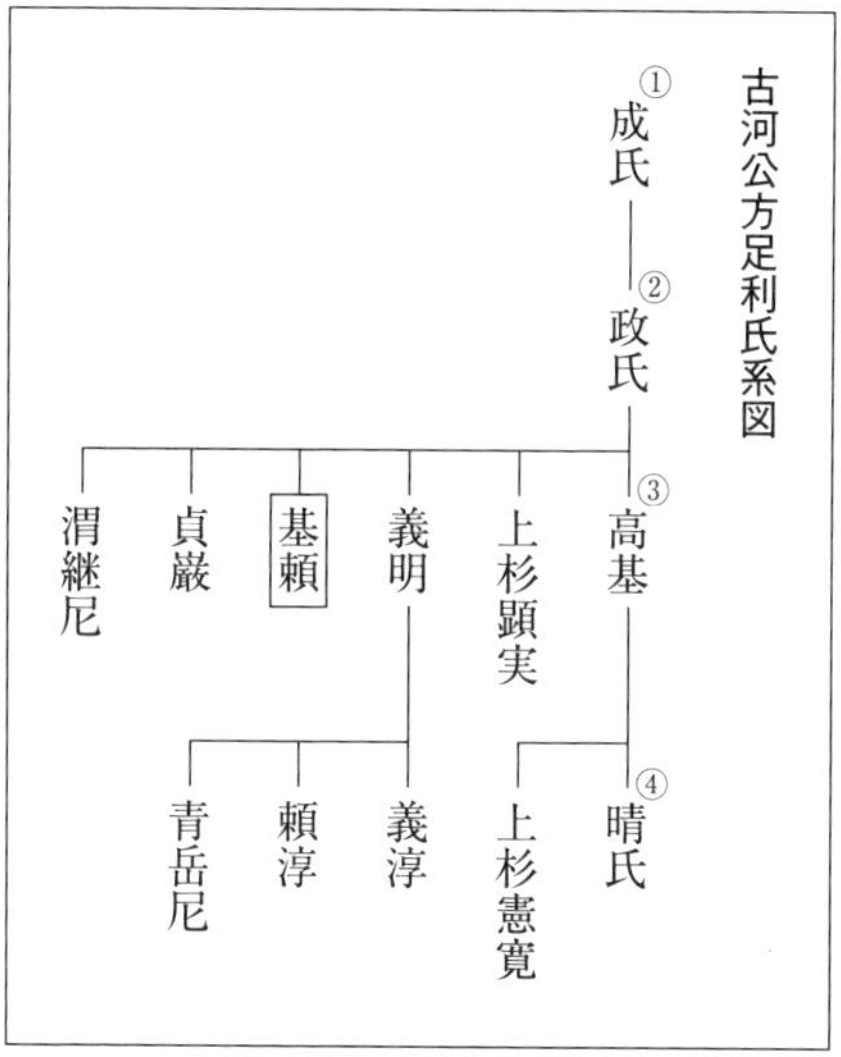

基頼の元服時期としては、活動開始から永正十年（一五一三）以前と推定される。その「基」の字が兄高基の一字であることは間違いないと思われるが、永正年間を通し、父政氏と兄高基が対立と融和を繰り返してきたことを考えるならば、政氏の下で育った基頼の初名は別の名前、例えば「政頼」のような名であった可能性もあろう。ただし、基頼については、後掲史料B・Fの包紙に「基頼」と記された実名以外には、官途や受領名、また幼名や仮名がわかる史料はなく、これらについて不明とせざるを得ない。

二　文書にみられる使者と花押形

続いて、基頼の発給・受給文書の検討を基に、当該期の彼の活動や周囲の情勢をみていく。基頼の発給・受給文書は、『戦国遺文 古河公方編』(9)によれば、次表の通り発給九点、受給一点の一〇点が確認できる（史料A～J）。いずれも無年号の文書であり、これらを他の史料とつき合わせて年次を比定することは、当該期の関東の動静を考える上でも重要であろう。

表3　足利基頼発給文書一覧

月の丸数字は閏月

番号	月	日	花押形	受給者	使者	出典	戦古
A	8	10	Ⅰ	塩美作守殿	町野能登守	秋田藩家蔵文書五一	一二四九
B	7	3	Ⅰ	真壁右衛門佐殿	町野淡路守	真壁文書	一二五五
C	7	3	Ⅰ	烟田平三とのへ	町野淡路守	烟田文書	一二五三
D	7	3	Ⅰ	海老原丹後殿	町野淡路守	海老原家文書（注）	一二五四
E	7	29	Ⅰ	真壁右衛門佐殿	町野淡路守	真壁文書	一二五六
F	5	23	Ⅱ	行方土佐守殿	海老名民部少輔	芹沢文書	一二五二
G	③	9	Ⅱ	真壁右衛門佐殿	町野淡路守	真壁文書	一二五〇
H	2	22	Ⅱ	小野崎大蔵丞殿	（町野源三郎）	阿保文書	一二五一
I	8	16	Ⅱ	井田美濃守とのへ	町野淡路守	井田文書	一二五七

（注）『戦古』では「この文書、なお検討を要す」とする。

足利基頼受給文書一覧

番号	月	日		発給者	受給者	出典	戦古
J	6	1		道長	基頼	豊前氏古文書抄	四三四

まずはこれらの文書に共通する部分として、使者と花押形をみていくこととする。

①使者

基頼発給文書は先述の通り九点であるが、この内八点に使者やそれに類する者として名前が挙がっているのが町野氏である。彼らは問注所町野氏の一族とみられる。特に六点に名前が見られる淡路守は、同時期に高基の使者として真壁氏の下を訪れており、[10]また享禄元年（一五二八）十二月の足利晴氏の元服について記した「足利晴氏元服次第記録」[11]にも名を連ねるなど、古河公方府内にも一定の立場を持った人物であった。また能登守についても、高基からの直状に、下総の神崎氏との関係がみられ、[12]佐藤博信氏は常陸や東下総に関係を有した人物ではないかとする。[13]しかし一方で、当該期の町野氏の中には、政氏方として広く活動した能悦[14]や、義明の家臣にみえる十郎[15]などの存在が確認でき、一族の中でも派閥があり、政氏・高基・義明と各勢力に分かれていた。

木下聡氏は、町野氏が常陸に地縁的関係を有していたことを指摘する。[16]これを踏まえるならば、淡路守や能登守も、地縁を背景として基頼に従い、常陸へ入った可能性が高い。また、下って足利義氏に仕えた備中守（義俊）について、義氏が鹿島郡の林氏に宛てて「如二毎年一、町野備中守罷越候間」[17]と述べており、町野氏が常陸と深い関わりを持っていたことは間違いない。[18]

続いて、史料Fにみられる海老名民部少輔についてである。彼は鎌倉府奉公衆として活動がみられる関東海老名氏の一族と思われる。民部少輔はこの文書でのみ確認できる人物だが、先述の「足利晴氏元服次第記録」に右衛門佐・左衛門の名が、「里見家永正元亀中書札留抜書」[19]や天文十年代のものとみられる鳥名木文書の足利晴氏書状には三河守の名がみられ、[20]彼らと同族と思われるが、その系譜関係はわからない。この海老名氏も、南北朝末期〜室町期に、常陸との関係を有した一族であり、[21]町野氏同様に地縁によって基頼に従ったとみられる。

②花押形

基頼の花押については、Ⅰ型・Ⅱ型の二種類が確認できる。

花押Ⅰ

花押Ⅱ

その変遷については、次節で内容と合わせて検討するが、Ⅰ→Ⅱというものであり、改判時期は大永初めと考えられる。改判理由について、寺崎氏は古河方から小弓方へ鞍替えした際のこととするが、内容を検討する限り、そのように理解することはできない。形としては、Ⅰ型はいわゆる公方様花押の変形とみえるが、Ⅱ型は全く独自のものである。寺崎氏は、花押Ⅱの形を「貴」の字の変形とみて、「関東足利氏としての「貴」種性を主張する表現の可能性」を述べている。当該期の周辺勢力の人物が用いた花押をみても、これに近しいものは見当たらず、基頼がこの花押形を選択した理由は判然としないが、寺崎氏の説は一つの候補となろう。[22]

三　文書の内容と年次比定

ここからは、文書の内容と年次比定について検討する。基頼発給の初見とされるのが史料Aである。

〔史料A〕（秋田藩家蔵文書　五一）

就㆓出陣之事㆒、以㆓使節㆒被㆓仰出㆒候、速可㆑被㆑存㆓其旨㆒之由、両三人仁可㆑加㆓意見㆒候、巨細被㆑仰㆓含町野能登守㆒候也、

八月十日　（花押Ⅰ）

塩美作守殿

文書の受給者である塩美作守は実名不詳だが、陸奥岩城氏の家臣であり、永正九年（一五一二）と比定される七月七日付足利政氏書状の宛所である塩左馬助と同一人物とみられる(23)。また本文中の「両三人」は岩城氏の当主及びその子息を指すとみられ、『戦古』では岩城常隆・由隆・政隆と比定している。しかし、この時期の岩城氏当主の変遷については不明な点が多く、「両三人」を具体的に確定することはできない(24)。

続いて年次であるが、『戦古』では「永正十一年ヵ」、寺崎氏は永正十一年とする。これを考えるに当たり、当該期の南奥情勢と古河公方家の内紛を併せてみていく。

永正九年六月、古河から小山へ移座した足利政氏は、高基方への対抗策として、佐竹・岩城両氏へ度々出兵を求めるようになった(25)。特にこの時期、白河結城氏が内紛で弱体化していた南奥において、岩城氏は政氏・高基の双方から期待される存在であったという(26)。これに対する佐竹・岩城両氏の姿勢は、次の史料にみることができる。

〔史料1〕（秋田藩家蔵文書　一〇）

岩城父子参陣之事、去今両年無二相違一捧二御請一、内儀無二別条一段雖二勿論候一、高基免許之事、佐竹右京大夫同心言上、関東之諸士違却之様可レ存条、甚以不レ可レ然候、被レ対二顕材西堂一、御心底之趣具直被二仰出一候、西堂節儀無二比類一之上、為レ代被レ参事、御高運候、令レ談二合下総守并民部太輔仁断而参陣之事一、可レ加二意見一候、若於二此上一も思惟候者、急速一勢相立候之様至レ諌可二喜入一候、単憑二思西堂一之由、於二此地一被二仰出一候、定而可レ有二物語一候、此度早々属二御本意一様走廻候者、岩城於二末代一、可レ為二名誉一候、万乙両篇共無レ曲候者、一途御覚悟旨候、可レ得二其意一候、謹言、

六月廿一日　「（足利政氏）花押同前」

竹隠軒

「竹隠軒

政氏[27]」

史料1は政氏が竹隠軒（岡本妙誉）に宛てた書状である。彼は元々岩城氏の被官であったが、永正十年頃には佐竹氏に従うようになり、この頃は太田に在していたとみられる。[28] この中で政氏が「高基免許之事」を岩城・佐竹両氏が言上していると述べていることから、両氏は政氏と高基の和睦を求めており、また政氏からの出陣命令を拒んでいたと考えられる。その方針が転換するのが永正十一年の七月で、両氏はついに政氏方に立ち下野へ進軍を開始。[29] 八月半ばまでに宇都宮近郊まで進み、竹林（現宇都宮市竹林町）で高基方の宇都宮氏らと合戦を繰り広げた。[30]

史料Aの発給時点では、まだ佐竹・岩城両氏の軍事行動の情報は基頼の下に届いていなかったとみられる。永正十一年七月末の両氏出陣については、八月一日には早くも祇園城の政氏に伝わっており、[31] 古河城の高基や、所在は不明だが基頼も、そこまで差のない時期には情報を得ていたと推測できる。即ちこの文書はその日付から永正十一年より前の文書と考えられ、塩美作守が左馬助を名乗っていた時期から考えて、永正十年と比定できる。

続いて、この時期の基頼の立場を考える。岩城氏及びその周辺に対する書状の多くは、政氏及びその側近からのものである。ここから考えるならば、史料Aの基頼も、この時期は政氏方に属して活動していた可能性が高い。また政氏が塩美作守へ宛てた書状には、次の史料がある。

〔史料2〕（秋田藩家蔵文書　五一）

下総守父子参陣之事、去今両年以㆓能悦㆒被㆓仰出㆒候処、速可㆑存㆓其旨㆒段捧㆓御請㆒、去三月以来相違様候、歎思召而も有㆑余計候、然間、重而被㆑指㆓遣能悦㆒候、此度使節同心仁馳参候者歟、不㆑然者、一勢立進候様断而加㆓意見㆒候者、可㆑然候、尚々可㆑存㆓其旨㆒候也、

八月九日　（足利政氏）（花押影）

　　　　塩美作守とのへ(32)

史料2も日付・内容から永正十年と比定でき、また史料Aはこれと合わせて発給されたと考えられる。一日違いの日付について、寺﨑氏は両上様制における高基への配慮とみているが、果たして敵対勢力たる高基に配慮する必要があっただろうか。推測だが、政氏書状が、当時小山ではなく別の在所に居た基頼の下を通って岩城の塩氏に送られる際に、基頼も書状を書いたと考えられようか。そしてここから当時の基頼が、詳細は不明だが政氏方に属し、父とは別の在所に居たとみられ、小山と塩氏の居る岩城の間と考えるならば、その場所は常陸国内であった可能性が高い。

永正十年頃の基頼は、政氏方として活動していた。しかし、その後時期は不明だが高基方に転じたとみられ、次の史料Bは高基方に属した後の書状である。

〔史料B〕（真壁文書）

（封紙ウハ書）
「真壁右衛門佐殿　　基頼」

「（切封墨引）」

懇言上、喜入候、仍而昨日竹原要害落居、特城主長岡父子討捕候、定而目出可レ存候、此刻其口之揺専一候、巨細町野淡路守可二申遣一候、謹言、

　　七月三日　　（花押Ⅰ）

　　　　真壁右衛門佐殿

受給者は常陸真壁城主の真壁家幹である(33)。また文中に出てくる「長岡父子」の詳細は不明だが、長岡（現茨城町長岡）を名字の地とする人物とみられる(34)。寺﨑氏は「鹿島大使役記」(35)の応安四年（一三七一）条にみられる「国府長岡」から、大掾氏一族であった可能性を指摘するが、長岡が吉田郡内の地であることから、可能性は十分にあるだろう。

この文書について『大日本史料』は、根拠不明だが永正十年とし、(36) また寺崎氏は永正十一年八月以後数年間のものとする。内容は竹原要害（現小美玉市竹原）を攻め落としたことを賞するものだが、「烟田旧記」には「竹原ゆふかい（要害）せめ子とし(37)」とあり、本書状は子年である永正十三年のものと考えられる。(38) ただし、この頃の小田・大掾・江戸・真壁氏などは何れも高基方に属していたとみられ、(39) 長岡氏がなぜ基頼や真壁氏と対立していたかは不明である。或いは、政氏方の佐竹氏と結んでいた可能性が考えられるか。

この後も基頼は常陸国内に在ったとみられ、次にみる史料から、行方郡へ侵攻していたことがわかる。

〔史料C〕（烟田文書）

連々存㆓忠信㆒之由、被㆓聞召覃㆒候、感思食候、殊此口へ令㆓動座㆒上、別而可㆓走廻㆒候、巨細町野淡路守可㆓申遣㆒候也、

七月三日　（花押Ⅰ）

烟田平三とのへ

〔史料D〕（海老原家文書）

連々存㆓忠信㆒之由、被㆓聞召覃㆒候、感思食候、殊此口へ令㆓動座㆒上、別而可㆓走廻㆒候、巨細町野淡路守可㆓申遣㆒候也、

七月三日　（花押Ⅰ）

海老原丹後殿

史料Cの受給者である烟田平三は鹿島郡烟田城主であった烟田安幹とみられ、史料Dの海老原丹後は実名不明である。この二通は、宛所以外が全て同一文言の史料であるが、史料Dについて、寺崎氏は史料Cを基にした写であると

いう佐藤博信氏の見解に依り、検討の余地があるとする。筆者は原本の確認を行っていないため、断定は控えるが、本文書群の中世文書の目録[40]と翻刻のある刊本をみると、「烟田文書」と宛所だけが異なる文書や[41]、花押と宛所だけが異なる書状の存在が多数確認できる[42]。ここから考えて、史料Dは近世に「烟田文書」を基に作成された可能性があると思われる。よって本章では史料Cに絞って検討を行うこととする。

さて、史料Cにおいて、基頼は烟田氏に対し、「此口」への動座に当たっての参陣と活躍を期待している。「此口」とはどこを指すのか、これを示す史料が史料Eとみられる。

〔史料E〕（真壁文書）

先度懇言上、御悦喜候、其口へ政治相動候処、家人等励二戦功一敵討捕候由、大掾方へ申越候、誠心地好思召候、仍而明日至レ于二玉造一可レ被レ進二御陣一候、今日当城へ政治可二相動一候、然者、多賀谷・水谷相談、後詰之動、簡要候、巨細町野淡路守可二申遣一候、謹言、

七月廿九日　（花押Ⅰ）

真壁右衛門佐殿

受給者は史料Bと同じく真壁家幹である。この文書では、小田政治の攻撃に対し、真壁家幹の家人が活躍して撃退したことを基頼が大掾忠幹より伝えられて喜んだこと、明日には玉造（現行方市玉造）へ出陣するが、政治が「当城」へ攻め寄せた際には、多賀谷祥潜・水谷治持と相談の上で後詰をして欲しいことを述べている。

本文書を寺崎氏は永正十一年八月〜同十五年八月の間とみている。これについて、基頼と史料に現れる諸氏の関係をみていく。文書が出た段階で、基頼は高基方に属し、大掾・真壁・多賀谷・水谷氏と協調関係に、小田氏とは対抗関係にあった。この内、小田氏は、永正十一年三月頃に政氏方から高基方に転じ[43]、少なくとも同十六年八月まではそ

の立場にあった[44]。即ちこの文書は、それ以降小田氏が高基方から離反し、義明方に与した後のものと考えられ、次にみる史料Fの日付と内容から、永正十七、大永元年（一五二一）の何れかとみられる。

また、史料Cにみえる「此口へ令二動座一上」という文言の「此口」は、受給者である烟田氏の所在から、史料Eで「仍而明日至レ于二玉造一可レ被レ進二御陣一候」とある行方郡玉造への出陣を指すと思われる。ここから、CとEは同一年次の発給とみることができよう。そして、基頼が当時所在した「当城」は、真壁氏からの一報を大掾忠幹を通じて受けたことを踏まえるならば、長塚孝氏の指摘するように、忠幹の居城である府中城周辺であったと考えられる[45]。

史料E発給後、基頼は行方郡へ出陣する。この時期の行方郡内の動静については不明な点が多いが、行方攻めの終わりと考えられる史料が次の史料Fとみられる。なお、この間に基頼は花押形をⅡ型に改めたと考えられる。

〔史料F〕（芹沢文書）

（封紙ウハ書）
「行方土佐守殿　　基頼」

「（切封墨引）」

自二古河一御申之間、近日御帰座候、此口永々被レ立二御馬一候之処、切々御注進共、懇走廻之条、感思召候、巨細
海老名民部少輔被二仰含一候、謹言、

五月廿三日　（花押Ⅱ）

行方土佐守殿

受給者の行方土佐守は、行方名字であるが、本文書が芹沢文書に伝来したこと、「土佐守」が芹澤氏当主の受領名であることから、芹澤氏と考えられる。この時期の当主は秀幹といわれ、また文中の「古河」は公方足利高基である。

この文書について、烟田幹衛氏は、行方名字で芹澤氏に発給した点に注目され、同様の例として足利晴氏の書状が芹沢文書にあることから、この基頼書状を晴氏の公方就任後から基頼の戦死以前のものとし、またこの時期に芹澤氏が行方惣領家の居城である小高城に在城していたと述べている[46]。また寺崎氏は、本文書と後述する史料Jを同時期のものとみており、その年次を享禄年間(一五二八〜三二)の高基・晴氏の抗争の時とし、晴氏が行方郡に在した可能性を指摘するとともに、原本調査を踏まえ、本文書が陣中で急ぎ作成されたものではないかとみている。

芹澤氏の小高在城を示す一次史料は管見の限り確認できず、また行方名字の書状は、嶋崎氏や玉造氏など他の行方流諸氏にもみられ[47]、この一通だけをもって芹澤氏がこの時期に小高に在城したと断定することはできない。また烟田氏の示す晴氏書状は、花押形から基頼戦死後のもので、同時期の文書ではない[48]。寺崎氏の説については後述する。

年次と内容としては、「自二古河一御申之間、近日御帰座」とあることから、基頼が古河方(高基方)に属した時期の文書であり、「御帰座」の「御」字を自敬表現ととるならば、基頼は高基の命を受けて陣を引き払うことになったと考えられる。また「此口永々被レ立二御馬一」とあり、芹澤秀幹の活躍を賞していることから、基頼や芹澤氏は何処かに長期に亘り在陣していたとみられる。その候補には、先に史料C・Eでみた行方郡方面が挙げられる。このように考えるならば、史料Fの発給は花押Ⅱ型の最初期とみられ、その年次は日付等から大永二年と比定できる。

高基の命を受け、行方・鹿島郡から離れた基頼は、その後も常陸国内に留まっていたとみられる。次の史料Gは大永年間の常陸南部の動静を示した文書である。

〔史料G〕(真壁文書)

「(切封墨引)」

屋代要害土岐原責落引除候所へ政治馳合遂二一戦一候、因レ之為二合力一麻生淡路守即時打越候様躰事、擫々共未レ聞

候、此度各令二調談一、北郡へ物深相動可レ然候、巨細町野淡路守可二申遣一候、謹言、

閏三月九日　（花押Ⅱ）

真壁右衛門佐殿

受給者は史料B・E同様、真壁家幹である。文中の土岐原は江戸崎城主土岐原治頼、政治は小田政治、麻生淡路守は実名不詳だが、行方郡麻生城主である。

本文書は閏月から大永三年と比定できる。内容としては、屋代要害（現龍ヶ崎市八代）を巡る土岐原氏と小田・麻生氏の合戦について真壁氏に伝えるとともに、周辺と調談をしつつ、北郡（現石岡市の北西部）へ進出することを求めたものである。この合戦は東条庄を巡る、古河方の山内上杉氏被官である土岐原氏と小弓方の小田氏という構図の中で勃発した合戦であり[49]、結果としては土岐原氏が小田氏を破った。この合戦で小田氏は、「為レ始二信太一、一類不レ残討死、殊たかや人衆ニハ、たかや淡路守・広瀬・青木・石島、其外おもてをいたし候もの数多討死[50]」と高基が長南武田氏へ後に送った書状にあるように、重臣の信太氏や、援軍として参陣したとみられる多賀谷氏らが討死するなど、大打撃を蒙るとともに、同地域への影響力を失うこととなった。なお、麻生氏については、推測だが、行方氏などとの対立関係の下で小弓方に属し、小田氏救援のために香取海を越えて出陣してきたとみられる[51]。

この文書について、寺崎氏は基頼が小弓方に属して以降のものとみているが、文中の「北郡」は、この時期小田氏の勢力下にあったとみられる地域である。やや時代は遡るが、明応年間（一四九二〜一五〇一）頃の小田氏の内訌において、政治の父成治が、戦乱を逃れて北郡太田（現石岡市太田）の善光寺へ移ったことは[52]、同地に小田氏の影響があったことをうかがわせる。この地への進出を基頼が真壁氏に求めたことは、史料E以降も基頼と小田氏が対立関係にあったことを示しており、大永三年時点の基頼は、依然として古河方に属していたのである。

なお、史料F・Gから、基頼の改判が、古河方から小弓方に転じたことを理由に行われたものではないことがいえるが、その理由については現時点では不明といわざるを得ない。

その後も基頼は常陸に居たと思われる。それを示すのが次の史料Hである。

〔史料H〕（阿保文書）

「（切封墨引）」

去年岩城へ被レ遣二使節一候時分、有二御失念一、不レ成二御書一候、仍町野源三郎令二湯治一候、路地等懇走廻候者、感可二思召一候、謹言、

二月廿二日　（花押Ⅱ）

小野崎大蔵丞殿

小野崎大蔵丞は、久慈郡石神城主の石神小野崎通長とみられる。この文書を寺崎氏は天文年間（一五三二～五五）の岩城・江戸氏と佐竹氏の対立に関するものとし、また本文書を基頼が小弓方に転じた後とみる。関連する史料が見出せず断定はできないが[53]、少なくとも大永～享禄年間の基頼が、岩城氏と連絡を取り合う関係にあったことはいえるであろう。

さて、享禄年間に入ると、古河公方家では高基とその子晴氏の間で抗争が勃発する[54]。この抗争の最末期、久喜に隠居していた足利政氏（道長）は基頼へ書状を送っている。現存する唯一の受給文書である史料Jである。

〔史料J〕（豊前氏古文書抄）

的便之間一筆遣候、長門守家人之帰ニも懇切被レ申候、先日昼夜之劬労察存候、梵永侍者義胤方へ切紙令二披見一候、一芳賀次郎号二家中一地仁令二張陣一候哉、先以簡要候、人数も無二不足一候哉、目出候、乍レ去晴氏帰座之事、

興綱方江自二古河一申候歟、然間芳賀揺等悉慮候哉、如レ斯候者帰座之儀とも急候而可レ然之処、しかたもなき刷何事候哉、仍慈恩寺之事、高基方へ以二下総守一一筆遣候、返札大概宜候、騰侍者江写遣候き、定つかハさるへく候、一若林之事、義胤相談したく無沙汰候、かしく、

六朔

基頼　　道長

本文書を、黒田基樹氏は内容から享禄四年（一五三一）と比定している。筆者も同意見だが、この直後に政氏は病床に伏し(55)、そのまま七月十八日に死去したとみられ(56)、或いは本書状が政氏最後の発給文書となった可能性が高い。

文書内容としては、①梵永侍者の持参した切紙の披見、②芳賀次郎（高経）の家中（現栃木市都賀町家中）在陣、③晴氏の宇都宮からの帰座、④慈恩寺（現さいたま市岩槻区に在った寺院）の事、⑤若林（現茨城県猿島郡境町若林）の事、という五点が記されているが、本章では特に②③について、当該期の下野と高基・晴氏の対立をみていく。これについては、荒川善夫・黒田基樹両氏の検討がある。荒川氏は、宇都宮氏内部に、当主興綱（高基派）と重臣芳賀高経・高孝（晴氏派）の対立構図があったとする(57)。これに対し黒田氏は、政氏・晴氏―宇都宮・芳賀氏と高基―小山氏の対立を想定し、基頼については高基方・晴氏方の何れの可能性もあるとする。

この点、当時の基頼の所在や勢力の大きさはわからず、彼の立ち位置も、少なくともこの時期まで依然古河方の立場に在ったこと以外は不明である。しかしながら、この抗争が事実上の晴氏勝利で終わり、彼が実権を握った後に基頼は小弓方へ転じたとみられることから、晴氏方であったとは考えがたい。傍証があるわけではないが、高基寄りの立場か、或いは両者の対立自体から一歩引いていた可能性が考えられる。

なお本文書について、寺崎氏は史料Fと関連するとみており、晴氏が基頼を頼って行方郡内に移座したとし、また

原本調査により、史料Ｆが晴氏の芹澤氏宛書状の多くと同じ三椏紙であることから、晴氏と基頼の連携を想定する。しかし、晴氏の帰座について高基が宇都宮興綱と連絡を取っている点を考えても、荒川・黒田両氏の述べる通り、晴氏の移座先は宇都宮で間違いない。また、芹澤文書に残る晴氏書状は、その花押形から全て基頼が小弓方に転じた、或いは戦死した後のものとみられ[58]、基頼の用いた三椏紙が晴氏のそれと関係があるとは断定できない。

高基と晴氏の抗争が終結した直後、基頼はそれまでと大きく異なる動きをみせる。それは次の史料Ｉにみえる。

〔史料Ｉ〕（井田文書）

就二御動座一、勝胤所へ被二仰出一旨候、可レ然様加二意見一候者、可レ為二神妙一候、巨細町野淡路守被二仰含一候也、

八月十六日　（花押Ⅱ）

井田美濃守とのへ

受給者の井田美濃守は上総大台城主の井田氏胤とも、胤俊ともいわれている[59]。また文中の「勝胤」は千葉氏当主である千葉勝胤のこととみられる。

本文書については、足利義明がそれまで在していた下総高柳から、上総の真里谷武田氏の下へ動座した際の史料として、永正十五年とこれまで比定されてきた[60]。しかし、基頼が少なくとも享禄四年まで古河方に在ったこと、使者にみえる町野淡路守も同様に古河方の一員として活動がみえることや花押の改判時期を考えると、この比定に同意することはできない。佐藤博信氏はこの文書を基頼の小弓移座後とみているが[61]、それが正しいとすれば、その年次は千葉勝胤の没年や周辺の情勢から[62]、享禄四年の発給と考えられ、先の史料Ｊが出た後の文書となる。

内容としては、「御動座」について、勝胤に仰せがあったので、然るべき意見を述べて欲しい旨を伝えている。この「御動座」は、内容から、①高基、或いは晴氏による義明討伐の「御動座」、②義明による高基及び晴氏討伐のた

めの「御動座」という二通りの可能性があるが、当該期の井田氏は、その地理的条件もあり、義明から味方になることを求められており、(63)また千葉氏についても、大永～天文初期の時期は小弓方にあったとみられ、(64)ここでの「御動座」は②の意味と考えられる。即ちこの文書が出る前の段階で、基頼は小弓方に転じていたと考えられるだろう。

以上、基頼関連文書の検討により、概ねその年次を比定した。

四　基頼の動向

ここでは、前節までの成果を基に、基頼の活動とその背景を時系列的にみていく。

父政氏・兄高基の対立から発生した「永正の乱」において、基頼は当初古河に在ったとみられる。高基の古河から関宿への移座は彼の単独行動とみられ、(65)基頼は、なし崩し的に政氏方に属したと考えられる。そして遅くとも永正十年(一五一三)八月までには常陸へ入部した。この動きについて、長塚孝氏は、基頼が水陸交通の要地である常陸府中城周辺に在った可能性を示唆し、それは政氏の指示によるものとする。(66)大掾氏が乱を通じて高基方に在ったことを考えると、当初から府中に入ったかは検討の余地があるが、その後、基頼が高基方として、史料Eにあるように「当城」から行方郡方面へ出陣していたことを考えるならば、香取海やそこへ流れ込む水系に近い地域に基頼は在していたと思われ、少なくともその頃までに府中周辺に在ったと考えられる。基頼は政氏の指示により、「公方の子」として常陸に入ったが、それは常陸を自らの支持下に置くための政氏の戦略的なものであったと思われる。しかし、その後永正十三年までに基頼は高基方に転じた。これは高基方優位という当時の情勢をみての行動であったとみられる。

常陸に入った基頼は、周辺勢力、特に大掾氏や真壁氏と積極的に情報交換を行った。両氏が基頼との結びつきを強めた背景としては、例えば大掾氏の場合、対立する小田氏との関係があったとみられ、また高基方の彼らにとって、御連枝の基頼を立てることで、自らの行動にある程度の影響力を持たせることも意識していたと思われる。一方の基頼自身も、周辺の情報を集めるなどの目的もあり、時には遠方の岩城氏と連絡を取るなど、積極的に行動していた。

そして基頼は、永正十年代の終わりには、常陸国行方郡方面へ自ら出陣した。この時の基頼が一定規模の軍勢を集めることができたことは間違いないが、その規模や実態については、関連史料が全く残っておらず、芹澤氏や烟田氏を動員したこと以外は不明といわざるを得ない。とはいえ、常陸における一方の大将的な存在として基頼は在ったと思われ、その背景には、御連枝という彼の出自に拠るところが大きかったと考えられるであろう。

その後、大永二年(一五二二)に兄高基の命を受けて行方郡方面から帰陣した基頼は、その後も常陸に在って活動していた。しかし、享禄年間(一五二八～三二)に勃発した高基と晴氏の対立において、基頼は明確な立ち位置を示さず、その後まもなく小弓方に鞍替えをした。その時期は史料Ｉ・Ｊの検討から、享禄四年七月後半～八月前半のことであると推定できる。鞍替えの背景は不明だが、父政氏の死去は一つの理由と思われ、また甥の晴氏との関係もあろうか。

しかし、小弓に移って以後、基頼の活動はほとんどみえなくなる。この点、史料的制約もあるが、それまで古河から離れた場所で自由に活動してきた独自性が、小弓で兄義明と一体化したために失われたこともあるだろう。また、『猿島町史』において黒田基樹氏は幸嶋地域が、『鉾田町史』において平野明夫氏は鹿島郡が、それぞれ基頼の小弓方転進によって小弓公方化が図られたとし、千野原靖方氏は、真壁氏も基頼とともに小弓方に転じたと、寺崎氏は小田氏が古河方から小弓方に転進した背後に基頼があったと、それぞれ述べている(67)。しかし、基頼の小弓方転進後の常陸方面への活動は確認できず、また真壁氏は享禄～天文初年の段階で晴氏と年始の挨拶を交わすなど、古河方の立場は崩していない(68)。小田氏の小弓方転進も、史料E・Gにみえる動静から、基頼の動きに関わらない独自の判断といえる。

そしてこれらの状況を考えるならば、基頼の小弓方転進は、常陸の諸家に対してはそれほど影響を及ぼさなかったと思われる。背景には、当時の小弓方が、真里谷武田氏や里見氏の内紛により、地盤である房総において勢力を減退させていたことで、既に常陸まで大きな影響を与える勢力ではなかったことが考えられる。またこの時期、公方家の内紛とは別の次元で、常陸においては特に大掾・小田・江戸氏間の対立が顕在化していたこともあるだろう。

小弓へ移った後の基頼の活動については、史料が残っていないため推測になるが、房総地域の安定を重視せざるを得ず、結果として基頼がそれまで培ってきた常陸の諸家との関係はほぼ消滅してしまったと考えられる。これはその後の国府台合戦において、小田氏や麻生氏といった親小弓方勢力をはじめ、常陸から参陣したとみられる勢力がほとんどないことからも、小弓公方の勢力がこの頃には常陸まで及ばなかったことを示していると思われる(69)。

そして天文七年(一五三八)十月、基頼は義明や里見氏とともに下総国府台に出陣、甥の晴氏や彼を支援する後北条氏の軍勢と対峙した。そして七日の戦いにおいて、義明やその子義淳と共に戦死してしまうのである(70)。享年は、活動時期等から四十前後と推定できる。前述の通り、基頼の遺骸は下総国猿島郡若林村に葬られたといわれるが、この所伝、そして史料Jで「若林之事」を政氏(道長)が基頼へ聞いていることを考えるならば、基頼はある時期までに下総若林に拠点を持ったものと考えられる。原田信男氏は、現在若林に残る堀江氏に関する伝承から、小弓方の堀江氏が若林に勢力を有した可能性を述べているが(71)、史料Jの段階、即ち享禄年間には古河方の基頼に若林の話が振られており、元々は基頼の持っていた拠点で、彼が小弓に移った後、堀江氏が入って勢力を持った可能性も考えられよう。

なお、基頼の妻については、史料上確認できず、また実子の存在もみることができない。この点、佐藤博信氏は、義明の次男が「頼淳」の「頼」を基頼から取ったと推定し、彼が基頼の養嗣子であった可能性を指摘しているが[72]、その可能性の検討を含め、基頼に関する新たな史料の発見が望まれるところである。

おわりに

以上、足利基頼について、発給・受給文書からその実像をみてきた。彼は永正～天文初めの時期にかけ、主に常陸南部を中心に幅広く活動していた人物であった。そして彼の立場は、当該期までの公方御連枝（出家、夭折者を除く）の中において、「公方の子」「公方の兄弟」である以外の肩書を一切持たずに活動を続けてきた、当時としては異質な存在であったといえる。即ちそれは、関東管領上杉氏の後継者候補として、山内上杉顕定の養子となった顕実や、鶴岡八幡宮若宮別当（雪下殿）として、古河公方権力における宗教面を支える立場にあった義明といった兄たち以上に自由な行動を取ることを基頼に可能にさせたといえる。また常陸南部において、大掾・真壁・土岐原氏といった諸勢力をまとめ上げるだけの影響力の大きさを有していたことも間違いないだろう。

しかし一方で、兄たちのような肩書を有さなかったが故に、自らの勢力を大きくする基盤を彼は持ち合わせず、また自由であるが故に、公方組織の中においても、自らの立ち位置を保持していなかった。このことは、兄の高基から甥の晴氏へ公方が替わり、そして晴氏が徐々に実権を握る中で、公方との親疎関係が兄弟から叔父甥の関係に遠くなったことが、同時期の父政氏の死と合わせて基頼の危機感を煽ることとなり、結果として小弓方に転じることとなった理由の一端となったのではないかと考えられる。

なお、基頼の活動は、高基や義明の発給文書から確認することができない。これについて、特に大掾氏や鹿行地域に関する史料的制約が大きいこともあるが、基頼の活動した常陸という地域が、政氏・高基・晴氏、そして義明のそれぞれの対立の中で、抗争の中心地ではなかったこともあると考えられる。ただし、それは彼らにとって常陸という地域が無下に扱える場所だったわけではなく、味方に取り込むことで後詰を求めるのに格好の場所でもあった。それ故に政氏は、自分の手元に在った息子を派遣し、高基も常陸に在った弟をそのまま留めて活動させたと考えられよう。

そして、基頼の活躍した時期の常陸の諸家は、古河公方家の動きに対し、自己の利害の下にそれぞれの立場を決めて行動しつつも、公方家の内紛には深く関わることは多くなかったように思われる。(73)とはいえ、その内実については不明な点も依然多く残されており、今後、例えば目まぐるしく立場を変化させた小田氏と周辺勢力の関係や、大永年間に勃発したとされる「鹿島大乱(74)」、或いは基頼が自ら軍事行動を起こして進出した行方郡の動静について、関連史料の検討を通し、さらに実態をみていく必要があり、この点は今後の課題としたい。

註

（1）茨城県立歴史館編『中世東国の内海世界―霞ヶ浦・筑波山・利根川―』（高志書院、二〇〇七）、佐藤博信「常総地域史の展開と構造」（同『中世東国の権力と構造』第Ⅳ部第一章、校倉書房、二〇一三、初出は茨城県立歴史館編『中世常陸・両総地域の様相―発見された井田文書―』茨城県立歴史館、二〇一〇）など。

（2）黒田基樹「小田氏の発展と牛久地域」（『牛久市史　原始古代中世』第八章第二節、二〇〇四）、市村高男「土岐原（土岐）氏の復興」（『龍ヶ崎市史　中世通史編』第五章第一節、一九九八）など。

（3）平田満男「足利基頼関係文書小考」（『戦国史研究』七、一九八四）。

（4）市村高男『東国の戦国合戦』（吉川弘文館、二〇〇九）、千野原靖方『小弓公方足利義明―関東足利氏の正嫡争いと房総諸士―』（崙書房出版、二〇一〇）など。また『戦国人名辞典』（吉川弘文館、二〇〇六）にも基頼の項目がまとめられている（佐藤博信執筆）。

（5）「足利家通系図」（足利浩平氏所蔵、『喜連川町史　資料編　五　喜連川文書　上』第二部三号）。

（6）黒田基樹「古河公方足利氏の成立と展開」（『猿島町史』第三章、一九九八）。

（7）寺﨑理香「関東足利氏発給文書にみる戦国期常陸の動向―基頼・晴氏文書を中心に―」（『茨城県立歴史館報』四一、二〇一四）。本章における寺﨑氏の見解は、全てこの論文に拠る。

（8）系図は「喜連川判鑑」（『群系二』三一九～三四七頁）、註（4）千野原著書などを基に作成。ただし、顕実と貞巌については叔父（政氏の兄弟）とする説もある。顕実については和氣俊行「山内上杉顕実・憲寛の関東管領職継承をめぐって」（第三六六回戦国史研究会報告レジュメ、二〇一〇）、貞巌については佐藤博信「古河公方足利政氏に関する一考察―特に岩付移座後の軌跡をめぐって―」（註（1）佐藤著書第Ⅱ部第三章、初出は『鎌倉』一〇九、二〇一〇）を参照。

（9）佐藤博信編『戦国遺文　古河公方編』（東京堂出版、二〇〇六）。

（10）「真壁文書」足利高基書状（『戦古』第五八四号）。

（11）「野田家文書」足利晴氏元服次第記録（『古河市史　資料　中世編』第七三九号）。

（12）「常総文書　二」足利高基書状写（『戦古』第六一一号）。

（13）註（1）佐藤論文を参照。

（14）「秋田藩家蔵文書　一〇」足利政氏書状写（『戦古』第三七五号）、「禅長寺文書」足利政氏書状（『戦古』第三八一号）など。

(15)『快元僧都記』天文七年十月二日条(『戦北補遺』一五四頁)。
(16)木下聡「町野氏」(同『室町幕府の外様衆と奉公衆』第Ⅱ部第三章、同成社、二〇一八、初出は佐藤博信編『関東足利氏と東国社会』岩田書院、二〇一二)。
(17)「文禄慶長御書案」足利義氏書状写(『戦古』第一一九六号)。
(18)ただし、木下氏によれば、町野氏に関する系図は現存せず、その系譜関係はほとんどわからないという。
(19)「里見家永正元亀中書札留抜書」(内閣文庫所蔵、『戦房四』付編第一号)。
(20)「鳥名木文書」足利晴氏書状(『戦古』第七六四号)。
(21)「常陸志料 二」海老名季茂請文写(『南関六』第四一三九号)、「烟田文書」足利氏満御教書写(同第四五一〇号)など。
(22)この寺﨑氏の見方を踏まえるならば、例えば兄の義明が、道哲を名乗った後半(天文年間)に用いた花押形(『戦古』の花押D・E)は、「尊」の字の変形とみることができると考える。基頼の改判時期を考えるならば、義明は弟の影響を受け、自らの貴種性を花押形で主張しようとした可能性も想定できるだろう。
(23)「秋田藩家蔵文書 五一」足利政氏書状写(『戦古』第三七〇号)。
(24)政氏・高基の岩城氏家臣へ宛てた文書には、岩城氏当主周辺の人物について、様々な表現を用いて記されている。当該期岩城氏については、小林清治「戦国大名岩城氏」(『いわき市史 第一巻』第三章、一九八六)を参照。
(25)註(23)に同じ。もっとも、佐竹氏は既に永正八～九年(一五一一～一二)に那須へ出兵しており、佐々木倫朗氏はこの動きを政氏方としての行動とみている。佐々木倫朗「永正期における佐竹氏の下野出兵」(同『戦国期権力佐竹氏の研究』第一章第二節、思文閣出版、二〇一一年、初出は『那須文化研究』一一、一九九七)を参照。しかし政氏は、佐竹・岩城両氏に更なる南下、即ち高基方の中核をなす宇都宮氏への攻撃を求めたと考えられる。

(26) 註(24)小林論文を参照。
(27) 「秋田藩家蔵文書　一〇」足利政氏書状写(『戦古』第三八二号)。
(28) 岡本氏については、今井雅晴「戦国時代の岡本氏―ある小豪族の生き抜き方―」(『大子町史研究』一一、一九八三)を参照。
(29) 「文禄慶長御書案」足利高基書状写(『戦古』第五二一号)。
(30) 『今宮祭祀録』永正十一年条(『高根沢町史　資料編Ⅰ』六一三～六一四頁)、「戸祭文書」足利高基感状(『戦古』第五二四号)。
(31) 「秋田藩家蔵文書　一六」足利政氏書状写(『戦古』第三八七号)。
(32) 「秋田藩家蔵文書　五一」足利政氏書状写(『戦古』第三八九号)。
(33) 従来この人物については、「当家大系図」(『真壁Ⅳ』一二二頁)などに基づき「宗幹」とされてきたが、この名前は一次史料では確認できない。この点、楽法寺(現桜川市本木)所蔵の大般若経に記された天文年間(一五三二～五五)の奥書などに「前安芸守家幹」の名が確認できる(「楽法寺文書」大般若経奥書『真壁Ⅲ』第一四号)。戦国初期の真壁氏当主は、「右衛門佐」→「安芸守」と名乗ったが、当該期の人物としては、系図上「治幹」「宗幹」父子が該当し、永正十年(一五一三)代まで「安芸守」と「右衛門佐」がほぼ同時期にみられ、その後天文年間の初めまで「右衛門佐」、それ以降は「安芸守」がそれぞれ単独でみられる。永正十年代以前と享禄後半以降に現れる「安芸守」は別人とみられ、後者については天文初期に「右衛門佐」から「安芸守」へ名乗りを改めたと考えられる。そしてその名乗りに該当する当主は、系図上の「宗幹」以外におらず、前掲奥書等から彼の実名は「家幹」であったと考えられる。なお、寺崎氏も小森正明氏・寺崎大貴氏の見解に拠り、「宗幹」は「家幹」の誤記である可能性が高いとしている。

(34) 中山信名編、色川三中修訂、栗田寛補『新編常陸国誌』(崙書房出版、一九七六、初刊は積善堂、一八九九)。
(35) 「安得虎子　六」(『安得虎子』一九〇頁下段)。
(36) 『大日本史料　第九編之十九』二二八頁。
(37) 「烟田旧記」(「安得虎子　六」所収、『安得虎子』二〇一頁下段)。
(38) 「烟田旧記」のこの記述については、これまで同じ子年であった天正十六年(一五八八)の第二次府中合戦の出来事とされてきた(『鉾田町史　中世資料編』)。しかし同書の別項には、「天正十六二月廿三日、小幡へ江戸殿御馬御出し被レ成候、廿四日佐竹殿江戸殿竹原へ御陣とらせられ候」(『安得虎子』二〇八頁下段)とあり、このとき竹原城で合戦はなく、同城は佐竹・江戸勢の合流地点と考えられる。府中合戦については、拙稿「戦国期常陸大掾氏の位置づけ」(本書第二部第二章、初出は『日本歴史』七七九、二〇一三)を参照。
(39) 小田氏は永正十一年(一五一四)に真壁治幹の仲介により高基に帰順している(「真壁文書」足利高基書状『戦古』第五二六号)。
(40) 千葉県史料研究財団編『千葉県地域史料現状記録調査報告書第八集　本埜村海老原文彦家文書』(千葉県、二〇〇五、四七六～四七七頁)。
(41) 「烟田文書」足利義氏書状写(『戦古』第八二七号)と「海老原家文書」足利義氏書状写(『戦古』第八二八号)。
(42) 「烟田文書」足利義氏書状写(『戦古』第一〇八四号)と「海老原家文書」北条氏照書状写(『新八王子市史　史料編二　中世』第一一六四号)など。
(43) 註(39)に同じ。
(44) 「古文書　五」足利高基感状写(『戦古』第五三一号)。

(45)　長塚孝「戦国期関東における府中の一様態―古河公方の動向から―」(註(16)佐藤編著)。
(46)　烟田幹衛「東常陸における在地勢力の動向―芹澤氏の対外施策をめぐって―」(『茨城史学』三四、一九九九)。また、芹澤雄二『芹澤家の歴史』(私家版、一九七二)にも、芹澤氏が小高城へ入ったとする所伝に関する記述がみられる。
(47)　「御書案」足利義氏書状写(『戦古』第九四〇、一〇八二号)。
(48)　「芹澤文書」足利晴氏書状(『戦古』第七一六号)。この花押形は『戦古』におけるC型(天文十年代前半頃から使用)である。
(49)　註(2)市村論文を参照。
(50)　「東京大学史料編纂所所蔵幸田成友氏旧蔵文書」足利高基書状(『戦古』第五四三号)。
(51)　「臼田文書」足利高基書状(『戦古』第五七八号)は、大永元～三年(一五二一～一五二三)のものと比定できるが、この文書から常陸では宍戸氏・真壁氏・江戸氏、そして行方郡の行方氏が高基方であったことがわかる。
(52)　「真壁文書」小田成治書状(『真壁Ⅰ』第四一号)。
(53)　年未詳二月十九日付「小野崎大蔵大夫とのへ」宛足利高基書状(「阿保文書」『戦古』第五六四号)があり、同時期のものである可能性があるが、推測に留まる。
(54)　黒田基樹「関東享禄の乱」(同『戦国期山内上杉氏の研究』第四章、岩田書院、二〇一三、初出は註(16)佐藤編著)。
(55)　「豊前氏古文書抄」足利晴氏書状写(『戦古』第七二五号)。
(56)　「喜連川判鑑」(註(8)に同じ)。
(57)　荒川善夫「興綱の時代―重臣芳賀氏との抗争―」(同『戦国期北関東の地域権力』第一部第一章、岩田書院、一九九七、初出は『季刊中世の東国』一二、一九八七)。

(58)「芹沢文書」に残る足利晴氏書状は全部で一一通あり、この内一通が『戦古』のB型(『戦古』第七〇九号)、残る一〇通はC型(『戦古』第六七三、六八八、六八九、六九七、七〇一、七〇四、七一三、七一六、七一七、七二九号)の花押であり、何れも天文年間に入ってから用いた花押である。
(59)茨城県立歴史館編『中世常陸・両総地域の様相―発見された井田文書―』(註(1)に同じ)第一号解説を参照。
(60)註(59)に同じ。『戦古』や『戦房』も同様の比定を載せている。
(61)佐藤博信「小弓公方足利氏の成立と展開―特に房総諸領主との関係を中心に―」(同『中世東国政治史論』第一部第四章、塙書房、二〇〇六、初出は『歴史学研究』六三五、一九九二)。
(62)千葉勝胤は享禄五年(一五三二)五月二十一日に死去したと伝わる(「千学集抜粋」清宮家蔵、『戦房補遺』付編補遺第二四号)。
(63)註(59)に同じ。
(64)黒田基樹「古河・小弓両公方家と千葉氏」(『佐倉市史研究』二四、二〇一一)。
(65)佐藤博信「東国における永正期の内乱について―特に古河公方家(政氏と高基)の抗争をめぐって―」(同『続中世東国の支配構造』第四章、思文閣出版、一九九六、初出は『歴史評論』五二〇、一九九三)。
(66)註(45)に同じ。
(67)註(6)黒田論文、平野明夫「鎌倉府から古河公方へ」(『鉾田町史通史編　上巻』第三章、二〇〇〇)、註(4)千野原著書を参照。
(68)「真壁文書」足利晴氏書状断簡(『戦古』第六八四、六八五号)。この二通の花押形は、註(55)の晴氏書状と同じく『戦古』のA型である。二通とも本文を欠く断簡であるが、その日付や他の文書から、年始贈答のものと思われる。

(69)　国府台合戦において、『快元僧都記』天文七年(一五三八)十月二日条(註(15)に同じ)には「常陸鹿島」の名がみえる。彼については、鹿島通幹(大掾忠幹の次男、鹿島氏養子)の可能性がある。大永年間の鹿島氏の内紛後に府中へ戻って以降の彼に関する所伝は全く残っていないが、或いは基頼と行動を共にし、最終的に小弓へ移った可能性も考えられる。

(70)　『本土寺過去帳』七日条(『千葉縣史料中世編　本土寺過去帳』一一六頁)。

(71)　原田信男「下総国猿島郡若林村の草切り伝承と偽文書」(『戦国史研究』五〇、二〇〇五)。

(72)　佐藤博信「戦国期の関東足利氏に関する考察―特に小弓・喜連川氏を中心として―」(註(1)佐藤著書第Ⅱ部第五章、初出は荒川善夫・佐藤博信・松本一夫編『中世下野の権力と社会』岩田書院、二〇〇九)。

(73)　佐竹氏が岩城氏と共に政氏の指示の下で下野へ出陣したり、或いは高基による義明攻めに小田氏の被官菅谷氏や鹿島社大禰宜羽生氏の一族が参陣したりするなど、決してその機会がなかったわけではないが、政氏・高基・晴氏・義明がそれぞれ対峙した時に彼らが向いていた方向は、下野・下総・武蔵方面であり、常陸ではなかったことは間違いないと思われる。

(74)　『鹿島治乱記』(『続群書類従　第二十一輯下』四九～五三頁)。

〔付記〕　本稿は千葉歴史学会中世史部会平成二十五年十二月例会、第四一八回戦国史研究会例会(平成二十六年八月)における報告を基に成稿したものである。報告および成稿に当たり、多くの方のご指導、ご助言をいただいた。末筆ながら、記して感謝申し上げます。

第三章　十六世紀前半の常陸真壁氏

はじめに

常陸真壁氏に関する研究史については、近年刊行された『常陸真壁氏』における清水亮氏の総論に詳細にまとめられているが(1)、室町後期から戦国期の研究としては、室町期に当主となった庶流の朝幹が、元々は真壁の中心地から北西の地にあった亀熊を拠点としていたことを指摘した齋藤慎一氏(2)、亀熊の朝幹が当主の地位を確立し、その子久幹の頃に真壁の中心部へ進出して戦国期真壁氏の基礎を確立すると共に、一族や家臣を真壁城の周囲に配置していき、概ね天正年間(一五七三〜九二)頃に現在の基本街区を形成したことを指摘した市村高男氏(3)、真壁城周辺の中世的要素の整理から、それ以前より拠点施設があった可能性を指摘し、また十五世紀中頃から十七世紀における真壁城下町の形成過程と景観を再整理した寺﨑大貴氏(4)、真壁城跡の発掘調査の成果等に基づき、真壁城の曲輪構造とその変遷、真壁の城下町の構成を検討された宇留野主税氏(5)など、真壁城や真壁の都市構造に関する研究を中心に蓄積がある。

一方で、真壁氏そのものの研究としては、「当家大系図」などを基に、十五世紀末から十六世紀初めの真壁惣領家が、滅亡した庶子家の復活や新たな家の分立を通し、新しい形で一族を展開させていったことを指摘した山田邦明氏(6)、佐竹氏と常陸平氏の関係を検討する中で真壁氏に触れた筆者の論考があるが(7)、依然として検討すべき課題は多く

残されている現状にある。(8)

以前筆者は、永享年間（一四二九～四一）に復権した真壁朝幹及びその子久幹の活動について、関連史料の年次比定を軸に検討した。(9) 本章ではそれ以降、概ね明応年間（一四九二～一五〇一）から弘治年間（一五五五～五八）頃までの真壁氏の活動について、史料の年次比定を中心として検討することを通じ、戦国期真壁氏研究を進める上でのきっかけとしたい。

一　真壁久幹・治幹父子と「永正の乱」

十五世紀後半の真壁氏の当主は久幹であり、彼は掃部助・安芸守を名乗っていた。(10) その子とみられる人物の初見として、現在の桜川市下小幡に所在する法円寺薬師堂の厨子の壁面等に記された長享二年（一四八八）の墨書銘があり、(11) そこには「小次郎治幹」と「舎弟小四郎康幹」の名が、久幹の弟刑部少輔高幹と共に記されており、少なくとも久幹の子供二人が長享二年の時点で元服していたことが明らかとなる。(12)

久幹は、長享年間以後も当主の座にあったとみられる。

〔史料1〕（真壁文書）

月毛馬事、被二仰出一候処、進上御悦喜候、驄被レ立二御厩一候、巨細簗田河内守可二申遣一候、謹言、

三月九日　（足利政氏）（花押）(13)

真壁安芸守殿

史料1は足利政氏の書状であり、月毛馬の進上に政氏が感謝を述べたものである。文中「簗田河内守」は簗田成助

のことであるが、彼の活動時期及び政氏の花押形から明応四年（一四九五）、五年頃の文書と比定できる(14)。さて、この宛所の「真壁安芸守」については、これまで真壁治幹と比定されてきたが(15)、その理由は明確ではない。これについて、次の史料をみていくこととする。

〔史料2〕（真壁文書）

昨日廿三顕家当城へ可レ被二打入一之義必定候之処、信太一類其外当参之者、同菅谷彦次郎・田土部兵庫助相二守政治一候、老父事者、則永興院へ被二相移一、明日未明ニ北之郡太田之寺家打越可レ致二閑居一之由被レ申候、近所与申御懇候者、可レ為二快然一候、然者向二土浦一可二調義一之段、調談候、一勢越給候者、可レ為二本意一候、於二時宜一者、右衛門佐方へ令レ申候之間、不レ能二重説一候、恐々謹言、

十月廿四日　源政治（花押）

謹上　真楽軒(16)

史料2は、小田政治が真楽軒に宛てた書状で、内容から永正元年（一五〇四）～二年頃の小田氏の内紛に関するものである(17)。宛所の「真楽軒」は、真壁文書にこの書状が伝来していることや年次から、久幹が出家した後の名乗りとみられる。そして政治は、「於二時宜一者、右衛門佐方へ令レ申候之間、不レ能二重説一候」と、詳しいことは、「右衛門佐」の方に伝えるので、ここでは詳しく記さないことを述べている。「右衛門佐」の官途が、この後の真壁氏当主である家幹・久幹らが若くして名乗っているものであることや、真楽軒との関係からみて、この「右衛門佐」は久幹の子治幹と考えられる。そしてここから、史料2より前の文書とみられる史料1の「真壁安芸守」が治幹ではなく久幹であること、また久幹が明応年間頃まで当主として活動し、その後出家して真楽軒と号したと考えられ、文亀～永正初めの古河公方家への年頭祝儀の御礼を、公方家の後継者である足利高氏（後の高基）から送られた「真壁右衛門佐」は治

幹であると考えられる(18)。

小田氏の内紛と時を同じくして、古河公方家では公方政氏と後継者高氏の対立が勃発し、永正三年四月、高氏は宇都宮へ移座し、古河の政氏と対峙することとなった(19)。一度目の父子対立となったこの時は、多くの勢力が政氏に味方したとされ、真壁治幹も同様に政氏方であったとみられる。

〔史料3〕（真壁文書）

高氏、来十三日小山江可レ成レ行段必然候、当日成二後詰一候様、政治ニ加二意見一、於二自分一も可レ存二其旨一候、謹言、

五月十日　（足利政氏）（花押）

真壁右衛門佐殿(20)

史料3は政氏が治幹に宛てた書状であり、高氏の小山祇園城攻めに対する後詰について、小田政治に意見すると共に、治幹自身も後詰をすることを求めたものである。政氏が「高氏」と呼んでいることや、高氏が永正四年二月に「淡河」（粟志川ヵ、現栃木市大宮）に進出して祇園城を狙っていることから(21)、史料3は永正四年のものと思われる。また史料2・3から、この頃の真壁氏が小田氏と密接に結びついていることがみえる。黒田基樹氏は、小田成治の女（政治の姉）が真壁治幹の室となったとするが(22)、史料上確認することはできない。しかしながら、治幹の「治」の字は小田成治の一字とみられ、祖父朝幹の頃より続く両者の関係をうかがうことができよう。

なお、父久幹はこの永正四年に病死したとされる。この点、宇都宮成綱が治幹に送ったとみられる八月二十五日付書状には「道瑚遠行」とあり、久幹が「道瑚」と号し(23)、これ以前に没していたことがわかる。この書状は年未詳だが、高氏を擁した宇都宮成綱と、政氏方であった真壁治幹の関係や花押形を考えるならば、その年次は永正四年八月上旬の高氏の古河復帰後のものとみられ、本書状も永正四年のものと比定できよう。

高氏の古河復帰により一度は終息した公方家の内紛だが、永正六年、再び父子の対立が勃発する。この時の治幹の活動は良くわかっていないが、続く永正七年の高基(これ以前に改名)の関宿移座に始まる第三次対立は、その後の東国社会に大きな影響を及ぼすこととなった。

その第三次対立に当たり、真壁治幹は当初は政氏方に在ったとみられる。

〔史料4〕(真壁文書)

東林寺好順老禅、最乗寺住院仁附而、被レ越二専使一候、懇切仁成二其刷一候者、可レ為二御悦喜一候、尚々可レ存二其旨一候、謹言、

四月廿八日　(足利政氏)(花押)

真壁右衛門佐殿[24]

史料4は、真壁治幹に対し、政氏が東林寺(現牛久市小茎)の天助好順の最乗院(最乗寺、現神奈川県南足柄市)住院について、その仲介を依頼したものである。荒川善夫氏によれば、好順は永正九年に、最乗院の輪住を勤めたとされ[25]、そこから本文書の年次は永正九年のものと思われ、政氏が東林寺好順への対応を治幹に求めた点から、少なくとも当時の真壁氏が政氏方であったことがわかる。しかし、その後まもなく治幹は高基方に転じた。

〔史料5〕(真壁文書)

徳蔭軒帰参仁政治懇迫二御請一候、併令二諷諫一故候、感思召候、然者近日向二小山一可レ有二御動座一候、其口静謐上者、聊有二参陣一被二走廻一候様、政治仁猶以加二意見一候者可レ然候、於二向後一可レ有二御懇切一候、仍被レ成二御自筆一候、謹言、

九月九日　(足利高基)(花押)

真壁安芸守殿[26]

史料5は高基が治幹に宛てた書状であり、近日中に小山表に出陣することを述べている点から、永正十一年のものと比定でき、また治幹が永正九年からこの頃までに右衛門佐から安芸守に名乗りを改めたことがわかる。そして高基から参陣を求められていることから、真壁氏がこれ以前に高基方に転じていたことがわかる。具体的な時期は不明だが、この年の三月までに宇都宮氏・小田氏・結城氏が高基方に転じることを考えると、[27]ほぼ同時期のことではないだろうか。

これ以降、高基からの発給文書が多数真壁氏に届くようになる。しかし、史料5以外の宛所は、何れも「真壁右衛門佐」となっている。

〔史料6〕（真壁文書）

其口之様体重申上候、既明日七被レ成二御首途一候、江戸其外無二相談一候条簡要候、然者政治為二合力一、忠綱出陣之由聞召候、後詰動之事、小山・皆川・水谷ニ被二仰付一候、心安可レ存候、巨細徳蔭軒可レ被二申遣一候、謹言、

六月六日　（足利高基）（花押）

真壁右衛門佐殿[28]

史料6は高基が真壁右衛門佐に宛てた書状である。年未詳だが、高基が後詰について小山政長らに命じている点を考えるならば、永正十三年十二月に足利政氏が下野小山から武蔵岩付へ移座した後と考えられ、その年次は日付から永正十四年のものと推定できる。この場合、従来小山と理解されてきた[29]「其口」は岩付のことを指すと考えられよう。また、真壁右衛門佐は、治幹が既に安芸守を名乗っている点から、子の家幹を指すと考えられ、この頃までに治幹から家幹に家督が譲られたといえる。或いは、高基方に転じたのは家幹の意思によるものであったのかも知れな

い。ただし、その後、政氏と高基の抗争終結後、家幹は政氏にもたびたび贈答などを行い、交流していたことが確認できる。

〔史料7〕（真壁文書）

初鴈（雁）到来、目出候、巨細政助可二申遣一候、謹言

菊月十一日　（黒印）（足利道長）（印文「吉」）

真壁右衛門佐殿(30)

史料7は、道長（政氏）の出した黒印状であり、初雁を送ってもらった御礼を述べたものである。本文書の包紙には「真壁右衛門佐殿　道長」とあり、政氏が岩付から久喜甘棠院に移って出家し、道長を名乗った後の文書と考えられ、その年次は少なくとも永正十四年以降とみられる。道長の印判使用について、佐藤博信氏は相田二郎氏の評価を踏まえ、「花押と同種のものであり、かつそれは出家後に相応しくまったく私的なものであったと評価しうるのではなかろうか」と述べている(31)。真壁文書に残る道長からの印判状は史料7を含め三通あるが(32)、何れも贈答や年頭祝儀の御礼であり、佐藤氏の述べるように、道長と真壁氏の間には、政治的な意図は全く介在していなかったと考えられよう。

永正の乱に際し、真壁治幹は小田政治らと連携して政氏に味方して活躍した。しかし、徐々に戦況が高基方優位となる中で、治幹は家幹に家督を譲り、その家幹は高基方に転じ、新たなスタートを切ることとなったのである。

二　古河公方・小弓公方の争いと真壁家幹

家督を継ぎ、高基方に立った家幹は、特に高基の弟基頼と積極的に連絡を取っていた。基頼はこの頃大掾氏の居城府中城に近い場所に居たとみられ、家幹は彼らとの連携により、情報収集と勢力の維持を図ったといえる[33]。これに対し、それまで真壁氏と親しい関係にあった小田政治とは疎遠になっていき、永正末年、政治は高基方から小弓公方義明方に転じ、更に真壁氏を攻撃したことが、次の史料からわかる。

〔史料8〕（真壁文書）

先度懇言上、御悦喜候、其口へ政治相動候処、家人等励二戦功一敵討捕候由、大掾方へ申越候、誠心地好思召候、仍而明日至レ于二玉造一可レ被レ進二御陣一候、今日当城へ政治可二相動一候、然者、多賀谷・水谷相談後詰之動、簡要候、巨細町野淡路守可二申遣一候、謹言、

七月廿九日　（足利基頼）（花押Ⅰ）

真壁右衛門佐殿[34]

史料8は、基頼が家幹に対し、小田勢を撃退したことを喜んでいること、近日玉造へ出陣することを述べており、基頼の花押形から永正十七、八年のものとみられる。その後も、小田政治と高基方の合戦は続いており、大永三年（一五二三）には屋代要害（現龍ヶ崎市八代）を巡る山内上杉氏被官土岐原氏と政治の間で合戦が勃発した[35]。

〔史料9〕（真壁文書）

屋代要害土岐原責落引除候所へ政治馳合遂二一戦一候、因レ之為二合力一麻生淡路守即時打越候様躰事、樫々共未レ聞

候、此度各令二調談一、北郡へ物深相動可レ然候、巨細町野淡路守可二申遣一候、謹言、

閏三月九日　（足利基頼）（花押Ⅱ）

真壁右衛門佐殿[36]

史料9は閏月から大永三年と比定できる基頼の書状であり、これ以前に基頼は改判を行っていたことがわかる。内容としては、屋代要害を巡って土岐原氏と小田・麻生氏が激突したことが記され、また基頼は真壁氏に対し、北郡（現石岡市北西部）への進出を求めている。北郡は、史料2でみたように永正初め頃の小田氏の内紛に際し、隠居である小田成治が北郡太田の善光寺へ入ったことなどから、小田氏の勢力下にあった地域とみられ、基頼は真壁氏、或いは大掾氏などとともに土岐原氏の支援を狙っていたと思われる。

古河方（高基方）と小弓方（義明方）の対立はその後も続いていくが、常陸に限ってみれば、その影響は徐々に失われつつあった。大永八年（享禄元年〔一五二八〕）十一月、古河方の江戸通泰と大掾忠幹の対立から、大掾忠幹は小弓方の小田政治と和睦を果たすこととなるが、両者を仲介したのは古河方の真壁家幹であった。

〔史料10〕（真壁文書）

就二小田当方一和一、先度以レ使条々承候、雖二不レ始事候一、難二申尽一候、仍彼一書事、越不レ進候共不レ可レ有二別条一候、雖レ然令二遅々一候時者、可レ有二御疑心一候間、速進候、然者先日申届候子細、中書有二御談合一小田へ被二仰越一、於二其上一爰元落着可レ然候、御懇ニ候間者、何事も不レ可レ有二其曲一候、恐々謹言、

十一月十六日　忠幹（花押）

真壁金吾[37]

史料10は大掾忠幹が真壁家幹に宛てた書状である。この三日前に忠幹は家幹に対し起請文を交わしている。[38] 史料10

及び忠幹の起請文の年次比定については別稿に譲るが[39]、この和睦の成立により、享禄年間の常陸中南部では古河方の江戸通泰に、古河方の大掾忠幹と小弓方の小田政治が対峙するという状況となったのであり、公方家の対立関係の影響が減退しつつあったことがここからもいえる。

なお、千野原靖方氏は、足利基頼が小弓方に転じた永正十五年以降は、真壁氏も小弓方に転じたとする[40]。この点、享禄年間に父高基と抗争を繰り広げた末に家督を継いだ足利晴氏の初期の花押が据えられた、真壁氏宛の書状の断簡が二通残っている[41]。日付から何れも年頭祝儀の御礼とみられ、その宛所が「真壁右衛門佐殿」であることから、少なくとも享禄～天文初めの段階でも、真壁家幹は古河方の立場にあったと考えられる。

天文年間（一五三二～五五）初めの真壁氏について、具体的な活動を示す史料は残っていない。ただし、この頃に家幹は右衛門佐から安芸守に名乗りを改めたとみられる。晴氏が真壁氏に宛てた書状の内、天文六年から同十三年頃まで使っていた型の花押[42]のものの宛所は全て「真壁安芸守殿」となっており、遅くとも天文十三年以前に名乗りを改めたと考えられる[43]。父治幹が天文八年二月に七十四歳で没したとされており[44]、理由の一つにはそれがあるだろうか。

古河方と小弓方の抗争が勃発した中で、家幹はそれ以前から関係を深めていた公方御連枝の足利基頼との連携を強化しつつ、大掾氏などとともに古河方の一翼を担って活動を展開した。しかし、抗争の影響が弱まると、常陸ではそれまで両者の対立に包摂されてきた近隣諸家間の対立が顕現することとなり、共に古河方であった江戸氏と大掾氏が対立し、大掾氏と小弓方の小田氏が、古河方の真壁家幹の仲介で和睦を結ぶという状況が生じることとなった。真壁氏が仲介した背景には、大掾氏・小田氏との地縁や血縁といった縁に拠る部分が大きいと思われるが、周囲の動きに家幹は敏感に対応し、自らの勢力の維持を図っていたと考えられるであろう。

三　後北条氏の勢力拡大と真壁氏

天文七年（一五三八）十月の国府台合戦において、小弓公方足利義明（道哲）は戦死し、真壁氏とも親しい関係を構築してきた足利基頼も討たれた[45]。これまで続いてきた古河公方家と小弓公方家の対立が終結したことで、関東情勢は大きく変転することとなる。

この頃の真壁家幹について、次の史料が確認できる。

〔史料11〕（真壁文書）

旧冬以レ使申届候処、回答委細披閲、仍調義之事令二言上一候処、向二房州一可レ有二御動座一之由被二仰出一候、無レ曲候、然者去年以二筋目一、政治有二御談合一出陣候者、可レ為二快悦一候、委曲猶自二長尾但馬守方一可レ申候、恐々謹言、

三月十九日　憲政（花押）

真壁安芸守殿[46]

史料11は関東管領山内上杉憲政の書状である。この文書について、黒田基樹氏は「天文九年カ」と比定する[47]。房州への出陣は足利晴氏の考えであり、その目的としては、小弓方の残党退治及び真里谷武田氏の内紛への対応があったとみられる[48]。この頃、晴氏は千葉氏一族の千葉八郎（勝定カ）に対し、当主千葉昌胤に従って出陣するよう求めている[49]。さて、史料11で上杉憲政は真壁家幹に対し、小田政治と相談の上での出陣を依頼している。この頃の常陸及び下野では、宇都宮氏家中の内紛から、宇都宮俊綱（尚綱）・佐竹義篤・小田政治と、芳賀高経・結城政勝・小山高朝・那

須政資という構図が成立し、那須地域などで合戦が繰り広げられていた(50)。この争いに真壁氏が関わったことを示す史料は確認できないが、立場としては小田氏に近い状況にあったと思われる。またここから、小田氏との関係はこの頃も良好であったとみられ、小田氏はこの時期の下野方面への軍事行動の過程で、真壁郡に隣接する中郡庄などを手中に収めて勢力を拡大しており(51)、真壁氏が小田氏を支援した可能性も考えられよう。

さて、天文十年代に入ると、南からは後北条氏の勢力が拡大し、山内上杉氏や扇谷上杉氏、そして古河公方家と激しい争いを繰り広げていくこととなった(52)。この頃の真壁家幹は小田政治とともに晴氏に近い立場にあったとみられる。

〔史料12〕（真壁文書）

就二動座一、政治人数可レ被二走廻一段申遣候之砌、真壁安芸守能々加二意見一之由被レ申候、忠信之至感思召候、於二自分一も人数相重走廻候者、可レ為二御悦喜一候、政治人衆急度可レ然候、恐々謹言、

三月五日　晴氏（花押）

三喜斎(53)

史料12は田代三喜斎に宛てた晴氏の書状である。佐藤博信氏はこの文書が真壁文書に伝来した理由として、三喜斎が晴氏の使者であったことを挙げている(54)。内容としては、晴氏の動座に際し、小田政治が軍勢を派遣することを伝えてきたが、この時に真壁家幹から種々の意見を貰ったことを述べていたというものであり、その忠信に感謝するとともに、家幹自身の参陣を求めたものである。晴氏の花押形は天文十四年頃から使われ始めたものとみられ(55)、また小田政治の没年から(56)、本文書は天文十四年から十六年のものと考えられるが、晴氏の動座ということを考えるならば、それは天文十五年四月の河越合戦に関連しての出陣とみられ、本文書は天文十五年のものと考えられるだろう。実際、

小田政治は合戦に際し、重臣菅谷隠岐守を晴氏の下へ派遣しているが、(57)これは家幹の意見に基づくものであったと思われる。

一方でこの頃、かつて家幹の仲介によって和睦した大掾氏と小田氏の関係が再び悪化し、天文十五年には両者が府中周辺及び行方郡において激しい合戦を繰り広げることとなった。(58)この両者の対立に際し、家幹の具体的な動きは確認できないが、(59)この対立はその後も継続していくこととなり、またこの頃の常陸・下野の諸氏間の関係にも影響を及ぼすこととなった。

なお、この年の八月、家幹は加波山三枝《さえ》祇《なづみ》神社に扁額を書き、(60)更に九月から十月にかけ、雨引楽法寺に大般若経を寄進した。(61)この扁額や大般若経の奥書には「前安芸守家幹」とみえており、少なくともこの時点で家幹は出家前であり、当主として活動を続けていたものと考えられる。それは、時の古河公方足利晴氏からの書状の宛所が何れも「真壁安芸守殿」であることからも、間違いないだろう。(62)

四　天文後半〜永禄初めの真壁氏――家幹の隠居――

永正十年代に家督を譲られて以降、四十年近くに渡り当主を務めてきた家幹だが、天文末年から弘治年間頃に遂に家督を譲ったとみられる。この頃の真壁氏について、鹿島神宮に宛てた次の史料が残っている。

〔史料13〕（鹿島神宮文書）

去比預二御使札一候き、重御懇礼祝着候、如二来意一御神役相当候、目出度候、内々青屋御神事験候者、自身可二相勤一由存候之処、小田・府中御不和故、無二其義一候、迷惑候、当地之事も十余年乱世、一両年静謐之形候、

子候者其外無力故、為レ初二税所方一府中社家中へ申理、如レ形　御神物等令二進納一候、　御当社之御事もいかに承
候共、如二前々一義不レ可レ有レ之候、如レ形以二様躰一可二申合一候、御納得所レ仰候、仍恕哲・友帆連歌事御所望、恕
哲者当月初当地へ被レ越候へとも、指合之者被レ交候間、不二対談一申候故、小田へ被レ透候之、宿坊ニ被二書置一候
連歌写進レ之候、友帆ハ去春以来下館ニ滞留、三箱号二湯治一、先月宇都宮へ被レ越候、春中発句共、去比書二進之一
候き、其以後者不二承及一候間、不二罷越進一候、次塩引鰹二給候、賞翫申候、委曲重可二申承一候間、閣筆候、恐々
謹言、

樗蒲軒
六月廿六日　道俊（花押）
鹿島神主殿(63)

史料13は、樗蒲軒道俊が鹿島社の神主に宛てた書状である。道俊については、後述の通り「真壁樗蒲軒」とみえる史料の存在から真壁氏であることは確実であり、またその花押形が家幹のものと比較的似ていることなどから、彼の道号とみられる。家幹は前述の通り天文十五年時点では出家していないが、その時期がいつであるかは、史料13の年次を比定する鍵となるだろう。この点、次の史料が注目される。

〔史料14〕（真壁文書）

為二年頭之祝言一、太刀到来、目出候、仍御剣可レ被レ下レ之候、謹言、

正月十七日
真壁安芸守殿(64)

史料14は、書判のない年頭挨拶の礼状である。内容から考えるならば、古河公方からの発給とみて良いと思われ

る。この点、同様の内容で、やはり書判のないものが「芹沢文書」にあり、その封紙に「梅千代王丸」とあるものが確認できることから、(65) 史料14についても、足利梅千代王丸、後の義氏の判始以前の発給と考えられる。(66) 義氏は天文二十一年(一五五二)十二月に家督を相続し、同二十四年十一月に書判を据えた吉書が出されていることから、(67) 本史料はその間のものと考えられるだろう。そしてこの宛所が「安芸守」となっていることから、家幹の出家は少なくとも史料14よりも後であり、天文末年から弘治年間と考えてよいと思われる。

さて、史料13に話を戻すが、この中で道俊は、自らがこの年の「御神役」に当たっていることを嬉しく思うこと、(68)「青屋御神事」についても自分自身で勤めたいと密かに思っているが、「小田・府中」が不和であるためにそれができず迷惑していることなどを述べている。この史料は家幹の出家後である点から弘治年間のものと思われ、当時の常陸国内では、依然として小田氏と大掾氏の対立が続いていたことがわかる。実際、小田氏との対立を抱える大掾慶幹は、天文二十三年の夏、湯治の際に小田原を直接訪れ、北条氏康と直談し、更に公方義氏の御座所である葛西城に参上するとともに、小田氏への攻撃を同年の秋中に行うことを約束していた。(69) また弘治二年(一五五六)の海老島合戦で結城氏と小田氏が激突した頃、大掾氏は小田氏の後背を突く構えをみせており、実際この頃に小田氏領の一部を奪ったとみられる。(70)

また、史料13の後半部では、恕哲と友帆という二人の人物との連歌に関する内容が記されている。(71) 彼らの具体的な実像は不明であるが、特に友帆については、道俊と鹿島社のやり取りの中に散見され、真壁氏とも親しい関係にあったことがみえるとともに、この頃の東関東において、彼らのような連歌師の積極的な活動があったと考えることができよう。(72) この点、弘治三年の奥書が残る時宗藤沢清浄光寺第二十九世体光上人の句集『石苔 下』(73) は、この頃の連歌会に体光が出席し、その時の句を編纂したとみられるが、その中には「常陸国筑波山の麓真壁樗蒲軒興行六月晦日」

「真壁右衛門佐興行」とあり、真壁道俊及び久幹がそれぞれで連歌会を催したことがわかる。そして道俊の連歌会が「筑波山の麓」で行われたとあり、史料13と合わせて考えるならば、少なくとも天文二十二年正月から弘治三年六月までの間に、家幹が久幹に家督を譲り、自らは筑波山麓に、恐らく樗蒲軒という居所を構えて隠居し、そこで連歌会を開いたものと考えられる。

隠居後の道俊に関する史料は、鹿島社に宛てたもの以外で確認することはできない。史料13にもみえるが、鹿島社と道俊の間で交わされた書状には、連歌師の名が散見される。このことは、政治的に一線を退いた道俊が、連歌などの文化的な部分で積極的に活動を展開し、交流を広げると共に、当該地域の文化の伸張に深く関わったことを示しているだろう。

また次に示す史料は、隠居後の家幹の活動と考えられる。

〔史料15〕（鹿島神宮文書）

「　樗蒲軒
　　沙弥道与」

謹上　鹿島神主殿

態々令ㇾ啓候、抑当口忩（怱）劇、如ㇾ存令二静謐一候者、泰光刀可二持参一申由、雖下奉二立願一候上、于ㇾ今此口擽々与不二取静一候之間、参宮遅々非二無沙汰一候、然処府中指置候娘相煩候間、如ㇾ形減気候者、先彼刀可ㇾ奉二寄進一趣祈念申候処、減気形候、御神慮寄特目出度候之間、彼刀進納、能々御精誠単任入候、府中・小田属二御無事一、何方も安全候者、入道式候共、参宮可ㇾ申候、此口先以静ニ候、雖ㇾ然無二定相一世上候間、更々不ㇾ被ㇾ知候、偏奉ㇾ憑二　御神慮一迄候、万吉重可二申承一候間、令二省略一候、恐々謹言、

七月廿五日　　沙弥道与（花押）

謹上　鹿島神主殿[74]

史料15は、鹿島社に宛てた家幹（道俊）の書状と考えられる。包紙に樗蒲軒とある点から、道俊がその後、道与を名乗ったとみられよう。この点、文中に「入道式候共、参宮可レ申候」とみえ、入道となったが、参宮させて頂きたい旨を述べていることを考えるならば、道俊がある時期に正式に出家し、道与を名乗ったと思われる。なお、鹿島社に残る書状のうち、道与の署名はこの一通のみであり、この史料が家幹の発給した中で現存する最後の書状となるだろう。

続いて内容をみていくと、「泰光刀可二持参一申由」とある。「泰光」（「康光」とも）の刀を鹿島社へ奉ずるという話は、道俊段階から話題に上がっていた話であるが、[75]「当口忩（忽）劇」が治まらなかったこともあって実現されず、史料15の段階でもまだ持参できていなかったとみられる。ここで道与は改めて、「府中指置候娘」が病に倒れたので、それが回復したならば、刀を寄進しようと思っていたが、無事に回復したので、刀を進納することを述べている。「府中指置候娘」とあり、ここから道与の女が府中城に在ったことがわかる。この点、「正宗寺本諸家系図」所収の宍戸氏系図の中にみえる大掾貞国の項に「真壁之ゲイ州ノ婿」とあり、[76]世代などから考えるならば、家幹の女が大掾貞国の室であった可能性が高いと思われる。

また、この時点での参宮については「府中・小田属二御無事一、何方も安全候者」とあり、大掾氏と小田氏の和睦と真壁氏の周囲が平和になったらという条件付きで道与は述べている。大掾慶幹と小田氏治の和睦は永禄五年（一五六二）八月とみられる北条氏康の書状から確認でき、[77]史料15は永禄元年から同五年のものと考えられよう。

永正年間に父治幹から家督を継ぎ、公方家の内紛の中を戦い抜いた家幹は、子久幹の成長を受けて隠居し、以後政治の世界からは離れ、文化の世界での交流に務めたといえる。そして永禄八年八月、家幹は死去した。七十歳であっ

たという。(78)

おわりに

以上、本章では長享年間(一四八七～八九)頃から弘治年間(一五五五～五八)頃までの真壁氏について、主に治幹・家幹という当主の活動とその背景をみてきた。彼らの活躍した十六世紀前半の関東は、古河公方家の内紛に始まり、後北条氏の進出と山内・扇谷両上杉氏との対峙という大きな動きと同時に、常陸中南部では大掾・小田・江戸氏の、下野では宇都宮氏や小山氏の内紛に周囲の勢力が巻き込まれる形で、それぞれの地域で戦乱が激しくなった時期であったといえる。治幹・家幹の父子はその状況の中で、所領の安定と近隣の平和を求め、近隣の領主や公方家と積極的に交流を深め、同時に真壁氏の存在感を高めていった。享禄元年(一五二八)の大掾・小田氏の和睦は、両者との縁を深く持つ家とはいえ、それ以前の外交努力がなければ家幹が仲介者として立つことはなかったと思われる。

弘治年間に隠居した家幹は、政治的には一線を画して筑波山の麓に居を移し、文化的な活動を展開する。史料上では鹿島社との関係が多く確認できるが、隠居所が筑波山麓であったという地理的条件や、それ以前の家幹の寺社方面への活動から考えるならば、筑波山中禅寺や三村山極楽寺など筑波地域の寺社との交流も想定される。一連の文化的活動は、家幹の子久幹にもその一部が受け継がれており、家幹は真壁の武家文化の礎を築いた人物とも評価できるだろう。(79)

戦国期の真壁氏についての検討は、いまだ緒に就いたばかりである。家幹の後、子久幹、その子氏幹・義幹の時代に入った十六世紀後半、常陸国内では佐竹氏が長く続いた内紛を克服して南北に勢力の拡大を開始し、また後北条氏の勢力拡大に対し、越後から長尾景虎が越山を繰り返すなど、戦乱は更に激化することとなるが、当該期の時期の真壁氏を含めた東関東地域の諸氏の動静については、更なる史料の収集と分析を進める必要があると考える。また旧稿及び本章においては、真壁城や真壁の都市構造などの観点からの豊富な先行研究の成果をほとんど活かしきれておらず、これらの研究との接続についても、今後の課題として取り組んでいくこととしたい。

註

(1) 清水亮「総論Ⅰ 常陸真壁氏研究の軌跡と課題」(同編著『常陸真壁氏』戎光祥出版、二〇一六)。同書巻末の「常陸真壁氏関連論文・著作等目録」も合わせて参照のこと。
(2) 齋藤慎一「常陸国真壁氏と亀熊郷」(同『中世東国の領域と城館』第一部第一章、吉川弘文館、二〇〇二、初出は網野善彦・石井進編『中世の風景を読む 二』新人物往来社、一九九四)。
(3) 市村高男「戦国期城下町論」(石井進監修・真壁町編『真壁氏と真壁城―中世武家の拠点―』河出書房新社、一九九六)。
(4) 寺﨑大貴「中世真壁城下町の復元」(『真壁の町並み―伝統的建造物保存対策調査報告書―』桜川市教育委員会、二〇〇六)。
(5) 宇留野主税「戦国期真壁城と城下町の形成」(註(1)清水編著、初出は『茨城県史研究』九二、二〇〇八)。
(6) 山田邦明「真壁氏の家臣団について」(同『鎌倉府と地域社会』第Ⅲ部付論、同成社、二〇一四、初出は『茨城県史料付録』三三、一九九四)。
(7) 拙稿「佐竹氏と常陸平氏」(高橋修編『佐竹一族の中世』高志書院、二〇一七)。

(8) 真壁氏に関する研究成果については、石井進監修・真壁町編『真壁氏と真壁城―中世武家の拠点―』(註(3)に同じ)が挙げられる。
(9) 拙稿「室町~戦国初期常陸真壁氏の基礎的考察」(戦国史研究会編『戦国期政治史論集　東国編』岩田書院、二〇一七)。
(10) 久幹の名乗りについては、註(9)拙稿を参照。
(11) 「法円寺薬師如来厨子銘文」(『真壁Ⅳ』二五一頁)。この銘文の年記は「長享元年」であるが、この年次については、註(9)拙稿の註(60)を参照。
なお、当該註において、人名の誤植があった(誤・勝俣慎夫氏、正・勝俣鎮夫氏)。ここに修正すると共に、勝俣氏には大変な失礼を致したこと、深くお詫び申し上げます。
(12) なお、小四郎康幹については、この史料以外で活動を確認できず、また真壁氏が後に作成した「当家大系図」(『真壁Ⅳ』一二一~一二二頁)にもみえない。同系図には、治幹の兄弟として国幹と則幹、光明寺在閑、姉妹として那須資光の室、多賀谷彦太郎の室の五人を載せているが、彼らについても活動を示す史料は確認できず、姉妹の嫁ぎ先についても、那須資光・多賀谷彦太郎の何れも、那須氏・多賀谷氏の系図類に該当の人物は確認できない。
(13) 「真壁文書」足利政氏書状(『真壁Ⅰ』第五六号)。
(14) 佐藤博信「簗田氏の研究」(同『古河公方足利氏の研究』第三部第二章、校倉書房、一九八九、初出は『千葉大学人文研究』一〇、一九八一)。
(15) 『真壁Ⅰ』の比定など。
(16) 「真壁文書」小田政治書状(『真壁Ⅰ』第四一号)。

(17)当該期の小田氏については、拙稿「戦国初期の常陸南部―小田氏の動向を中心として―」(本書第二部第一章)を参照。

(18)「真壁文書」足利高氏書状(『真壁Ⅰ』第六〇、六一号)。この二通の花押は、高氏の初期に用いられたもの(後掲註(19)佐藤論文における花押Ⅰ型)である。

(19)「永正の乱」については、佐藤博信「東国における永正期の内乱について―特に古河公方家(政氏と高基)の抗争をめぐって―」(同『続中世東国の支配構造』第一部第四章、思文閣出版、一九九六、初出は『歴史評論』五二〇、一九九三)などを参照。

(20)「真壁文書」足利政氏書状(『真壁Ⅰ』第四二号)。

(21)「『楓軒文書纂 九二』所収「白河証古文書 二」」足利政氏書状写(『戦古』第三五七号)。

(22)黒田基樹「小田氏の発展と牛久地域」(『牛久市史 原始古代中世』第八章第二節、二〇〇四)。

(23)「当家大系図」では、久幹(系図上「尚幹」)の法号は「樹山道瑚」とある(『真壁Ⅳ』一二二頁)。この点、治幹以後の真壁氏当主の法号が「梁山道棟」(治幹、同一二一頁)、「傑山道俊」(家幹、同一二三頁)、「性山道无」(久幹、同一二六頁)と何れも「道」の字を持っていること、宇都宮成綱の活動時期などから、「道瑚」は久幹を指すと考えられる。

(24)「真壁文書」足利政氏書状(『真壁Ⅰ』第五〇号)。

(25)『最乗禅寺輪薫牒』永正九年条(最乗寺所蔵、『南足柄市史 八 別編』一一頁)。荒川善夫「戦国期常陸東林寺の動向」(同『戦国期東国の権力と社会』第四部第一章、岩田書院、二〇一二、初出は『栃木県立文書館研究紀要』一一、二〇〇七)を参照。

(26)「真壁文書」足利高基書状(『真壁Ⅰ』第四三号)。

(27)「秋田藩家蔵文書 一〇」佐竹義舜書状写(『牛久Ⅰ』第三章第七〇号)。

(28)「東京大学史料編纂所所蔵影写本「真壁文書」」足利高基書状写（『真壁Ⅰ』第四四号）。
(29)『真壁Ⅰ』の解説など。
(30)「真壁文書」足利道長黒印状（『真壁Ⅰ』第四七号）。
(31)佐藤博信「足利政氏の印判について」（同『中世東国の支配構造』第四部第三章、思文閣出版、一九八九、初出は『茨城県史研究』三一、一九七五）。
(32)史料7の他、正月十三日付書状（『真壁Ⅰ』第四八号、印文不詳の方形朱印）、八月二十九日付書状（『真壁Ⅰ』第五八号、印文「吉」）が確認できる。
(33)足利基頼については、拙稿「古河公方御連枝足利基頼の動向」（本書第三部第二章、初出は佐藤博信編『中世東国の政治と経済』岩田書院、二〇一六）を参照。
(34)「真壁文書」足利基頼書状（『真壁Ⅰ』第六六号）。
(35)屋代要害の合戦については、市村高男「土岐原（土岐）氏の復興」（『龍ヶ崎市史　中世通史編』第五章第一節、一九九八）などを参照。
(36)「真壁文書」足利基頼書状（『真壁Ⅰ』第六三号）。
(37)「真壁文書」大掾忠幹書状（『真壁Ⅰ』第六八号）。
(38)「真壁文書」大掾忠幹起請文（『真壁Ⅰ』第六七号）。
(39)拙稿「戦国初期の大掾氏—大掾忠幹の発給文書から—」（本書第二部補論二）。
(40)千野原靖方『小弓公方足利義明—関東足利氏の正嫡争いと房総諸士—』（崙書房出版、二〇一〇）。
(41)「真壁文書」足利晴氏書状断簡（『真壁Ⅰ』第八〇号）、「東京大学史料編纂所所蔵影写本「真壁文書」」足利晴氏書状断

簡写（『真壁Ⅰ』第一一二号）。この二通の花押は、『戦古』において晴氏A型とされるものである。
(42)『戦古』の晴氏B型がこれに該当する。
(43)「真壁文書」足利晴氏書状（『真壁Ⅰ』第七五号）など。
(44)「当家大系図」（『真壁Ⅳ』一二一頁）。
(45)註(33)拙稿を参照。
(46)「真壁文書」上杉憲政書状（『真壁Ⅰ』第六九号）。
(47)黒田基樹「戦国期山内上杉氏文書集」（同『戦国期山内上杉氏の研究』岩田書院、二〇一三、第一三三号）。
(48)当該期の房総情勢については、黒田基樹「天文後期における北条氏の房総侵攻」（同『戦国の房総と北条氏』第六章、岩田書院、二〇〇八、初出は『市史研究　横須賀』三、二〇〇四）を参照。
(49)「静嘉堂本「集古文書　ワ」」足利晴氏書状写（『戦古』第七二四号）。
(50)註(17)拙稿を参照。
(51)「日輪寺文書」小田政治判物写（『牛久Ⅰ』第三章第一〇七号）。
(52)この頃の政治動向については、黒田基樹『関東戦国史』（角川ソフィア文庫、二〇一七、初刊は洋泉社、二〇一一）を参照。
(53)「真壁文書」足利晴氏書状（『真壁Ⅰ』第七一号）。
(54)佐藤博信「田代氏の研究」（同『古河公方足利氏の研究』第三部第四章、校倉書房、一九八九、初出は永原慶二・所理喜夫編『戦国期職人の系譜』角川書店、一九八九）。
(55)『戦古』の晴氏C型がこれに該当する。

(56) 小田政治は天文十七年(一五四八)二月に没したとされる(「小田一流系譜 上 小田系図」東京大学史料編纂所所蔵謄写本、『牛久Ⅱ』第六章第二号)。
(57) 「歴代古案 二」北条氏康書状写(『牛久Ⅰ』第三章第九九号)。
(58) 平田満男「戦国期の玉造地方」(『玉造町史』中世編第三章、一九八〇)、池田公一「群雄割拠から佐竹氏の支配」(『小川町史 下巻』第三編第四章、一九八八)。
(59) これについて、文禄元年(一五九二)の年記を持つ「大場家文書」大場大和等連署状(『茨県Ⅱ』水府志料所収文書第一九二号)によれば、小田氏の行方郡侵攻に対し、結城氏や小山氏とともに真壁氏が小田領へ進軍するという風聞が流れたという。
(60) 「加波山三枝祇神社扁額」(加波山三枝祇神社所蔵、『真壁Ⅳ』六六頁)。
(61) 「楽法寺文書」大般若経奥書(『真壁Ⅲ』第一四号)。
(62) 「真壁文書」足利晴氏書状(『真壁Ⅰ』第七二号)。
(63) 「鹿島神宮文書」真壁道俊書状(『真壁Ⅲ』第八号)。
(64) 「真壁文書」足利梅千代王丸書状(『真壁Ⅰ』第一三九号)。
(65) 「芹沢文書」足利梅千代王丸書状(『戦古』第八〇〇号)。
(66) 古河公方家において、元服以前に書状を発給した例は義氏以外に確認できない。
(67) 「喜連川文書」足利義氏吉書(『戦古』第八一〇号)。
(68) この役は鹿島社の七月大祭における大使役と考えられる。この祭礼については、水谷類「鹿島社大使役と常陸大掾氏」(同『中世の神社と祭り』第一章、岩田書院、二〇一〇、初出は『茨城県史研究』四二、一九七九)を参照。

(69)「東京大学白川文書」大掾慶幹書状(『白河』第八三六号)。
(70)「常陸国市川家文書」大掾慶幹感状写(個人蔵)。
(71)「鹿島神宮文書」真壁道俊書状(『真壁Ⅲ』第一〇、一一号)など。
(72)綿抜豊昭「猪苗代兼純・長珊・宗悦の歌道伝授」(『中世文学』五一、二〇〇六)。
(73)『石苔　下』(東照山称名寺所蔵、『真壁Ⅳ』八八～一〇一頁)。本書については、鶴崎裕雄「翻刻　遊行二十九世体光上人句集「石苔　下」」(金子金治郎編『連歌研究の展開』勉誠社、一九八五)を参照。
(74)「鹿島神宮文書」真壁道与書状(『真壁Ⅲ』第九号)。
(75)「鹿島神宮文書」真壁道俊書状(『真壁Ⅲ』第一〇号)。
(76)「正宗寺本諸家系図」所収宍戸氏系図(東京大学史料編纂所所蔵謄写本)。この系図によれば、宍戸宗源の女が大掾常幹の室で、慶幹(系図上は「憲幹」)の母とされている。ただし、宗源の系統の宍戸氏については、この系図以外の史料から確認することができない。
(77)「佐竹文書」北条氏康書状(『戦北六』第四六六七号)。ここでは「結城・小山・常府・那須何も小田方与一和ニ取刷候」とあり、結城氏や小山氏とともに大掾慶幹も小田氏治と和睦を結んだことがわかる。しかし、この和睦は翌年早々に破られ、永禄六年(一五六三)二月に小田氏治が三村(現石岡市三村)へ侵攻し、大掾貞国(慶幹の子)と合戦を繰り広げている。拙稿「戦国期常陸大掾氏の位置づけ」(本書第二部第二章、初出は『日本歴史』七七九、二〇一三)を参照。
(78)「当家大系図」(『真壁Ⅳ』一二二頁)。なお、家幹の兄弟妹として、「当家大系図」では「要庵系」を参考に、兼幹(北左衛門尉)、信幹(南三郎、掃部允)、公幹(東平七郎、大蔵大輔)、筑波大膳義清妻が、子として、後を継いだ久幹・女・京幹があったとするが、久幹以外の人物の活動については、何れも一次史料上では確認できない。或いは、久幹の妹の位置にみえる女が、前述した大掾貞国の室であろうか。

(79) 寺崎大貴「真壁家の歴代当主」(真壁町歴史民俗資料館編『真壁家の歴代当主—史実と伝説—』真壁城跡国指定五周年記念実行委員会、一九九八)。

終章　中世後期の常陸大掾氏と常陸国

一　本書の概要

本書では、以下のことを明らかにしてきた。

第一部では、南北朝期から室町中期頃までの常陸国の政治情勢について、大掾氏の動向を中心に据えて検討した。

第一章では、その前段として鎌倉期の大掾氏の系譜関係について、「大掾経幹申状案」を素材として検討し、近世成立の系図にみえる「孝幹―光幹―時幹」という直系の継承がなされたとする記述とは異なり、十三世紀末の大掾氏において、大掾光幹が父孝幹に先んじて没し、その跡は長男の経幹が祖父の後見を受けて家督を継いだこと、三男時幹が外祖父工藤理覚の支援を受けてその座を兄から奪い当主となったこと、これに反発した兄と弟の間で相論が勃発したことを確認した。また、時幹の生年と、系図上で孫とされる浄永の活動時期から、両者は祖父と孫ではなく親子の関係にあることを指摘し、鎌倉期から南北朝初期の大掾氏当主の変遷と活動時期、系譜関係を復元した。

第二章では、南北朝期の大掾浄永の発給文書に焦点を当て、従来、南朝方の大掾氏と北朝方の佐竹氏の間での合戦とされてきた青柳庄合戦について、文書の年次比定を改めると同時に、この合戦が、大掾氏一族である石川氏家中の内紛を発端とし、それぞれの当事者が、共に北朝方にあった佐竹・大掾氏の支援を求めたことで起こったものであるとし、同時にこの争いが観応の擾乱の余波を受け、その後の大掾氏の活動にも影響を及ぼした可能性を指摘した。

第三章では、前二章を踏まえつつ、南北朝期から室町前期、浄永・詮国・満幹三代の時期の大掾氏の政治的な動向とその背景を検討した。従来、足利氏満期を境に徐々に衰退し、持氏期に満幹が殺害されることで完全に没落したとまとめられてきた大掾氏だが、没落の背景には鎌倉府の政策転換や近隣勢力との関係などの外的要因と、浄永・詮国の相次ぐ死去と幼少の当主満幹の誕生という内的要因とがあったこと、逆風の中で三人の当主が幕府・鎌倉府への働きかけや在地支配の強化などにより、勢力の保持と拡大を図っていたことを指摘した。

第四章では、満幹死後から享徳の乱期の大掾氏について検討した。養子を媒介とした佐竹氏による支配体制を経て、頼幹・清幹によって再び歴史の表舞台に登場した大掾氏は、享徳の乱に際してはほぼ一貫して幕府・上杉方に立って活動し、文明年間には、常陸戦線における重要な立場にあったことから、室町中期の段階でも、大掾氏の勢力は佐竹氏や小田氏に匹敵し、常陸国外の勢力にも認められるものであったとした。

なお、第四章の発表段階では、「平憲国」の発給文書を佐竹氏から養子として入った大掾氏当主のものとして論を組み立てたが、補論一においてその点を見直し、平憲国は満幹期に活躍した大掾氏の重臣クラスの人物であったとした。

第二部では、十六世紀に入ってからの常陸国の政治情勢を、大掾氏及び周辺勢力の動向から追った。

第一章では、十六世紀前半の常陸中南部の動静について、この頃活発な動きをみせていた小田氏を主軸に据えて検討した。古河公方家の内紛が続く中で、小田氏は周囲の動静に乗じて立場を転々とさせつつ、勢力の拡大を図ったが、享禄年間頃には、周囲の勢力間の利害により、公方家の内紛における立場とは関係なく、大掾・小田・江戸氏を中心として、互いに合戦と和睦を繰り返すようになっていたこと、一方では隣国下野や下総の動静を受け、小田氏は佐竹氏や宇都宮氏と結び、大掾氏だけでなく下総結城氏や那須氏と争う関係にあったことを指摘した。

また補論二においては、当該期の史料である「大掾忠幹起請文」及び「大掾忠幹書状」の年次比定について、宛所である真壁氏の名乗りや関連史料の解釈を再検討し、この二通が享禄元年のものであり、大掾忠幹が小田政治と和睦し、それまで友好関係にあった江戸通泰と対立することとなったことを示す史料であることを述べた。

第二章では、永禄年間以降の大掾氏の政治動向とその位置づけについて検討した。従来、佐竹氏に従属する立場にあったとされてきた当該期の大掾氏が、実際には対等の立場であったこと、佐竹「洞」とは一線を画した立場で同盟関係を結び、その中で佐竹氏に協力して活動していたとみられることを指摘した上で、大掾氏は佐竹氏とともに戦う「味方中」であったとした。

第三章では、最後の大掾氏当主であった清幹の発給文書について、主に花押の変化を通じての年次比定から検討を行った。そこから、清幹がわずか十年弱の活動期間の中で五種類以上の花押を使用し、一〜二年の間隔で改判していたこと、当該期の大掾氏が、特に行方郡との関係を深く持っており、従来同地域へは江戸氏や佐竹氏の影響力の強さが述べられてきたが、大掾氏についても決して無視できない勢力であったことを指摘した。

第四章では、天正十八年末から同十九年初めに常陸国内で起こった、「南方三十三館」の謀殺事件として語られてきた所伝について、鹿島・行方郡に存在した「南方三十三館」諸氏の人物比定を行うとともに、天正末年の常陸情勢を検討した。小田原合戦を経て、秀吉からの所領安堵により、豊臣政権という後ろ楯を得た佐竹氏は、これまで自らの力の直接及ばなかった地域の取り込みを図り、その中で「南方三十三館」諸氏が謀殺され、彼らの支配基盤は完全に破壊された。しかし一方で、彼らの血筋の多くは根絶されず、鹿島・行方両郡の各地で受け継がれ、先祖の残した古文書や記録類の保管・継承がなされ、また先祖の活躍を伝える伝承が多く生み出されたことを述べた。

なお、補論三においては、近年発見された嶋清興(左近)の書状の内の一通を取り上げ、小田原合戦から宇都宮仕置における時期の大掾氏の動きを再検討し、大掾清幹が豊臣政権と直接交渉をしていたこと、その際の人質の拠出について書状では述べられていること、この時に大掾氏は人質を出さなかったために、結果として佐竹氏に「常陸国并下野国之内、所々当地〔知〕行分弐拾壱万六千七百五拾八貫文[1]」が安堵され、同年末の佐竹氏による大掾氏攻撃と清幹の自害による同氏の滅亡に繋がったとした。

第三部では、大掾氏以外の常陸中南部の勢力を検討することを通し、当該期の常陸情勢の見直しと常陸国の立ち位置を考察した。

第一章では、応永年間から享徳年間にかけての小栗氏の動向とその背景について検討した。応永年間の幕府と鎌倉府の潜在的な対立の中で、小栗満重は所領の隣接する幕府御料所中郡庄の存在などから幕府の影響を強く受けることとなり、周囲への鎌倉府勢力の進出に対抗するため、幕府と結んで戦った。小栗落城後、満重の子助重は、奥羽の篠川御所に寄食しながら京都と交流を持ち、幕府からは対鎌倉府要員の一人とみられるようになり、永享の乱で活躍したことにより旧領復帰を実現した。しかし、結城合戦では一転して公方方に立ち、後に降伏したものの、この造反により、永享の乱で回復した小栗の所有権について何らかの措置が下されることとなったとみられ、最終的には享徳の乱の緒戦で小栗城が公方方と上杉方の合戦の舞台となり、公方方に同城を攻略されたことで助重もまた没落し、小栗氏は滅亡することとなったと述べた。また小栗の地やその周辺は、常陸府中~下野宇都宮ルートと、常陸中部~下総結城・古河方面へのルートという二つの主要道の結節点であり、更に鬼怒川水系にも通じた水陸共通の要所であったとみられ、このことが、中世東国における重要地として、たびたび小栗の周辺が表舞台に現れた理由であるとした。

第二章では、永正~天文年間に常陸南部で活躍した、古河公方御連枝足利基頼の動向とその背景を検討した。基頼は、主に常陸において、大掾・真壁・土岐原氏などの諸勢力をまとめ上げるだけの影響力の大きさを持ちつつ、自由な活動を展開していたが、同時に他の兄たちのような肩書を持たなかったために、自らの勢力を大きくする基盤を持ち合わせず、公方組織の中にも立ち位置を保持していなかったことにより、長兄高基から甥晴氏に公方が代わり、晴氏が実権を握っていく中で、次兄義明の側に転じることとなったとした。また当該期の常陸国は、公方家の内紛の中心地からは外れていたが、同時に後詰を求める格好の場所であり、足利政氏や高基は基頼を利用して常陸における勢力拡大を考えていたとみられる。一方で常陸の諸勢力は、自己の利害の下でそれに応じていたが、内紛そのものに深く関わる機会は多くなかったとみられ、その影響力は徐々に減少し、変わって近隣諸氏間の対立が顕在化していくこととなったと述べた。

第三章では、基頼や小田氏の検討を踏まえ、両者とも密接に関わっていた十六世紀前半頃の真壁氏について検討した。古河公方の内紛や後北条氏の進出と、山内・扇谷上杉氏との対峙という大きな動きの中、常陸中南部では大掾・小田・江戸氏が対立と融和を繰り返し、隣国では宇都宮・小山・那須・下総結城氏らの内紛が起き、それらに周囲が巻き込まれる形で戦乱が激化していく中で、真壁治幹・家幹は所領の安定と近隣の平和を求め、公方家や周辺領主と積極的に交流することで存在感を高めた。他方、特に家幹は文化的な側面でも活躍し、隠居後の活動からみて、鹿島社や筑波地域の寺社との交流を通し、連歌師など幅広い層との繋がりを見出すことができ、それらは真壁氏にとってもプラスに働いたものと考えられることを指摘した。

二　大掾氏の動向

ここまでの検討結果を踏まえ、まずは当該期の大掾氏について、時代に沿ってその動向をまとめていくこととする。

大掾氏は常陸府中を拠点とし、周囲の常陸平氏勢力圏に影響力を持ち、また浄永が足利基氏の側近となったり、満幹が犬懸上杉禅秀の子を養子とし、また禅秀の死後は幕府と関係を構築したりするなど、鎌倉府や幕府・上杉氏などとの交流を持っていたことからみて、南北朝～室町前期にかけ、常陸国内では佐竹・小田と同等に近い勢力であったと考えられ、そのことは、書札礼において彼らと同格の扱いを受けていたことからもいえる。この点、清水亮氏は、いわゆる「関東之八家」(関東八屋形)について検討する中で、大掾氏は佐竹・小田氏ら「外様」七家、相模守護三浦氏に次ぐ待遇を受けていたとするが(2)、当時の大掾氏は守護職を持たないものの、円覚寺造営要脚徴収に当たっては、小田氏以上に広範な範囲での徴収を期待されるなど、自らの勢力圏においては、小田氏はもとより守護佐竹氏以上の力を持っていたことを考えるならば、「外様」クラスと同格であったとみてもよいのではないかと思われる。ただし、『鎌倉年中行事』に大掾氏の活動が見出せないことについては、同書が記している持氏期の鎌倉府体制下において、大掾満幹が持氏と対立していたことや、彼が殺害されたことで大掾氏が機能不全に陥ったため、『鎌倉年中行事』の記す事象に大掾氏が立ち会うことができなかったことがあると考えられるであろう。

このように、関東の政治秩序の中で比較的高い地位に在った大掾氏だが、そのために小山氏や小田氏同様、鎌倉府の圧力を受け、満幹殺害の段階まで武力行使を受けることはなかったものの、徐々にその影響力を削がれることとなった。浄永・詮国・満幹の三代の当主は様々な手段で抵抗したものの、周囲の情勢や庶流家との関係性の変化にも左右され、結果として満幹の死により大掾氏の活動は一時途絶えることとなった。しかし、大掾氏の家は、佐竹義憲の子の養子入りを経て、頼幹が家督を継ぐことにより存続した。ここから考えられることは、足利持氏や鎌倉府が、満幹を討つことは別として、大掾氏という家が滅ぶことは望んでいなかったのではないかということである。これは、小山氏の乱で小山義政・若犬丸父子が討たれた後、同族である下総結城氏からの養子入りにより小山氏が存続したことや、(3)「小栗の乱」で宇都宮持綱が戦死した後、鎌倉府が庶流の少弼四郎・伊予守家綱を立てて宇都宮氏を存続させ、持綱の遺児藤鶴丸(後の等綱)の成長後は彼に再び家督を継がせたことなどの事例と合わせてみるならば、(4)鎌倉府体制下における「外様」クラスの有力領主(千葉・佐竹・小山・結城・宇都宮・小田・那須など)を完全に滅ぼすことを、鎌倉府は求めていなかったと考えられる。その背景としては、彼らが在地に根差して長く続いてきた家であり、それを滅ぼすことによる在地への影響の大きさや、その後の統治の問題を考慮したことなどが挙げられよう。

さて、満幹父子の死後も、家として存続した大掾氏は、佐竹氏からの養子を経て、頼幹・清幹の代に入っていく。この頃、関東では享徳の乱が勃発することとなるが、大掾氏は常陸において、佐竹実定と並び、幕府・上杉方の有力勢力であったと考えられ、南北朝～室町期以来の家格を保持し、また大きく衰えていた影響力を回復させることに成功した。そして乱後の常陸南部は、大掾・小田・江戸の三氏を軸に争いが展開され、互いの利害や周辺勢力の影響を受ける形で対立と融和を繰り返しつつ、十六世紀へ突入していくこととなる。

この三つ巴の構図に変化が訪れるのが、永禄年間頃に始まる佐竹氏の南下であった。その影響を大きく受けたのが大掾氏であり、時の当主貞国は佐竹義昭の介入を受け入れ、小野崎義政(昌幹)への家督相続がなされた。先の義憲の子に続く、佐竹氏からの二人目の養子であった。先の養子入りとの決定的な違いは、義憲の子の入嗣が、佐竹氏単独ではなく、足利持氏や鎌倉府の存在を背景として行われたと考えられるのに対し、昌幹の入嗣は佐竹氏が単独で行った点である。佐竹氏としては、大掾氏を佐竹家中に取り込むことで、常陸中南部への影響力の強化を図るとともに、交通の要衝でもある府中を拠点に、小田氏への圧力を強めようと図ったのであろう。しかし、この時点での佐竹氏は、周囲の勢力と比較して飛びぬけて力があったというわけではなく、また上杉輝虎(謙信)と結んで奪った小田城を早々に奪還されるなど、常陸中南部における勢力は安定しているとはいえない状況にあった。その中で行われた大掾氏への強引な介入は、当然のことながら元々の大掾氏家臣団からの大きな反発を招くこととなり、昌幹の追放と貞国の家督復帰が行われ、佐竹氏による大掾氏取り込みは失敗に終わったといえるだろう。

その後、元亀〜天正前半頃になると、上杉氏との争いで優位に立った後北条氏が、下野・常陸へその矛先を向け、対する両国の諸氏は、連携してこれに対抗する体制を構築していく。「東方之衆」と呼ばれる軍事同盟の成立である。この盟主的立場に立ったのが佐竹氏であり、大掾氏も近隣の勢力とともにこれに加わり、後北条氏と対峙していくこととなった。この「東方之衆」において、大掾氏を含む常陸の諸勢力の多くが、佐竹氏に従属し、佐竹「洞」に属する存在になったとする見方がなされている。確かに永禄後半以降、佐竹氏の勢力は常陸内外に拡大し、また周囲の勢力も佐竹氏の助力に期待する機会が増え、関東における一方の旗頭のような存在と佐竹氏がみられていたことは、後北条氏側の史料において、佐竹氏を強く意識した文言が散見されることからも、過大評価の部分はあるものの、概ね事実であったと思われる(5)。しかし一方で、常陸の諸勢力と佐竹氏は、軍事面においての関係は多く確認できるものの、佐竹氏からそれぞれの家や所領に対し何らかの介入を図ったことを示す史料は、史料的制約の大きさを考慮する必要はあるが、ほとんどみられない。

戦国後期の関東において、佐竹氏が「東方之衆」の中心的存在として、常陸・下野・北下総の反後北条勢力をまとめ、その中において軍事指揮権を行使し、佐竹氏を大将として後北条氏と対峙したことは確かであるが、その関係はあくまで軍事上の一時的なものに留まったとも思われ、大掾氏や真壁氏、「南方三十三館」の諸氏などは、佐竹氏にとって、それぞれの距離感は異なるものの、「東方之衆」という軍事同盟の中の「味方中」として関係を結び、共に戦っていたと考える。(6) このようにみるならば、佐竹氏が天正十八年末〜同十九年にかけ、豊臣政権という後ろ楯を得た上で、大掾氏・江戸氏や「南方三十三館」を武力行使によって打倒した背景には、それ以前の佐竹氏と常陸国内の諸氏との間に、明確な上下関係がなく、佐竹氏の力が彼らの所領に対して及んでいなかったことがあると考えられるであろう。(7)

三　常陸地域の政治的位置

続いて、中世後期における常陸地域の政治的位置について考えていくこととする。

南北朝期の常陸は、南朝方と北朝方の係争地となり、特に南北朝内乱の当初は、楠木正家や広橋経泰など南朝方の有力武将が多く瓜連城に入り、また難破による漂着という偶然もあったものの、後には北畠親房や春日顕国、更には興良親王なども常陸国に入り、建武〜康永年間にかけ、常陸南西部を中心に南朝の一大勢力が形成されていたこと、対する北朝方も、高師直の一族である師冬が関東の武士を伴って常陸へ入り、南朝方勢力の攻略を進めたことは、同地域が北朝・南朝の双方にとっての要衝であったことを示すと思われる。

続く室町期には、鎌倉府と幕府の対立の影響の中で勃発した、鎌倉府と「京都扶持衆」の、額田城や真壁城・小栗城での合戦や、結城合戦と連動した、行方郡内での公方方と上杉方の局地戦、享徳の乱における小栗城合戦や信太庄合戦など、たびたび大きな争いの舞台となった。常陸は、下野や下総など他の東関東の地域と異なり、上杉方勢力の強い地域であったことや、小栗城のように水陸交通の要衝があったことが、舞台となった背景にはあると思われる。

一方でこれ以降、長享の乱、永正の乱、大永享禄の乱と続く古河公方家や上杉氏を中心とする関東の戦乱において、常陸国はその中心地とはならず、後背の地となっていた。(8) このことは、常陸国における公方家や上杉氏からの影響力が、他の地域と比べて小さいものとなっていたことによるとみられる。大永享禄の乱期の常陸国内では、共に古河方に属する江戸通泰と大掾忠幹が対立し、忠幹がそれまで対立してきた小弓方の小田政治と、古河方の真壁家幹の仲介で和睦を結び、江戸氏と争う構図に変化したことからも、既に享禄年間頃までに公方家の内紛の影響力が薄れていたことがいえ、特に常陸中南部においては、大掾・小田・江戸の三氏を中心として、近隣諸氏の関係の下で対立と融和を繰り返していくようになっていたといえよう。

しかしながら、そのような状況は、常陸国が完全に関東の戦乱から外れていたことを意味したわけではなく、乱の当事者たちからは、後詰を期待する格好の地域とみられていた。永正の乱に際し、古河公方足利政氏は、子高基との対立の中で、常陸北部の佐竹氏、南奥の岩城氏との関係を深め、更に常陸南部には自らの手元に居た子の基頼を送り込んで周辺勢力を味方に引き込もうとした。基頼はその後、兄である高基方（古河方）に転じるが、その後も大掾氏や真壁氏と関係を深め、常陸中南部にある程度の勢力を持ち続けており、義明方（小弓方）に転じた小田氏や行方郡への軍事行動を展開している。また、大永～天文初期の下野では那須氏や宇都宮氏・小山氏、下総では結城氏において内紛が勃発し、常陸でも佐竹家中において「部垂の乱」が起こっていたが、その中で常陸・下野・下総、そして南奥の諸氏は大きく二つに分かれて複雑に結びつきながら戦乱に関わっており、周辺各国の動静と常陸国内の動きは、相互に影響を与える状況にあったといえる。

天文末年から弘治年間に入り、西関東では後北条氏が勢力を拡大し、武蔵・上野へ進出していく中で、結城政勝や大掾慶幹は、小田政治・氏治父子との対立から、後北条氏や彼に擁立された古河公方足利義氏と音信を結んでいくこととなるが、これは同時に、後北条氏が徐々に東関東へ進出する機会を与えることにも繋がっていくこととなった。また永禄年間になると、越後の長尾景虎(上杉謙信)がたびたび越山して関東へ進出するようになり、関東の諸氏は周囲の状況に応じ、上杉方と後北条方の間を転々としながら所領の維持を図った。更に常陸国内では、先にも述べた通り、内紛を克服し、対外活動を活発化させていた佐竹氏が常陸中南部へ進出するのがこの頃であり、大掾・小田・江戸の三氏による争いから新たな段階へ移行した。

更に元亀～天正年間になり、上杉氏の勢力が後退し、後北条氏の東関東進出がより顕著になると、後北条氏に敵対する諸氏は、「東方之衆」として同盟を結んでこれに対峙しつつ、謙信や武田信玄・勝頼、或いは織田信長や豊臣秀吉・徳川家康と結ぶことで対抗しようとした。この「東方之衆」の盟主的な存在として、徐々に自らの勢力を強めていったのが、他でもない佐竹氏であった。この佐竹氏の台頭の背景には、佐竹氏がそれ以前から勢力を伸ばしていたことだけではなく、当時の「東方之衆」に属す諸氏の当主の活動状況と地理的な要因もあったと思われる。

すなわち、天正前半の東関東地域における、かつての鎌倉府体制下の「外様」クラスの当主としては、佐竹義重・千葉邦胤・結城晴朝・小山秀綱・宇都宮広綱・那須資胤・小田氏治・大掾貞国といった人物が挙げられる。この内、千葉氏と小田氏は後北条方の勢力であり、小山氏は天正四年に後北条氏により祇園城を攻略されて没落し、当主秀綱は佐竹氏の庇護下にあった(9)。また宇都宮氏では、当主広綱が病に倒れ(天正八年没)(10)、その室「せうしやう」(南呂院、佐竹義重の妹)と重臣芳賀高継が連携し、当時十歳前後であった子の国綱を補佐して政務を行う状況にあり(11)、大掾氏についても、天正五年に当主貞国が没し、家督を当時五歳の子清幹が継ぎ、叔父の竹原義国や家臣が政務を取り仕切っており、何れも同盟の中心に立って後北条氏と争える状態ではなかった。そして結城氏・那須氏については、近い時期まで後北条氏と音信を結び、佐竹氏らと対峙する立場にあり、(12)他の反後北条勢力から大きな信頼を受けていたとはいいがたい。このように考えていくと、当該期の常陸・下野・北下総の諸氏の中心に立つだけの家格と勢力を併せ持つのは、佐竹義重だけであったと考えられ、このことも佐竹氏の勢力拡大の一因であったとみられる。

また、佐竹氏の台頭の背景には、その居城が、西や南からの進出を受けにくい環境にあったという地理的なことも挙げられよう。後北条氏の所領から常陸へ向かう経路上には、まず利根川が、続いて下野・下総の両国があった。この点、下野の小山氏や宇都宮氏、下総の結城氏の拠点は、対後北条氏の最前線というべき立地にあった。このことが、天正年間の小山祇園城攻めや結城氏攻めに端を発する小川岱合戦、宇都宮国綱による多気山城移転と後北条氏による宇都宮城攻撃に繋がることとなる。この点は佐野氏や皆川氏・壬生氏も同様であり、後に彼らは後北条氏の攻勢を支えきれず、後北条氏方に転じることとなった。逆に常陸国内の諸氏が後北条氏からの直接的な攻撃を受ける機会は少なかったものと思われ、特に常陸北部の太田を居城とし、南奥にも所領を拡大していた佐竹氏は、本拠への外敵からの影響を大きく受けずに、安定した支配体制を築くことができたのではないだろうか。

この常陸国という地域の立地は、南東部の鹿島・行方郡についても、極めて大きな影響があったと思われる。東は太平洋であり、北には涸沼が、南西部には香取海が広がっているこの両郡へ進出するには、常総の内海の水運を掌握する必要があり、(13)外部の勢力が攻め入るには難しい地域であったといえる。このような地理的要因と、外敵からの影響が比較的小さかったこととが合わさったことで、特に両郡においては、数村規模の小領主が、天正の末年に至るまで、ほぼ独立した形で多数存在し続けることができたと考えられるであろう。

おわりに

以上、大掾氏とその周辺勢力の検討を通し、中世後期の東国、常陸国の情勢と当該期の常陸国の位置づけを考えてきた。無論、筆者が行ってきた研究は途上の段階であり、課題も多く残されている。本書においては、城郭や遺跡の発掘調査や、それらを踏まえた都市論の視点からの先行研究による成果について、筆者の力量不足もありほとんど活かすことができておらず、これらの研究との接続については、今後も考えていかなければならない。また常陸総社宮や鹿島社・吉田神社・吉田薬王院などの寺社勢力との関係についても、本書ではほぼ触れられておらず、今後の検討課題の一つといえる。更に、常陸地域の史料については、近世の写本群を中心として未活字のものが多く残されており、また未発見の史料がみつかる可能性も十分あると思われ、それらの収集や分析を並行して進める必要もあるだろう。

これらの課題を踏まえつつ、当該期の常陸地域の実態を明らかにするとともに、それらの事象が当該期の政治社会上においてどのように位置づくものであるのか、今後の検討を通じ、より深く考えていきたい。それと同時に、当該期の常陸地域に関する研究が更に発展することを祈念し、拙いまとめを終えることとしたい。

註

（1）「佐竹文書　五坤」豊臣秀吉朱印状写（『龍ヶ崎』第四章第一節第一号）。

（2）清水亮「鎌倉府と「関東之八家」（「関東八屋形」）」（黒田基樹編著『足利満兼とその時代』戎光祥出版、二〇一五）。

（3）松本一夫『小山氏の盛衰』（戎光祥出版、二〇一五）。

（4）江田郁夫「持氏政権期の宇都宮氏」（同『室町幕府東国支配の研究』第Ⅰ編第六章、高志書院、二〇〇八、初出は『歴史』七二、一九八九）。

（5）元亀～天正年間の後北条方の史料には、「佐竹」（「岡本貞烋氏所蔵文書」北条氏政書状『戦北三』第一九四三号）、「佐竹衆」（「大久保文書」北条氏繁判物『戦北三』第一九四五号）、「佐竹動之模様」（「栃木県立博物館所蔵文書」北条氏政書状『戦北三』第一九四八号）などのように、「東方之衆」による軍事行動であっても、佐竹の名で記して伝えている。このことから、後北条氏の常陸・下野戦線における最大の敵が佐竹氏であることは間違いないと思われる。しかし一方で、これらはあくまでも西関東の後北条氏の認識であり、このことをもって佐竹氏が常陸・下野の他の勢力を傘下に収めていたとまでいい切ることは難しいと思われる。

（6）村井章介氏は、「結城氏新法度」を検討された中で、軍団編成の系列である「味方中」は、領域編成の系列とは次元が異なるものであり、単線的に系列化するのは正しくないと述べている（村井章介「「新法度」にみる戦国期結城領の構造」荒川善夫編著『下総結城氏』戎光祥出版、二〇一二、初出は『茨城県史研究』四三、一九七九）。

（7）もっとも、この点については、佐竹氏に軸を据えるか、大掾氏など他氏の側に軸を据えるかによっても、見解が異なっていくことは十分に考えられる。従来の研究では、史料的制約もあり、前者に立った検討が多かったように思われるが、今後は後者に立った研究を進めることで、双方向の視点から考えていく必要があるだろう。

（8）一連の戦乱の中で、古河公方家や、山内・扇谷上杉氏、後北条氏らの拠点と彼らの視線の向きを考えるならば、常陸国はその視線の正面に入る立地ではなかったと考えられるだろう。

（9）註（3）に同じ。

（10）荒川善夫「下野宇都宮広綱の命日について」（『戦国史研究』一七、一九八八）。
（11）荒川善夫「国綱の時代―地域権力から豊臣大名へ―」（同『戦国期北関東の地域権力』第一部第四章、岩田書院、一九九七）。
（12）那須氏は元亀三年六月頃まで、結城氏は天正五年頃まで後北条氏方に在ったとみられる。荒川善夫「那須氏の動向と存在形態」（註（11）荒川著書第三部第三章、初出は『歴史と文化』三、一九九四）、同「下総結城氏の動向」（註（6）荒川編著）を参照。
（13）常総の内海については、茨城県立歴史館編『中世東国の内海世界』（高志書院、二〇〇七）を参照。

初出一覧

序　章　中世後期常陸諸氏研究の現状と本書の構成（新稿）

第一部　十四〜十五世紀の常陸大掾氏

第一章　中世前期常陸大掾氏の代替わりと系図（『常総の歴史』四八、二〇一四）

第二章　大掾浄永発給文書に関する一考察—観応の擾乱期の常陸—（『常総中世史研究』二、二〇一四）

第三章　南北朝〜室町前期の常陸大掾氏（『国史学』二一七、二〇一五）

第四章　室町中期の常陸大掾氏（『千葉史学』六二、二〇一三）

補論一　「平憲国」再考（新稿）

第二部　十六世紀の常陸大掾氏とその周辺

第一章　戦国初期の常陸南部—小田氏の動向を中心として—（新稿）

補論二　戦国初期の大掾氏—大掾忠幹の発給文書から—（新稿）

第二章　戦国期常陸大掾氏の位置づけ（『日本歴史』七七九、二〇一三）

第三章　大掾清幹発給文書の検討—花押形の変遷を中心に—（新稿）

第四章　「南方三十三館」謀殺事件考（『常総中世史研究』四、二〇一六）

補論三　嶋清興書状にみる天正十八年の大掾氏と豊臣政権（新稿）

第三部　中世後期の常陸の諸勢力
　第一章　室町期の常陸小栗氏（新稿）
　第二章　古河公方御連枝足利基頼の動向（佐藤博信編『中世東国の政治と経済』岩田書院、二〇一六）
　第三章　十六世紀前半の常陸真壁氏（新稿）
終　章　中世後期の常陸大掾氏と常陸国（新稿）

あとがき

自分の研究を一書にまとめるのは、定年まで働いた後にあわよくば、というくらいにしか思っていなかったが、まさかこんなにも早く刊行できるとは、というのが、本書をまとめ終えての素直な感想である。

歴史に関心を抱いたのは、小学三年生の時、父親のやっていたPCゲームが、光栄（コーエー）の「信長の野望」であることを知り、わからないなりに遊び始めたのがきっかけであった。凝り性のくせに飽きっぽい性格と自覚している私だが、この歴史に対する熱だけは、冷めることなく持ち続けてきた。ただ、学部生の頃までは、歴史学というよりも雑学的な知識面に意識が向いていたように思う。

母校である國學院大學には、学部、博士課程前期と六年間お世話になった。学部では、矢部健太郎先生のゼミで、博士課程前期では、千々和到先生や、他大学から出講されていた榎原雅治先生、池上裕子先生、鍛代敏雄先生のゼミで指導を受け、また日本中世史の諸先生方の授業を通じて、たくさんの学びの機会を得ることができた。

卒業論文の主査であった矢部先生には、研究するということの基礎とその醍醐味を教えて頂いた。明確な形での指導というよりも、先生の研究姿勢やゼミ中の言葉の端々から感じるというものが多かったように思う。そして修士論文の主査であった千々和先生には、厳しくも優しく、細やかにそして的確な研究指導を受けると共に、人の目を見て話をすることすらままならないような未熟な人間だった私を、一人前の社会人に育てて頂いた。

大学院生活の中では、たくさんの先輩、同期、後輩に巡り会うことができた。特に、一学年上の先輩で、同じ常陸をフィールドとしていた中島伸一氏には、学外の研究会や勉強会へたくさんお誘い頂き、出会いの機会を作ってくださった。人見知りの出不精である私が、今も各地の研究会に顔を出せているのは、先輩のおかげといっても過言ではない。また、中世史ではただ一人の同期であった柳沢亮輔氏とは、研究するテーマが異なる中で、互いに切磋琢磨して学ぶことで成長でき、共に修了することができたと思っている。

このような良き研究環境の中で、二〇一〇年度に提出した修士論文「中世後期の常陸大掾とその一族」が、本書の出発点である。このテーマについては、もともと戦国期の常陸や下野について、卒論からより深めてみようと考えていた中で、土地勘がそれなりにあり、また周辺と比べて研究が遅れているように思えた地元石岡の大掾氏という存在について、自分なりに考えてみたいと思って決めたものであった。

さて、二〇一一年三月に大学院を修了した私は、浪人期間を経て、二〇一二年八月、国立大学法人筑波技術大学に採用され、大学の事務職員としての道を歩み始めた。研究の世界を離れ、地元で普通に就職したわけだが、だからといって研究することをやめるつもりは全くなかった。むしろ安定した生活ができるようになったことで、自分のやりたいことをやりたいようにやる道が開けたと思っているし、行き当たりばったりの部分はありつつも、そのやりたいことを積み上げた結果が、本書の刊行に繋がっている。

そして、ここに至るまでには、あちこちの研究会・勉強会の場で、多くの方からのご指導、ご教示を受ける機会に恵まれたことも大きい。院生以来参加している戦国史研究会や千葉歴史学会、母校の学会である国史学会は、自分も関心を持っている時代や地域の研究をしている方々との交流を通じて、自分ももっと頑張らねばと思わせてくれる場である。また、佐々木倫朗氏、荒川善夫氏らを中心とする大和田重清日記を読む会、黒田基樹氏が主催する関東足利氏研究会などの会にも、末席に加えて頂き、活発な議論の中でたくさんの刺激と活力を貰っている。

同世代の研究者との交流も、自分が研究を進める中で大いに影響を受けた。ここに至るまで、本当にたくさんの方とお会いする機会に恵まれてきたが、特に石渡洋平氏、谷口雄太氏、木下聡氏の三人の名前を挙げさせて頂きたい。同い年でもある石渡氏とは、池上ゼミで出会って以来、同じ東関東をテーマとしていることもあって、互いに研究を進める中での疑問をぶつけあったり、時には酒席で潰れるくらいに飲みつつ意見交換をしたりしながら、中世の東関東について考えてきた。自分がここまで来られたのは、彼の活躍に負けないようにと頑張った結果でもあると思っている。谷口氏、木下氏とは、戦国史研究会、千葉歴史学会、関東足利氏研究会など、学会や史料調査でご一緒する機会が多く、特に最近では、方向性の関係で本書には収載できなかったが、足利氏や新田氏に関する論考の執筆に際し、たくさんのご教示を頂いており、その史料や研究史への情報量の豊富さと健筆ぶりに圧倒されるばかりであるが、その域までとはいわないまでも、自分ももっと精進しなければと思うところである。

また現在、茨城で研究を進める中で、市町村の文化財担当者や地元の研究者など、茨城で活動する方々にも、たいへんお世話になっている。とりわけ、茨城大学の高橋修氏には、論文の投稿や執筆、研究会や講演会、シンポジウムでの報告・講演など、様々な形で成果を公表するチャンスを頂いている。

ここまで書いてきたように、私のこれまでの研究人生は、「人」との出会いで形作られてきた。そのどれか一つでも無かったならば、自分がここまでやって来られたとは思えない。皆様から受けたたくさんのご恩に深く感謝を申し上げると同時に、これから先、より良い形で、自分なりの恩返しをしていくことができればと思う次第である。

本書については、戦国史研究叢書の一冊として刊行させて頂くこととなり、刊行に当たっては、岩田書院の岩田博氏より格別のご高配を賜った。また、慣れない作業に戸惑い、思うように進まない中で、早く成果を一冊にまとめるようにと後押しをして下さった千々和到先生と池上裕子先生、そして、たびたび叱咤激励を送って下さった浅倉直美氏と黒田基樹氏にも、厚く御礼を申し上げたい。

最後に、私事ではあるが、わがまま気のままに生きている私を見守り続けてくれている両親と弟、祖父母に心から感謝を捧げ、あとがきを終えることとしたい。

二〇一九年七月

中根　正人

索　引

1　人名……………………………1
2　地名・城名・寺社名………12
3　語句名…………………………16
4　研究者名………………………18

1　人　名

あ

青木氏　142, 294
青柳武田氏　219, 226
秋田氏　229
足利氏満　18, 63, 71, 79, 85, 91, 109, 256, 304, 338
足利成氏　16, 96-98, 103-107, 109, 113-117, 267, 268, 279, 283
足利春王　95, 263, 264, 278
足利尊氏　56, 57, 64, 66, 68, 69, 80, 232, 250, 251
足利高氏　→足利高基
足利高基　136-141, 144, 149, 151-153, 161, 164, 165, 281-283, 285, 287-299, 301-307, 309, 313-320, 331, 332, 341, 346
足利直義　56, 57, 60, 67-69
足利道長　→足利政氏
足利道哲　→足利義明
足利晴氏　144, 146, 147, 153, 155, 156, 160, 164, 166, 233, 281, 283, 285, 293, 295-297, 299-304, 307-309, 320-323, 332, 333, 334, 341
足利政氏　136, 149, 151, 152, 160, 281-285, 287-291, 295, 296, 298, 299, 301-305, 309, 312-317, 330-332, 341, 346
足利政知　104, 106, 151
足利満兼　71, 256
足利満隆　74, 75, 252
足利満直　261, 262, 269
足利持氏　18, 63, 71, 74-76, 78, 79, 86, 87, 89, 91, 92, 94, 95, 112, 115, 117, 121, 124, 250, 252-255, 257, 258, 260, 262, 264, 266, 268, 271-274, 277, 338, 342-344
足利持仲　74, 75, 252
足利基氏　57-60, 69, 70, 250, 251, 342
足利基頼　134, 139, 141, 152, 153, 161, 164, 281-286, 288-291, 293-302, 304, 309, 318, 319, 320, 321, 332, 340, 341, 346
足利安王　95, 263, 264, 266, 278
足利義明　137, 139, 140, 143, 149, 153, 161, 281-283, 285, 292, 297-302, 304, 309, 318, 319, 321, 341
足利義詮　42, 47, 51, 59, 60, 69, 250, 251
足利義淳　283, 300
足利義氏(古河公方)　169, 216, 233, 285, 304, 306, 307, 325, 334, 347
足利義氏(成潤ヵ)　265-267, 270, 278
足利義嗣　74
足利義教　276
足利義政　80, 100, 103, 114, 116, 117, 279
足利義満　255, 256, 273, 275
足利義持　74, 259, 274-276
足利頼淳　283, 301
芦名氏　178
芦名義広　178, 188, 236
飛鳥井氏　13

麻生氏　141, 218, 294, 300, 319
麻生淡路守　141, 293, 294, 318
麻生之幹　219, 233
跡部勝資　186
荒張尾張守　228
荒張氏　228

い

伊賀盛光　82
井川氏　228
渭継尼(足利政氏女)　283
石井氏　222
石上氏(石神氏)　127
石上隼人佑(石神氏)　122, 123
石川氏〔南奥〕　106, 266
石川氏〔常陸〕　42, 52-58, 64, 66, 68, 78, 80, 220, 337
石川氏幹　53-56
石川成幹　→石川頭阿
石川頭阿　51, 53-55, 58, 60
石川寛幹　53-55
石川幹篤　54, 55, 58
石川幹有　52-56
石川幹行　51, 53
石島氏　142, 294
石田三成　221, 222, 224, 240, 241, 244
石塔義房　83
伊勢貞国　263, 277
伊丹修理亮　261
井田氏　298
井田美濃守　284, 297
市川氏〔常陸〕　195, 212
市川将監　193, 194
市河豊後守　→市川将監
市河氏〔信濃〕　254
市河新次郎　254
一色氏　123, 124
一色満頼　119, 121, 122, 124, 127
稲木氏　76
今井不道　240, 241, 244
今川氏　74
今川範政　98, 259
色川三中　88, 111, 230, 306
岩城貞隆　228
岩城氏　14, 138, 161, 163, 170, 228, 287, 288, 295, 299, 304, 309, 346
岩城成隆　14
岩城常隆　287
岩城政隆　287
岩城由隆　138, 139, 152, 164, 170, 184, 287
(新田)岩松氏　259, 261
岩松天用(満純)　→岩松満純
岩松長純　261, 270, 276
岩松能登守　259
岩松満純　74, 253
岩松持国　267

う

上杉氏　11, 67, 80, 98, 100, 102-104, 107, 109, 112, 116, 133, 175, 249, 262, 267, 268, 270, 276, 301, 342, 344, 346, 347
(犬懸)上杉氏　73, 86
(扇谷)上杉氏　134, 146, 147, 250, 259, 266, 322, 328, 341, 350
(山内)上杉氏　14, 16, 71, 73, 78, 85, 99, 122-134, 135, 140, 141, 146, 147, 254, 255, 294, 318, 322, 328, 341, 350
上杉顕定(山内)　106, 116, 282, 301
上杉顕定(扇谷)　275
上杉顕実　282, 283, 301, 303
上杉氏定　275
上杉清方　95, 96, 112
上杉輝虎(謙信)　172, 329, 344, 347
上杉定頼(小山田)　257, 266, 279
上杉禅秀　73-75, 86, 92, 93, 252, 255, 259, 260, 342
上杉道合(憲春)　84
上杉憲顕(山内)　57, 58, 69
上杉憲顕(四条)　258-260, 270
上杉憲国　270
上杉憲定　73, 120, 128
上杉憲実　85, 102, 103, 273, 275

上杉憲忠　96, 267
上杉教朝　73, 74, 79, 86, 93, 111, 255, 262, 270, 275
上杉憲寛　283
上杉憲政　321, 333
上杉憲基　75
上杉房顕　98, 102, 114
上杉房定　100, 101, 116
宇垣氏　227, 237
宇垣秀直　226, 227, 237
宇喜多直家　227
臼田氏　73, 85, 99
臼田道珍　115
宇都宮氏　74, 76, 88, 102, 106, 136-138, 144, 147, 149, 150, 175, 176, 178, 181, 188, 195, 200, 209, 218, 255, 288, 296, 304, 316, 321, 339, 341, 343, 346-348
宇都宮家綱　343
宇都宮興綱　296, 297
宇都宮国綱　175, 179, 188, 193, 194, 199, 234, 347, 348
宇都宮成綱　151, 314, 331
宇都宮少弼四郎　343
宇都宮等綱　98, 264, 268, 343
宇都宮尚綱　145, 321
宇都宮広綱　347
宇都宮正綱　106, 116
宇都宮持綱　76, 256-258, 343

え

江川弥右衛門尉　228
江戸氏　14-16, 21, 77, 78, 102, 103, 108, 109, 117, 142-144, 149, 150, 160-163, 165, 170, 175-178, 187, 188, 198, 200-203, 205, 206, 209, 211, 217, 218, 220-224, 229, 234, 241, 242, 244, 290, 295, 300, 306, 307, 320, 328, 338, 339, 341, 343, 345-347
江戸重通　169, 170, 175, 180, 183, 188, 200, 202, 203, 208, 210, 220, 223, 242
江戸忠通　165
江戸通長　105, 108
江戸通房　77, 78, 89, 97, 101, 103, 108
江戸通雅　108
江戸通泰　140, 142, 143, 159, 160, 162, 165, 319, 320, 339, 346
海老名氏　285
海老名右衛門佐　285
海老名尾張入道　121, 127
海老名左衛門　285
海老名季茂　304
海老名季高　121, 127
海老名三河守　285
海老名民部少輔　284, 285, 292
海老原丹後　284, 290
円城寺氏　98, 99
円城寺尚任　98
遠藤信康　170

お

大内義弘　256
相賀氏　215
相賀詮秀　232
相賀三郎四郎　232
相賀入道　232
大関氏　147
太田氏　201, 218
太田景資　193, 195
太田資正　173, 181, 195, 205
大田原氏　147
大塲氏　155, 228
大塲大和　146, 155, 166, 334
大山氏　138, 170
大山因幡入道　138
大山義在　146, 147, 156
小神野氏　228
岡見氏　16, 169, 219
岡見治広　177
岡本氏　13, 305
岡本曽瑞　144, 145
岡本妙誉(竹雲軒)　137, 287, 288
興良親王　68, 345
小栗氏　66, 76, 88, 220, 249, 250, 253, 255, 261, 265, 269, 270, 275, 276, 279,

340
小栗詮重　59, 250, 251, 271
小栗氏重　250, 251
小栗重貞　250, 251
小栗次郎　264
小栗次郎三郎　265
小栗助重　249, 251, 260-270, 277-280, 340
小栗宗湛　269, 279
小栗満重　74, 76, 250-254, 256-259, 264, 266, 269, 275, 340
小栗基重　250, 251, 275
織田氏　175, 185
織田信長　13, 174, 175, 186, 347
小田氏　15, 16, 39, 55, 56, 66, 67, 70, 80, 84, 86, 106, 108, 109, 133, 134, 136-147, 149, 154, 160, 161, 163, 166, 168-173, 180, 204, 206, 221, 269, 277, 290-292, 294, 299, 300, 302, 306, 309, 313, 314, 316, 319, 320, 322, 323, 325, 327, 328, 331, 334, 338, 341-344, 346, 347
小田顕家　135, 136, 139, 152, 313
小田氏治　16, 77, 146, 148, 149, 155, 157, 171, 172, 184, 203, 204, 327, 335, 347
小田天庵　→小田氏治
小田上総介　101
小田左衛門大夫　145
小田成治　16, 104, 105, 107, 108, 134, 135, 151, 294, 307, 314, 319
小田治部少輔　101
小田知重　36, 38, 39
小田朝久　151
小田治孝　134
小田治久　66, 67, 82
小田政治　16, 133-155, 159, 160, 162, 170, 187, 291, 293, 294, 313-323, 330, 334, 339, 346, 347
小田持家　74, 97, 99-101, 106, 116, 151
(湊)小田氏　16
小高氏　→行方氏
小高治部少輔　→行方治部少輔
小高義秀　232
小貫氏〔行方郡〕　219
小貫氏〔佐竹家臣〕　228, 239
小貫頼久　227, 228, 239, 240
(山尾)小野崎氏　15
(山尾)小野崎義政　15
(石神)小野崎氏　15, 103
(石神)小野崎通長　284, 295, 307
(額田)小野崎氏　15, 227, 238
(額田)小野崎昭通　229, 243
小幡氏〔行方郡〕　219
小幡長門守〔吉田郡〕　108
小山氏　67, 104, 106, 144, 145, 147, 255, 260, 296, 334, 335, 341-343, 346-348
小山高朝　154, 321
小山常陸介　102
小山秀綱　347
小山政長　316
小山満泰　257
小山持政　104, 106, 107, 115, 116
小山義政　343
小山若犬丸　343

か

貝塚氏　195, 198
貝塚駿河守　198
貝塚豊後守　194
笠間氏　200, 256
笠間家朝　273
鹿島氏　66, 70, 71, 73, 80, 85, 89, 99, 103, 112, 189, 195, 216, 219, 220, 221, 224, 227-229, 242, 309
鹿島氏幹　220, 231
鹿島清秀　177, 214, 215, 220, 225, 227-229, 231, 236
鹿島貞信　220, 231
鹿島実幹　85, 97, 103-105, 115
鹿島胤光　229
鹿島憲幹　85, 89, 123, 124
鹿島孝幹　103, 105
鹿島治時　155, 214, 216, 229, 231
鹿島通晴　220, 231

鹿島通幹　309
鹿島義清　220, 231
鹿島義幹(室町)　85
鹿島義幹(戦国)　140
梶山氏　71, 85
梶原氏　123
梶原貞景　128
梶原季景　128
梶原憲景　121
梶原政景　173, 181
春日顕国　66, 68, 82, 345
片見氏　138
烟田氏　21, 69-71, 74, 80, 85, 108, 120, 123, 124, 127, 216, 219, 220, 224, 226, 228, 229, 291, 292, 299
烟田重幹　59, 70, 85, 121, 127, 128
烟田宗円　85, 128
烟田時幹　82, 83, 84
烟田通幹　177, 192, 215, 216, 225, 226, 236
烟田幹胤　73, 85-87, 89, 119, 121-124, 127, 128, 272, 274
烟田幹時　128
(徳宿)烟田幹宗　81
烟田安幹　284, 290

き

木滝氏　195, 228
木滝治部少輔　194
北畠顕家　65
北畠親房　56, 61, 67, 68, 83, 345
清原繁隆　54, 55, 60

く

楠木正家　66, 345
工藤氏　41, 45
工藤理覚(高光)　37, 39, 41, 337
(左馬助)国貞　72, 85, 125, 128
九郎兵衛　153
黒田紀五郎　101
黒田民部丞入道　101

け

顕材西堂　287

こ

鯉淵氏　223
光厳上皇　65
神崎氏　285
古宇田幹秀　75, 87, 252, 271, 273
高師直　56, 57, 60, 67, 68, 345
高師冬　56, 57, 61, 67, 345
光明天皇　65
国分氏　220
国分胤政　229
後醍醐天皇　65
小鶴氏　123
近衛経忠　67
越幡氏　86
越幡六郎　86
小松崎氏　195, 203
小松崎内蔵頭　194
小松崎豊後守　193
小宮山楓軒　39, 88, 234
金剛寺俊円　231

さ

税所氏　18, 19, 56, 64, 65, 67, 94-96, 112, 125, 148, 324
税所詮治　94, 112, 124, 125
税所虎鬼丸　→税所幹治
税所久幹　64, 65, 81
税所幹国　64, 65, 81
税所幹治　46, 61, 66, 67, 82, 83, 112
酒匂氏　228
酒匂豊前守　228
佐久山資信　156
桜井氏　195
桜井吉勝　194, 203, 210
佐々木氏　76
佐々木氏清　119, 121
佐々木隠岐守　258
佐竹北家　12

佐竹北義憲　177, 227, 228
佐竹北賢哲(義斯)　186, 205
佐竹三家　13, 230
佐竹氏　10-18, 21, 22, 25, 31, 49-51, 55-57, 58, 63, 66, 68-71, 73, 80, 91, 94-96, 98, 103, 106, 109, 112, 120, 126, 129, 133, 137-139, 144, 147, 149, 150, 161, 163, 167-178, 180-182, 186-188, 191, 192, 195, 198, 200-206, 213, 214, 218-223, 225-230, 232, 235, 236, 238, 241-244, 254, 264, 287, 288, 290, 295, 304, 306, 309, 311, 328, 337-340, 342-348, 350
(美濃)佐竹氏　13
佐竹宗家　14, 73, 116, 163, 228, 230, 254, 255
佐竹実定　13, 14, 95, 97, 99-103, 108, 109, 343
佐竹道源(貞義)　67
佐竹義昭　14, 144, 146, 154, 172, 184, 343
佐竹義篤(戦国)　12-15, 138, 139, 144, 145, 170, 321
佐竹義篤(南北朝)　55
佐竹義倭　126
佐竹義舜　14, 137, 139, 152, 287, 331
佐竹義実　103
佐竹義重　13, 169, 174-178, 185-187, 193, 195, 200, 202, 210, 213, 223, 224, 235, 347, 348
佐竹義俊　13, 14, 95, 97, 103, 108, 115, 120
佐竹義宣　13, 176-180, 187, 188, 189, 194, 195, 202, 204, 213, 220-224, 227, 228, 234, 235, 237, 238, 240-242, 244
佐竹義憲　→佐竹義人
佐竹龍保　→佐竹義人
佐竹義治　103-106, 108, 115, 116
佐竹義人　14, 15, 73, 75, 76, 78-80, 85, 93-95, 103, 119, 120, 123, 126, 128, 129, 253-255, 257, 260, 274, 343
佐竹義元　163
佐竹義盛(弥次郎)　57, 61
佐竹義盛(常陸守護)　73, 254
佐竹義頼　→佐竹義俊
佐竹東義久　189, 221, 222, 224, 226-228, 236-240, 242, 244
佐竹南家　12
佐竹基親　13
里見氏　171, 195, 300
里見義頼　13
佐野氏〔下野〕　137, 348
佐野愛寿　104
佐野帯刀左衛門尉　257
佐谷善次郎(貞幹)　194, 205
佐谷氏　46, 195

し

塩氏　289
塩左馬助　→塩美作守
塩美作守　284, 286-289
塩松(石橋)氏　106, 116
塩谷駿河守　258
宍戸氏　15, 16, 70, 84, 97, 105, 116, 161, 176, 201, 218, 223, 263, 264, 278, 307, 327, 335
宍戸宗源　335
宍戸政家(安芸守)　115, 140
宍戸満里　253
宍戸義綱　223
信太氏　135, 141, 294
芝崎氏　127
芝崎掃部助　122, 123
渋川義季　271
嶋清興　205, 211, 239-241, 243, 244, 340
嶋崎氏　74, 218-220, 224, 226, 227, 293
嶋崎一徳丸　215
嶋崎安定　215, 216, 225, 232
下河辺氏　84, 216, 217, 224
下河辺氏親　216, 217, 233
下河邊治親　155
下河辺義親　217
下妻氏　68

下妻政泰　68
周文　269
恕哲　148, 324, 325
白河結城氏　89, 146, 267
白河結城親朝　56, 67, 68
白河結城直朝　265, 266, 270
白河結城晴綱　147, 171
新庄氏　229
新庄直定　238

す

菅谷氏〔鹿島郡〕　71, 85, 124
菅谷氏〔小田家臣〕　16, 135, 139, 169, 309
菅谷隠岐守　146, 323
菅谷勝貞　138
菅谷彦次郎　135, 313
鈴木氏　195
鈴木助七郎　193

せ

青岳尼　283
関氏　68
関宗祐　68
関宗政　68
雪舟等陽　269
世良田氏　259
世良田兵部少輔　259
芹澤氏　21, 99, 120, 176, 195, 201, 216, 217, 229, 292, 293, 297, 299, 307
芹澤国幹　177, 178, 193, 194, 199, 200, 204, 210, 217
芹澤土佐守(定幹)　216
芹澤秀幹　284, 292, 293

そ

園部氏　145, 147, 160, 163
園部宮内大輔　145
尊㑀　107

た

体光　325
大掾氏　9, 14, 18, 19, 21-23, 35-37, 39, 41-45, 49-53, 55-58, 61, 63-75, 77-83, 85, 88, 89, 91-96, 98, 99, 103, 106, 107-113, 119-121, 125-129, 133, 139, 141-150, 155, 157, 159-163, 165-183, 187-189, 191, 195, 198, 200-203, 205-207, 209, 211, 217, 218, 220-224, 229, 235, 239, 241-244, 255, 260, 289, 290, 291, 298-301, 318-320, 323, 325, 327, 328, 337-347, 349, 350
大掾詮国　42, 44, 51, 52, 57-59, 61, 69-71, 72, 79, 80, 84, 93, 125, 271, 338, 343
大掾景幹　47
大掾兼幹　36, 38, 41, 43, 46
大掾清幹(室町)　80, 93, 97, 99, 102, 104, 105, 107-109, 111, 113, 116, 164, 191, 205, 207, 338, 343
大掾清幹(戦国)　45, 47, 120, 127, 168-170, 173-175, 177, 179-181, 186, 188, 189, 191, 192, 195, 196, 198-207, 209, 210, 216, 217, 220, 222, 223, 233, 234, 240-244, 339, 340, 347
大掾慶松　78, 79, 92, 93, 111
大掾貞国　157, 168, 172-174, 184, 192, 243, 327, 335, 336, 343, 344, 347
大掾実幹　43, 46
大掾浄永　41, 42, 44, 46, 47, 49-53, 56-60, 65-67, 69-72, 79-81, 84, 93, 337, 338, 342, 343
大掾高幹　→大掾浄永
大掾忠幹　93, 108, 142, 153, 159, 160, 162-164, 170, 187, 291, 292, 309, 319, 320, 332, 339, 346
大掾胤幹　41, 43, 46
大掾経幹　36-41, 43, 46, 52, 60, 337
大掾常幹　335
大掾時幹　36-44, 49, 50, 207, 337
大掾朝幹　38, 39, 43
大掾憲国　79, 80, 93, 95, 96, 109, 112, 113, 119-121, 129
大掾孝幹　36, 37, 38, 39, 43, 52, 337

大掾慶幹　77, 145, 149, 157, 168, 171, 172, 184, 325, 327, 335, 347
大掾孝幹女子　40, 41
大掾昌幹　168, 172, 173, 184, 343, 344
大掾光幹　36-39, 41, 43, 52, 337
大掾満幹　45, 63, 64, 71-79, 84-86, 88, 89, 92-96, 109, 111, 112, 119, 124-126, 207, 252, 254-256, 262, 338, 342, 343
大掾妙観　→大掾孝幹
大掾盛幹　42, 44, 47, 49, 50
大掾頼幹　80, 92, 93, 96, 98, 99, 109, 111, 113, 126, 338, 343
平国香　47
平憲国　89, 93, 94, 111, 119, 120, 121, 124-127, 338
高久義貞　163
多賀谷氏　17, 139, 141, 291, 294, 330
多賀谷淡路守　142
多賀谷重経　186, 188, 199, 200, 210, 221
多賀谷祥潜　291, 318
武田高信〔常陸〕　232
(行方)武田氏　70, 84, 176, 201, 215, 216, 219
武田信房(七郎五郎)　215, 216
(甲斐)武田氏　84, 175, 186
武田勝頼　175, 186, 347
武田信玄　347
武田信長　257, 258, 270
武田信久　215, 232
武田信満　74, 215, 253
武田信吉　230
(長南)武田氏　294
竹原氏　218
竹原義国　174, 175, 185, 192, 207, 347
多気義幹　38, 52, 207
田代三喜斎　322
立原翠軒　88
伊達氏　170, 178, 181, 188
伊達稙宗　165
伊達政宗　168, 170, 178, 179, 183, 204, 243
伊達持宗(大膳大夫)　106
田土部氏　135
田土部兵庫助　135, 313
玉造氏　146, 195, 198, 201, 209, 224, 225, 228, 293
玉造重幹　198, 215, 216, 225, 226
玉造辰勝(宗幹ヵ)　201, 209
(行方)玉造幹佐　192, 196, 209
田村盛顕(太郎)　106
弾正忠久親　125, 128

ち

(下総)千葉氏　19, 21, 92, 98, 107, 171, 195, 298, 321, 343, 347
千葉八郎(勝定ヵ)　321
千葉勝胤　297, 308
千葉邦胤　347
千葉胤直　98
千葉胤宣　98, 99
千葉孝胤　104
千葉昌胤　321
千葉満胤　74, 79, 93

つ

津賀氏　216, 217
津賀大炊頭　217
津賀左近大夫将監　216
筑波氏　95, 105, 266, 278
筑波玄朝　264, 278
筑波潤朝　97, 264, 278
筑波朝範　278
恒岡氏　259

て

貞巌　282, 283, 303
手賀氏　146, 215, 224, 232
手賀刑部太輔　215, 216
手賀民部太輔　215, 216
天助好順　315

と

東条氏　21, 66, 67, 89, 108

東氏数　263
（美濃）土岐氏　16, 256, 276
土岐原氏（土岐氏）　16, 73, 85, 99, 134, 140, 141, 169, 219, 293, 294, 301, 318, 319, 341
土岐原景秀　97
土岐原治頼　16, 294
土岐治綱　233
徳蔭軒（渋江景胤）　137, 315, 316
徳川家康　229, 347
徳川頼宣　230
徳川頼房　230
徳宿氏　64, 124
徳宿三郎　108
徳宿肥前守　122, 124
鳥名木氏　21, 73, 219, 229, 233
鳥名木国義　87, 274
鳥名木道秀　85
鳥名木入道　155
戸村氏　96
豊臣秀吉　13, 179, 180, 188, 189, 204, 205, 219-222, 226, 234, 239, 240-242, 244, 339, 347, 349

な

中居氏　216
中居秀幹　215, 216, 226, 232, 236
長尾氏　122
長尾景虎　→上杉謙信
長尾景仲　267, 269
長尾景信　116
長尾景春　107
長尾定忠　122, 123, 127
長尾実景　267
長尾忠政　122
長尾憲長（但馬守）　321
長尾満景　123
長岡氏〔吉田郡〕　289, 290
長岡法昌〔真壁氏一族〕　61
中臣則興　115
中臣憲親　85, 273
中臣則密　123
長沼義秀　252, 253
中原吉親　188, 210
中山信名　88, 111, 208, 230, 236, 306
南越兵庫大夫入道　40
那須氏　107, 144, 145, 147, 150, 175, 176, 178, 181, 200, 209, 218, 330, 339, 341, 343, 346, 348, 351
（上）那須氏　89, 260
（下）那須氏　260
那須資胤　347
那須資晴　175
那須資房　144
那須資之　74
那須高資　147
那須政資　144, 145, 321
行方氏　66, 74, 78, 89, 102, 115, 140, 146, 204, 224, 293, 294, 307
行方幸松　101, 114
行方治部少輔　215, 232
行方重喜斎　192, 193, 198
行方肥前入道　97, 101, 102
行方常陸介　215
行方兵庫大夫　140
南呂院（せうしやう）　347

に

二階堂氏　106
二条定輔　39
新田氏　61
新田義興　69
新田義貞　64, 65, 82
二本松氏　106, 116

ぬ

額賀氏　228
額田氏　76

の

野口氏　219
野口治部少輔　161, 162
野田遠江守　140

は

芳賀氏　145
芳賀高継　347
芳賀高経　145, 296, 321
芳賀高孝　145, 296
波賀彦三郎　101
畠山国清　57, 58
畠山道瑞　87, 254, 271
畠山徳本　267
塙氏〔鹿島郡〕　64
塙正成〔鹿島郡〕　81
塙昭義〔大掾家臣〕　196, 208, 209
羽生氏　94, 120, 125, 309
羽生祐親　94, 124, 125
馬場左衛門次郎　40, 41
馬場資幹　36, 38, 39, 41, 43, 52, 207
林氏　192, 218, 219, 285
林時国　219
原氏　98
原胤房　98

ひ

常陸平氏　19, 21, 52, 55, 56, 64, 66, 67, 69, 70, 74, 77, 78, 80, 84, 102, 123, 177, 211, 216, 217, 228, 232, 249, 311
人見氏　227
人見越前守　226, 237
人見藤道　227, 228, 237, 240
広瀬氏　142, 294
広橋経泰　345

ふ

福地氏　173
福地貞久　172
札氏　217, 226
札幹繁　217

へ

別府幸忠　271, 273
逸見祥仙　145, 153

ほ

法眼宣宗　83
北条氏繁　350
北条氏綱　281
北条氏照　169, 183, 209, 306
北条氏直　177, 200
北条氏政　177, 187, 220, 350
北条氏康　146, 156, 157, 171, 184, 281, 325, 327, 334, 335
北条氏(鎌倉)　52, 65
(後)北条氏　11, 12, 13, 16, 17, 146, 149, 169, 171, 173-175, 178, 179, 181, 184, 185, 188, 198, 200, 201, 204, 211, 219, 220, 241, 300, 322, 328, 341, 344, 345, 347, 348, 350
北条高時　65
北条時行　41, 65, 69
北条仲時　64
北条貞時　42
北条綱成　171, 184
細川京兆家　12
細川勝元　267
細川持之　113, 262, 263, 276, 277
堀江氏　300
梵永侍者　295, 296
本庄三河守　101
本門寺日現　272

ま

真家氏　16
前嶋氏　162, 195
前嶋雅楽助　194
前嶋豊後守　161, 162
真楽軒　→真壁久幹(室町)
真壁氏　19, 20, 21, 31, 64, 66, 67, 76, 78, 83, 88, 89, 98, 102, 103, 114, 133, 136, 139, 141, 142, 144, 151, 161, 176, 177, 187, 195, 201, 203, 218, 220, 232, 255, 256, 266, 277, 278, 285, 290-292, 294, 298, 299, 301, 305, 307, 311, 312, 314, 316-320, 322, 323-325, 328-331, 334,

339, 341, 345, 346
真壁家幹　77, 78, 139-142, 146, 148, 149, 156, 159-162, 164, 187, 284, 289, 291, 294, 305, 313, 316-328, 331, 334, 335, 341, 346
真壁氏幹（室町）　97-100, 102, 103, 114, 268
真壁氏幹（戦国）　173, 177, 187, 192, 201, 202, 205, 209, 210, 211, 328
真壁聖賢　256
真壁高幹（南北朝）　20, 83
真壁高幹（室町）　312
真壁朝幹　20, 78, 89, 97, 103, 114, 258, 266, 274, 279, 311, 312, 314
真壁道俊　→真壁家幹
真壁道与　→真壁家幹
真壁入道　100, 102, 114
真壁治幹　136, 138, 161, 306, 312-317, 320, 327, 328, 330, 331, 341
真壁久幹（室町）　103-105, 107, 108, 115, 135, 136, 151, 311-314, 330, 331
真壁久幹（戦国）　135, 173, 210, 313, 326-328, 331, 335
真壁道無　→真壁久幹（戦国）
真壁秀幹　74-76, 78, 252, 254, 256-258, 266, 273
真壁広幹　20
真壁法超（幹重）　83
真壁光幹　20
真壁康幹　312, 330
真壁慶幹　76, 258, 266
真壁義幹　328
馬加康胤　79, 92, 93, 98, 99, 111
真崎氏　235
真崎義伊　223, 240
益子氏　200
益戸氏　67, 70, 84
町田氏　237
町田右馬助　226
町田摂津守　226
町田備前守　226, 237
町野氏　284, 285, 304
町野淡路守　139, 141, 281, 284, 285, 289, 290, 294, 297, 318, 319
町野源三郎　284, 295
町野十郎　285
町野能悦　281, 285, 288
町野能登守　281, 284-286
町野義俊　285
松田氏（備前）　227
松田氏（相模）　188, 211
松田憲秀　220
万里小路藤房　65
真里谷武田氏　297, 300, 321
満済　87, 88

み

三浦氏　342
三川前司（桜田師頼）　40
水谷氏　139, 291
水谷治持　291, 318
水谷壱岐守（小山家臣）　115
皆河氏（真壁家臣）　137
皆河綱宗　274, 279
皆川氏（下野）　178, 209, 348
皆川広照　199, 200
源頼朝　38
簑島十郎太郎　50
簑島中務　50
壬生氏　178, 348
三村氏　218
宮崎氏（宮ヶ崎氏）　71, 85, 124
宮本元球　39, 88, 208, 263
妙覚坊秀舜　215

も

毛利北条高広（芳林）　205
持寺氏　71, 85, 124
茂木氏　107
茂木知政　82
桃井氏　76, 253, 259
桃井宣義　76, 252, 253, 257-259, 275
護良親王　68

や

矢口氏(屋口氏)　195
屋口源四　194, 203, 210
屋口平衛門　194, 210
谷田部通寿　234
簗田成助　312
簗田高助　162
簗田政助　317
簗田持助　169
矢野氏　195, 202
矢野重里　194, 201
山入氏　14, 73, 76, 89, 97, 105, 115, 116, 254, 255, 260, 272
山入祐義　254, 259, 274
山入与義　74, 76, 86, 253, 254, 255, 257, 258, 260
山入師義　86
山県氏　76
山河景貞　98, 268
山口氏　195
山口新左衛門尉　193
山田氏　195, 216
山田宮内太輔　216
山田左近将監　193, 210, 216
山田入道　94, 120
山田治広　155, 216, 233
山名氏　256

ゆ

結城氏朝　264
結城氏広　105, 106, 116
(下総)結城氏　74, 95, 99, 102, 107, 137, 138, 141, 144, 145, 147-150, 171, 176, 180, 181, 188, 202, 218, 242, 249, 255, 260, 269, 316, 334, 335, 339, 341, 343, 346, 348, 351
結城成朝　97
結城晴朝　223, 347
結城秀康　221
結城政勝　145, 149, 156, 171, 280, 321, 347
友帆　148, 324, 325

よ

吉田氏　220
四辻善成　251, 275

ら行

頼国　72, 85, 125, 128
了達坊栄尊　264
意汲　215
蘆雪斎意汲　218

わ

和田昭為　223, 228

2　地名・城名・寺社名

あ行

青田〔北郡〕　172
青屋〔南郡〕　124, 125
青柳〔北郡〕　172
青柳〔鹿島郡〕　219
青柳庄〔那珂東郡〕　50, 51, 58
秋山〔鹿島郡〕　124
麻生城　218, 294
麻生藩　229

飯田原〔相模〕　75
伊佐城　264
石岡城　66
石神〔鹿島郡〕　127
石神城〔佐都西郡〕　295
堺〔和泉〕　256
稲久名〔南郡〕　124, 125
岩城〔陸奥〕　289
岩付〔武蔵〕　316, 317

氏家〔下野〕　144
牛久城　177
宇都宮〔下野〕　136, 144, 148, 200, 240,

255, 257, 268, 270, 288, 296, 297, 314, 324, 340
宇都宮城　194, 348
瓜連城　66, 345

永興院〔田中庄〕　135, 313
江戸崎城　233, 294
海老島城　149
海老瀬口〔上野〕　101
円覚寺〔鎌倉〕　70, 342

相賀城　215
大窪〔佐都東郡〕　226
太田〔北郡〕　135, 294, 319
太田〔佐都西郡〕　174, 176, 179, 230, 242, 288, 348
大台城〔上総〕　297
太田城　103, 195, 200, 213, 224, 225, 240
太田庄〔武蔵〕　101
小河郷〔南郡〕　82
小川城　145-147, 150, 160, 163, 177
奥七郡　168, 222, 236, 242
小栗城　76, 249, 253, 257, 258, 260, 262, 264, 267, 268, 270, 274, 340, 345, 346
小栗御厨　70, 249, 250, 255, 257, 259-261, 265-270, 278, 340
忍城　226
小高城〔行方郡〕　203, 215, 227, 228, 293, 307
小田城　16, 56, 67, 68, 135, 136, 148, 171, 204, 324, 344
小田原〔武蔵〕　179, 188, 220, 221, 226, 241, 325
小幡城〔吉田郡〕　108
小幡城〔行方郡〕　219
小山〔下野〕　136-138, 152, 287, 289, 315, 316
小弓〔上総〕　297

か行

柿岡城　173
葛西城〔武蔵〕　325
笠間郡　256
鹿島郡　22, 70, 95, 108, 109, 120, 124, 127, 177, 189, 213-216, 218, 220-223, 226-230, 236, 242, 263, 285, 290, 293, 299, 339, 348
鹿島社(鹿島神宮)　77, 94, 103, 120, 123, 125, 149, 201, 228, 229, 251, 273, 325, 326, 327, 328, 334, 341, 349
鹿島城　112, 140, 155, 195, 214, 227
片野城　173, 195
勝倉〔吉田郡〕　223
香取〔下総〕　108
香取社　127
香取海　21, 95, 99, 109, 141, 294, 298, 348
金川城〔備前〕　227
鹿子原〔常陸府中〕　143, 162, 163
加波山三枝祇神社　323
鎌倉　65, 69, 75, 76, 78, 92, 98, 111, 124, 252, 255, 256, 258, 260, 282
鎌倉西御所　96, 267
烟田城　108, 120, 215, 226, 290
上小川〔陸奥依上保〕　225
上山川〔下総〕　169
亀熊〔真壁郡〕　20, 311
加生野〔北郡〕　172
甘棠院〔武蔵〕　282, 317

祇園城〔上野〕　70, 288, 314, 347, 348
木崎城〔行方郡〕　215, 219
木沢〔吉田郡ヵ〕　223
木所城　263, 264
鬼怒川　257, 266, 268, 270, 340
鬼魔塚〔常陸府中〕　145

久喜〔武蔵〕　295, 317
久慈郡　295

郡山〔陸奥〕　178
古河〔下総〕　137, 270, 287, 298, 314, 340

古河城　104, 107, 288
小鶴原〔小鶴庄〕　108, 117
小萩島郷〔小栗御厨〕　267

さ行

最乗院〔相模〕　315
西蓮寺〔行方郡〕　145, 155, 165, 219
坂戸〔中郡〕　258
相模川　75
猿島郡　300
里野宮村〔佐都西郡〕　236
佐貫庄〔上野〕　101, 102, 257
三箱〔陸奥岩城〕　148, 324
佐谷郷〔南野庄〕　36-38, 46

椎津城〔上総〕　139
慈恩寺〔武蔵〕　296
宍戸男体山　61
宍戸庄　15
宍戸藩　229
信太庄　16, 21, 99, 100, 102, 140, 149, 268
志筑城〔南郡〕　67
芝崎〔鹿島郡〕　127
島河原〔相模〕　267
島崎城〔行方郡〕　215
嶋城〔下総〕　92, 98
下館〔伊佐郡〕　148
下妻〔下妻庄〕　221
下妻城　186
下吉影〔南郡〕　219
正宗寺〔佐都西郡〕　13
清浄光寺〔相模〕　325
正伝寺〔佐都東郡〕　226
常福寺村〔佐都西郡〕　236
神宮寺城　67

清凉寺〔常陸府中〕　46
関城　56, 68
関宿〔下総〕　136, 298, 315
瀬谷原〔相模〕　75
芹澤〔行方郡〕　196, 198, 229
芹澤城　195, 200, 217
善光寺〔北郡〕　135, 294, 319

園部川　176, 200

た行

大宝城　56, 68
高田専修寺〔下野〕　179
高浜〔南郡〕　220
高柳〔下総〕　297
多気山城〔下野〕　348
竹林〔下野〕　138, 288
竹原城　174, 306
竹原要害　289, 290
多古城〔下総〕　92, 98
只木山〔下野〕　268
玉造〔行方郡〕　226, 291, 292, 318
玉造城　195, 215
玉造濱村〔行方郡〕　198
田余砦〔南郡〕　177, 178, 202, 203

千田庄〔下総〕　98
千葉城　98
中郡庄　145, 154, 249, 255-258, 260, 263, 275, 322, 340

津賀城〔鹿島郡〕　217
筑波山　263, 264, 326, 328
筑波山中禅寺　95, 264, 328
土浦城　135, 136, 221, 313
恒富郷〔吉田郡〕　52
鶴岡八幡宮　267, 282, 301

手賀城　215
天命〔下野〕　268

東慶寺〔鎌倉〕　282
東条浦　67
東条庄　70, 134, 153, 294
東庄〔下総〕　140
当麻村〔鹿島郡〕　226
東林寺　315

徳倉城〔備前〕　227
徳宿郷〔鹿島郡〕　73, 124
徳宿城〔鹿島郡〕　108
鳥名木城　219
利根川　134, 348
富田〔鹿島郡〕　128
富田〔下野〕　199, 200
鳥巣村　→鳥栖村
鳥栖村〔鹿島郡〕　73, 74, 128

な行

中居城　215
長岡〔吉田郡〕　289
那珂川　16
長倉城　128
中西(那珂西城)　176, 177
那珂湊　16
行方郡　21, 22, 70, 95, 108, 109, 141, 145, 146, 150, 155, 163, 165, 195, 200, 206, 213-223, 226-230, 236, 290, 292-294, 297-299, 302, 307, 323, 334, 339, 345, 346, 348
南郡　70, 124, 125
南郷〔陸奥〕　188
南条方穂庄　70
日輪寺〔田中庄〕　145
日光山　263, 268
額田城〔佐都西郡〕　229, 243, 258, 260, 345
沼尻〔下野〕　198

は行

箱根竹之下　65
八甲城〔行方郡〕　217, 228
羽継原〔上野〕　100, 101, 102
林城〔鹿島郡〕　219
比企谷法華堂〔鎌倉〕　76, 255
常陸総社宮　349
常陸府中　18, 19, 35, 38, 66, 78, 91, 94, 95, 110, 124, 125, 141, 143, 161, 162, 168, 172, 173, 184, 191, 220, 221, 255, 257, 270, 309, 323, 340, 342, 344
涸沼　108, 348
平戸郷〔吉田郡〕　52
福聚院〔常陸府中〕　111
藤沢〔相模〕　75, 221
札城　217
府中　→常陸府中
府中城　77, 139, 145, 160, 163, 172, 177, 178, 180, 205, 223, 224, 235, 240, 242, 244, 292, 298, 318
分倍河原〔武蔵〕　267
法円寺〔真壁郡〕　312
宝戒寺三聚院〔鎌倉〕　256
北郡　141, 294, 319
鉾田〔鹿島郡〕　228
細谷〔北郡〕　172
堀越〔伊豆〕　104
堀之内〔行方郡〕　227

ま行

真壁郡　61, 70, 89, 266
真壁城　19, 20, 21, 76, 89, 160, 173, 195, 257, 258, 289, 311, 329, 345
三島大社　54
水戸城　10, 16, 77, 108, 175, 180, 200, 214, 220, 223, 230, 235, 242
水戸藩　229, 230
湊城〔那珂郡〕　16
三村〔南郡〕　157, 172, 335
三村山極楽寺〔筑波北条〕　328
樅山原〔鹿島郡〕　108

や行

屋代要害〔信太庄〕　16, 141, 149, 293, 294, 318, 319, 332
家中〔下野〕　295, 296
矢作城〔下総〕　229
山方城　225
山田城〔行方郡〕　195, 216
結城城　96, 200, 264, 270, 277, 340
吉田郡　52, 55, 70, 77, 78, 102, 289
吉田神社　349
吉田薬王院　50, 51, 52, 72, 162, 165,

349
吉野〔大和〕　65, 67

ら・わ行

楽法寺〔真壁郡〕　323
若林〔下総〕　281, 296, 300

3　語　句

あ行

青柳庄合戦　52, 337
青屋祭　77, 88, 149
青屋御神事　148, 325
一家同位　15, 178
上杉禅秀の乱　18, 63, 74, 75, 78, 79, 88, 91, 117, 123, 124, 127, 215, 251, 252, 254-256, 276
宇都宮仕置　340
洞　10-12, 138, 161, 168, 181
永享の乱　14, 15, 80, 95, 96, 99, 103, 123, 260, 262, 267, 269, 340
永正の乱　160, 317, 331, 346
江ノ島合戦　267
海老島合戦　149, 325
奥羽仕置　239
応永の都鄙和睦　77, 260, 276
応永の乱　256
太田庄合戦　100
小川岱合戦　169, 181, 192, 217, 348
小栗城合戦　92, 96, 249, 266, 268, 345
小栗の乱　20, 76, 78, 87, 89, 249, 250, 254, 255, 261, 263, 264, 266, 268, 269, 343
小栗判官　261
御相伴衆　272
小田氏の乱（小田孝朝の乱）　16, 72, 73
織田政権　17
御館の乱　175
小田原合戦　15, 179, 188, 204, 222, 239, 241, 243, 339, 340
御供衆　272
小山氏の乱　70, 73, 343
小弓公方　134, 139, 143-145, 161, 281, 282, 299, 300, 318, 321

か行

鹿島大乱　140, 302
上総本一揆　253
家中　12, 134, 168
神生の乱　15, 220
鹿子原合戦　143, 144
鎌倉公方　12, 59, 69, 74, 78, 79, 96, 250, 251, 252, 254-257, 266, 267, 345
鎌倉幕府　64, 65, 68, 217
鎌倉府　12, 15, 16, 18, 20, 55, 58, 63, 64, 68-71, 73, 74, 76-80, 85, 91, 116, 123, 128, 168, 250, 254-261, 263, 269, 270, 285, 338, 340, 342-345, 347
河越合戦　322
関東管領　73, 74, 85, 96, 106, 267, 282, 301, 321
関東之八家（関東八屋形）　342
観応の擾乱　18, 49, 56-58, 63, 68, 69, 80, 91, 338
絹衣相論　17
鬼魔塚合戦　146
京都御扶持　254, 257
享徳の乱　16, 80, 92, 96, 99, 103, 108, 109, 113, 117, 134, 151, 249, 266, 267, 269, 270, 338, 340, 343, 345
京都扶持衆　76, 87, 92, 117, 249, 254, 255, 258, 272, 345
国衆　11, 12, 15, 17, 22, 134, 168, 195
建久四年の政変　38
元弘の変　65
建武政権　65
甲江和与　175
国府台合戦　143, 153, 309, 321
康暦の政変　256
古河公方　12, 13, 15, 16, 21, 107, 134, 136, 139, 143, 144, 146, 149, 151, 160, 163, 169, 216, 281, 282, 285, 287, 301,

302, 314, 318, 321-324, 328, 338, 341, 346, 347, 350
国衙　18, 19, 94
国人　12
御連枝　252, 299, 301, 341

さ行

在鎌倉　60
税所職　94
在庁官人　18, 65, 77
在地領主　15
相模川合戦　41, 65
篠川公方　261, 269, 277, 340
佐竹「洞」　15, 139, 169, 178, 180, 181, 183, 189, 339, 344
佐竹洞中　168, 170
佐竹の乱　14, 133
薩埵山体制　57, 61
支城主　17
使節遵行　18, 70, 71, 91
信太庄合戦　92, 96, 99, 103, 114, 346
七月大祭　77, 149, 201, 228, 334
持明院統　65
守護　74
常総の内海　19, 21, 92, 134, 281, 348, 351
所務遵行　63, 71, 91
真言宗　17
征夷大将軍　65
戦国期権力　11, 13
戦国大名　13
戦国領主　133
惣大行事職　103, 104, 123, 229, 231

た行

大永享禄の乱　346
大使役　77, 149, 201, 202, 209, 210, 228, 334
大掾職　38, 39
大名　22
地域権力　11
地域的統一権力　11
地域的領主　11
千葉一族　19
長享の乱　134, 135, 346
朝廷　17
手這坂合戦　173
天正白河の乱　236
天台宗　17
藤氏一揆　67
東寺合戦　57, 69
東方之衆　13, 169, 173, 175-178, 180, 181, 185, 186, 189, 200, 201, 209, 344, 345, 347, 350
土岐康行の乱　256
得宗　41
外様衆　272
豊臣政権　10, 188, 205, 221-223, 226, 239, 241-243, 339, 340, 345
豊臣大名　10

な行

長尾景春の乱　107, 116
中先代の乱　41, 65, 81
行里川合戦　217
南方三十三館　213-215, 217-219, 224, 226-230, 242, 339, 345
南北朝内乱　21, 42, 49, 52, 345
沼尻合戦　200

は行

幕府　13, 18, 63, 64, 65, 68, 74-76, 80, 92, 95, 96, 98, 102-104, 107, 109, 116, 249, 250, 254-260, 262, 269, 272, 273, 275, 338, 340, 342, 345
羽継原合戦　100, 102
常陸国衙　94
常陸平氏勢力圏　18, 63, 69, 70, 78, 79, 91, 342
府中合戦　170, 175, 176, 178, 200, 202, 220, 234, 244, 306
部垂の乱　14, 163, 165, 346
奉公衆　15, 16, 18, 20, 63, 71, 91, 116, 263, 266, 285

堀越公方　151

ま行

味方中　175, 176, 178, 181, 186, 189, 339, 345, 350
武蔵野合戦　69
武蔵平一揆　69, 80
棟別銭徴収権　63, 70, 71, 91
室町幕府　→幕府
明徳の乱　256

や行

館(屋形)　12, 168, 171, 195
結城合戦　80, 95, 96, 123, 260, 262, 263, 265-268, 270, 275, 340, 345
雪下殿　107, 282, 301

ら行

六波羅探題　64

4　研究者名

あ行

相田二郎　317
青柳清治　35, 44
浅野晴樹　59, 271
安達和人　147, 156, 160, 164
阿部猛　81
阿部能久　26
網野善彦　30, 109, 182, 329
新井孝重　83
荒川善夫　154, 156, 185-187, 209, 278, 296, 297, 307, 309, 315, 331, 350, 351
有賀和成　29
阿波谷伸子　274

飯田昌夫　45
池享　86, 208
池田公一　18, 44, 58, 81, 110, 165, 182, 206, 235, 334
池永寿　233
石井進　30, 52, 60, 109, 182, 329
石井英雄　117
石川豊　35, 44
石橋一展　27, 29, 32, 250, 259, 270
泉田邦彦　15, 26
市川悠人　13, 25, 176, 185, 186, 209
市村高男　10, 16, 19, 20, 23, 24, 26, 27, 29, 30, 110, 133, 134, 141, 150, 152, 153, 165, 168, 169, 171, 183, 184, 187, 189, 195, 208, 209, 211, 221, 222, 226, 234, 235, 238, 244, 302, 303, 307, 311, 329, 332
伊藤喜良　83
糸賀茂男　18, 19, 26, 28, 35, 44, 49, 58, 81, 82, 110, 133, 150, 182, 207, 249, 270
猪尾和広　21, 30, 69, 84
今泉徹　11, 12, 21, 24, 25, 31, 115, 168, 170, 171, 183, 184, 195, 208, 230, 233, 237
今井雅晴　26, 305
今枝愛真　10, 59, 81, 187, 231
入間田宣夫　24, 86, 232
岩沢愿彦　186
岩田敏男　18, 28, 35, 44

植田真平　47, 60, 61, 86-89, 127, 272, 274, 277
内山俊身　31, 99, 114
宇留野主税　20, 30, 311, 329

江田郁夫　59, 74, 86, 209, 250, 251, 271, 277, 350
江原忠昭　10, 18, 24, 28, 35, 44, 213, 231, 237
遠藤巌　87, 272

大石泰史　22, 31, 230
大内田貞郎　274
大澤泉　45, 112

大関武　26
太田亮　35, 44
大槻寿男　26
岡泰雄　231
小川剛生　251, 271, 275
小国浩寿　26
奥野高広　185, 186
奥野中彦　11, 24
小此木輝之　25
小佐野浅子　29, 82

か行

海津一朗　20, 29
風間洋　15, 26, 278
梶原正昭　155
片桐昭彦　86
勝俣鎮夫　330
金子金治郎　335
金子拓　17, 27
畑田幹衛　31, 233, 293, 307
亀ヶ谷憲史　260, 275
亀田俊和　83
鴨志田智啓　151
神田裕理　17, 27
鍛代敏雄　21, 31
木田和子　274
橘川栄作　230
木下聡　12, 25, 212, 277, 285, 304
木村信吉　35, 45
久保賢司　114, 268, 279
栗田寛　88, 111, 230, 306
黒田基樹　16, 22, 23, 27, 31, 47, 60, 61, 85, 86, 114, 116, 117, 123, 126-128, 133, 135, 150, 156, 165, 184, 204, 211, 261, 270, 271, 274-277, 279, 281, 296, 297, 299, 302, 303, 307, 308, 314, 321, 331, 333, 349
桑山浩然　274
小杉山大輔　212
小谷清治　26
小林一岳　61
小林清治　187, 188, 304, 305
小森正明　18, 20, 29, 81, 112, 115, 278, 305
近藤安太郎　35, 44
今野慶信　45

さ行

齋藤慎一　20, 30, 59, 209, 271, 311, 329
酒井吐夢　29
阪田雄一　82
坂本正仁　17, 27
笹岡明　15, 26, 184
佐々木銀弥　167, 180, 183
佐々木潤之介　24
佐々木倫朗　11, 24, 25, 113, 157, 182, 184, 185, 207, 224, 233, 235, 236, 238, 304
笹嶋憲一　186
佐藤進一　82
佐藤博信　13, 25, 26, 27, 47, 59, 82, 99, 112-114, 116, 117, 150-152, 165, 277, 279, 285, 291, 297, 300, 302-304, 307-309, 317, 322, 330-333
更科公護　88
佐脇栄智　185
志田諄一　18, 26, 28, 44, 110, 182, 206
柴辻俊六　15, 26, 234
島村圭一　87, 272
清水亮　18, 20, 29, 30, 63, 71, 74, 81, 85, 86, 91, 92, 95, 98, 110-115, 182, 273, 276, 278, 311, 329, 342, 349
白川部達夫　187
白根靖大　24, 86, 232
杉山一弥　27, 87, 249, 253, 255, 256, 259, 270-273, 275
鈴木登美恵　82
鈴木由美　81, 82
鈴木芳道　28, 185
関周一　26
瀬田勝哉　275
芹澤雄二　31, 233, 307
千野原靖方　299, 303, 308, 320, 332
曽根田隆光　46

た行

高橋修　25, 28, 29, 31, 32, 45, 81, 110, 112, 157, 165, 182, 272, 274, 276, 329
高橋裕文　15, 24, 26, 238, 245
滝川恒昭　153
田口寛　277
橘松壽　26
田辺久子　87, 272
谷口雄太　253, 271, 277
堤禎子　26
角田朋彦　21, 31
鶴崎裕雄　335
手塚正太郎　59
寺﨑大貴　20, 30, 305, 311, 329, 336
寺﨑理香　160, 162, 164, 165, 282, 286, 287, 289-291, 293-296, 299, 303-305
所理喜夫　333
飛田英世　230
戸谷穂高　209, 266, 268, 278

な行

中島実　35, 44, 47
長塚孝　110, 127, 231, 276, 278, 292, 298, 307
永原慶二　165, 333
中村政則　24
西ヶ谷恭弘　272
西川広平　232
新田英治　110
貫達人　61, 84
則竹雄一　150

は行

芳賀友博　26
萩原義照　277
萩原龍夫　26, 88, 117, 187, 209, 234
塙栄一　21, 30
原武男　112, 126, 154, 184, 235
原田信男　300, 309
原秀三郎　24
日暮冬樹　13, 14, 25, 112, 113, 115
平井良朋　274
平田満男　16, 21, 27, 30, 155, 230, 281, 302, 334
平野明夫　21, 31, 299, 308
深谷重雄　59
福島正義　10, 24, 182, 188
藤井達也　13, 14, 25
藤井尚夫　26
藤木久志　10, 14, 24, 26, 88, 117, 182, 187, 209, 221, 234
二木謙一　275
堀新　17, 27
本多隆成　189, 211, 234, 244

ま行

前川辰徳　112, 278
松本一夫　18, 27, 29, 49, 51, 56, 59, 63, 71, 81, 91, 92, 110, 182, 309, 350
丸島和洋　186, 212
三島正之　231
水谷類　28, 45, 77, 88, 110, 182, 209, 334
皆川昌三　29
峰岸純夫　24, 61, 86, 232
宮内教男　209
宮田俊彦　35, 36, 45
村井章介　186, 189, 350
森岡榮一　243
森木悠介　13, 25
森茂暁　82

や行

八木よし子　274
野内正美　28, 117, 186, 233
簗瀬大輔　209
山縣創明　12-14, 25, 165
山川千博　274
山田邦明　20, 21, 23, 29, 30, 85, 150, 311, 329, 330
山根陸宏　274
湯山学　60, 127, 253, 271
義江彰夫　28, 110, 112, 182

吉田一徳　26
吉成英文　26, 185

わ行

和氣俊行　19, 29, 88, 91, 92, 98, 99, 110, 113, 116, 258, 274, 303
綿田稔　279
渡邊世祐　26, 87, 272
綿抜豊昭　335
渡政和　87, 272

著者紹介

中根 正人（なかね・まさと）

1986年 茨城県石岡市生まれ
2009年 國學院大學文学部史学科卒業
2011年 同大学院文学研究科史学専攻博士課程前期修了
修士（歴史学）
現 在 国立大学法人 筑波技術大学 職員

主要論著

『全国国衆ガイド』（分担執筆、大石泰史編、星海社、2015）
『関東戦国全史』（分担執筆、山田邦明編、洋泉社、2018）
「室町前期東国の南朝勢力—元中年号文書の検討を通じて—」（『日本歴史』826、日本歴史学会、2017）
「室町～戦国初期常陸真壁氏の基礎的考察」（戦国史研究会編『戦国期政治史論集 東国編』岩田書院、2017）
「応永の乱と「足利義氏」」（『ヒストリア』269、大阪歴史学会、2018）
「戦国期の東関東—真壁氏と佐竹氏の関係を中心に—」（戦国史研究会編『戦国時代の大名と国衆—支配・従属・自立のメカニズム』戎光祥出版、2018）
「朝香神社棟札にみる中世の常陸北部—大掾氏を中心に—」（『常総中世史研究』7、茨城大学中世史研究会、2019）

常陸《ひたち》大掾《だいじょう》氏《し》と中世後期の東国　　戦国史研究叢書19

2019年（令和元年）8月　第1刷　350部発行　　定価［本体7900円＋税］

著 者 中根 正人

発行所 有限会社岩田書院 代表：岩田 博　　http://www.iwata-shoin.co.jp

〒157-0062 東京都世田谷区南烏山4-25-6-103 電話03-3326-3757 FAX03-3326-6788

組版・印刷・製本：ぷりんてぃあ第二

ISBN978-4-86602-075-4 C3321 ¥7900E

戦国史研究叢書 刊行の辞

戦国史に関する研究は、近年、まれにみる活況を呈していると言えよう。学会誌・論集などに発表される研究成果は、数え上げることができないほどおびただしい。しかも、優秀な研究者によって、注目される論考が蓄積されている。こうした現状の中で、特に、新進気鋭の研究者の研究成果を、一冊の著書として出版する機会を作るために、この戦国史研究叢書の刊行を企画した。

その一つの理由は、研究者個人の論文が著書としてまとめられることによって、その研究成果の把握を容易にし、戦国史研究のさらなる発展のためにも有意義なことと考えるからである。二つ目には、多くの前途ある研究者の研究成果を著書として出版することにより、学界から正当な評価を受ける機会が与えられることである。

この企画実現のため、私達は種々検討を重ねて立案したが、幸い、岩田書院の岩田博氏の御理解と御協力を得ることができた。この叢書が、各位の御賛同を得て、学界に寄与できるよう、また著者自身、この出版を契機として充実した研究生活がつづけられるよう、願って止まない。

平成七年四月

戦国史研究叢書を刊行する会

代表 佐脇 栄智